그대, 최고의 인생을 살아라

BEST

소강석 지음

쿰란출판사

서문

청교도들은 1620년 메이플라워 호를 타고 65일의 긴 항해 끝에 미국의 플리머스 항구에 도착했습니다. 그들이 도착할 때에는 초겨울이었습니다. 도저히 살아갈 수 없는 악조건 속에서 수많은 사람들이 추위와 풍토병 등으로 죽어갔습니다. 그때 메이플라워 호 선장이 영국으로 다시 돌아가기 전에 청교도들을 향해 물어보았습니다.

"여러분 중에 영국으로 돌아가 깨끗하고 좋은 환경에서 치료받고 싶은 사람 없습니까? 살 사람은 저와 함께 영국으로 돌아갑시다."

그러나 그들은 선장에게 이렇게 대답했습니다.

"아니요. 우리는 이곳에서 하나님께 예배와 감사를 드리며 위대한 신앙의 신세계를 건설하여 최고의 인생을 만들 것입니다."

그들은 도저히 희망을 품을 수 없는 최악의 상황 속에서도 꿈을 포기하지 않았습니다. 그리고 온갖 고난과 역경 중에서도 서로 이렇게 인사를 하였다고 합니다.

"나에게 가장 좋은 때는 아직 오지 않았다."

요즘 현대인들은 대부분 부정적 자아를 형성하는 경우가 많습니다. 비교, 열등의식, 자기 멸절과 파괴, 자존감 결여, 정체성 해체 등 심리적 갈등과 혼란을 겪고 있습니다. 그러나 우리 그리스도인일수록 창조적 자아를 형성해야 합니다. 왜냐면 우리는 그리스도 안에서 거듭난 새로운 피조물이기 때문입니다(고후 5:17). 뿐만 아니라 하나님은 우리를 향하여 '택하신 족속이요 왕 같은 제사장'이라고 하지 않았습니까?(벧전 2:9) 그러므로 우리는 하나님의 걸작품답게 우리 인생을 아름다운 모습으로 가꿔야 합니다. 그것이 최고의 나를 만들고 최고의 인생을 사는 것입니다.

에미 카메키리라고 하는 사람이 인도를 여행하는 중에 금을 제련하는 대장장이에게 이런 질문을 했다고 합니다.
"선생님, 어떻게 이것이 순금이라는 것을 아십니까?"
그러자 대장장이가 대답했습니다.
"용광로에서 금이 펄펄 끓는 순간 용광로 위에서 내려다 볼 때 내 얼굴이 티 없이 맑게 비추면 순금이 되었다는 것을 압니다."

주님도 우리가 최고의 인생을 살 수 있도록 특별한 영혼의 제련 작업을 하실 때가 있습니다. 그 연단 과정을 거쳐야 최고의 인생을 살 수 있기 때문입니다. 그런 의미에서 《그대, 최고의 인생을 살아라》는 책을 집필하였습니다. 우리 그리스도인들이야말로 최고의 인생을 살아야 합니다. 결코 비주류나 아웃사이더가 되어서는 안 됩니다. 삶의 현장에서 최고의 인생을 살 수 있도록 자기 자신을 아름답게 가꾸고 성장시켜야 합니다.

그렇다면 우리가 어떻게 최고의 인생을 살 수 있을까요? 이 책에는 최고의 인생을 살 수 있는 놀라운 비밀이 담겨 있습니다. 이제 부정적 자아를 버리고 창조적 자아를 형성해야 합니다. 절망과 낙담을 딛고 최고의 인생으로 거듭나야 합니다. 이 책을 읽는 사람들마다 명품 인생, 최고의 인생으로 변화되는 역사가 있기를 기도합니다.

사랑하는 새에덴의 성도들과 장로님들, 믿음의 어머니 정금성 권사님, 아내 배정숙 사모, 원고 교정을 도와준 동역자 선광현 목사님, 출판을 위해 수고해 주신 이형규 장로님께 감사드립니다.
모든 영광 하나님께 올려드립니다.

2015년 2월 10일
소강석

목차

서문 / 3

1. 1250℃ 가마에서 빚어진 최고의 나 / 9

2. 최적의 상황에서 최고의 나를 만들라 / 33

3. 최악의 상황에서 최고가 된 아웃사이더 갈렙 / 53

4. 최악의 조건에서 최고의 나를 꿈꾸라 / 73

5. 주님의 발 아래서 최고가 되라 / 91

6. 최악의 모순 속에서 최고의 나를 창출하라 / 110

7. 이삭, 제단 우선주의로 최고의 꿈을 이루다 / 129

8. 아브라함, 차선을 넘어 최선으로 / 151

9. 갈릴리 첫사랑, 붉은 모닥불이여 / 172

10. 남을 의식하지 말고 나의 나됨을 이루라 / 192

11. 약할수록 그 약함으로 최고를 만들라 / 214

12. 그대 연약함으로 사람들을 부끄럽게 하라 / 233

13. 사랑의 묘약을 마셔 최고의 행복자가 되라 / 254

14. 한 번뿐인 인생, 최고의 행복자로 살라 / 275

15. 그리스도의 사랑으로 최고 인생을 창조하라 / 299

1250℃ 가마에서 빚어진 최고의 나

마태복음 25장 14-19절

"또 어떤 사람이 타국에 갈 때 그 종들을 불러 자기 소유를 맡김과 같으니 각각 그 재능대로 한 사람에게는 금 다섯 달란트를, 한 사람에게는 두 달란트를, 한 사람에게는 한 달란트를 주고 떠났더니 다섯 달란트 받은 자는 바로 가서 그것으로 장사하여 또 다섯 달란트를 남기고 두 달란트 받은 자도 그같이 하여 또 두 달란트를 남겼으되 한 달란트 받은 자는 가서 땅을 파고 그 주인의 돈을 감추어 두었더니 오랜 후에 그 종들의 주인이 돌아와 그들과 결산할새"

박찬호 엄마가 일본 사람?

어느 젊은 부부가 가정에서 저녁식사를 하고 있었습니다. 그때 아내가 남편에게 이렇게 말을 합니다.

"여보, 야구선수 박찬호가 순수한 우리나라 사람이 아닌가 봐요."

"무슨 말이야, 박찬호는 순수한 우리나라 사람인데."

"아니에요. 박찬호의 모친이 일본 사람이래요."

"웃기는 소리 마. 어떤 무식한 사람이 그렇게 말해?"

"아까 당신이 갖고 온 스포츠 신문 1면 기사에 그렇게 났던데요?"

"말도 안 돼. 신문 다시 갖고 와봐."

신문 1면의 헤드라인에는 다음과 같은 문구가 큰 글씨로 적혀 있었습니다.

'한국인 박찬호와 일본인 노모'

두 사람이 한국과 일본을 대표하는 메이저리그 투수라는 사실을 아내가 몰랐던 것입니다. 한마디로 무지 때문에 아내는 박찬호의 어머니를 일본 사람으로 착각한 것입니다.

그런가 하면, 이런 일도 있었습니다.

서울에 있는 한 학원에 창문이 두 개가 있었습니다. 학원 창문에는 시트지로 학원을 홍보하는 글자가 큼지막하게 붙어 있었는데, 홍보 내용은 바로 이랬습니다.

미소넘 노력하 안전한	친학원 는교사 가르침

그런데 학원에서 아침이어서 그런지 왼쪽 창문을 2/3 정도 열어 놓았습니다. 그래서 어떻게 된 줄 아십니까?

미 노 안	친학원 는교사 가르침

이런 상태로 저녁까지 그대로 둡니다. 그러면 길 가는 사람들이 이 학원을 뭐라고 생각하겠습니까?

"아, 미친 학원이구나, 교사들은 놀고 전혀 가르치지도 않으니……."

이런 학원이 잘되겠습니까? 어느 부모가 이 학원에 등록을 시키겠습니까? 한마디로 웃기는 학원이요 미친 학원이 되고 말 것입니다. 착각도 보통 유분수가 아닙니다. 착각을 넘어 미친 것이 아니겠습니까?

한 달란트 받은 자의 고민

마태복음 25장에 나오는 한 사람이 바로 이런 문제를 안고 있었습니다.

마태복음 25장은 유명한 달란트 비유입니다. 어느 날 주인이 세 명의 종을 불러서 각자 그 재능과 역량에 따라 돈을 나눠주고 먼 길을 떠났습니다. 한 사람에게는 다섯 달란트를, 또 한 사람에게는 두 달란트를, 그리고 한 사람에게는 한 달란트를 맡겼습니다. 오랜 세월 후에 주인이 돌아와 종들을 불러서 그동안의 결산을 했습니다. 그 결과 두 달란트, 다섯 달란트를 받은 종들은 주인에게 큰 칭찬과 축복을 받았습니다.

> 마 25:21 그 주인이 이르되 잘하였도다 착하고 충성된 종아 네가 적은 일에 충성하였으매 내가 많은 것을 네게 맡기리니 네 주인의 즐거움에 참여할지어다 하고

그러나 한 달란트 받은 종은 심한 책망과 저주를 받았습니다.

> 마 25:26 그 주인이 대답하여 이르되 악하고 게으른 종아 나는 심지 않은 데서 거두고 헤치지 않은 데서 모으는 줄로 네가 알았느냐

칭찬과 질책, 축복과 저주, 이 얼마나 큰 차이입니까? 도대체 어떻게 해서 이렇게 정반대의 반응이 나타난 것일까요? 한 달란트를 받은 종의 문제점이 무엇이었을까요? 앞의 두 사람은 열심히 일해서 주인을 위해 남기는 장사를 했는데 한 달란트 받은 사람은 주인이

장사를 해서 남기라고 준 돈을 그냥 땅에 묻어 두었습니다.

그는 왜 그 돈을 땅에 묻어 두었을까요? 근본적으로 말하자면 이 종이 착각을 했기 때문입니다. 그는 두 가지를 착각했습니다. 첫째, 자기 주인이 어떤 분인지를 잘 몰랐습니다. 둘째, 자신의 신분이 어떤 존재이며 자기가 어떤 사명을 가진 사람인지를 착각했습니다. 한마디로 무지로 인한 착각이었습니다. 그래서 한 달란트 받은 종은 자기가 그 돈을 왜 땅에 묻어 두었는가에 대한 변명을 이렇게 늘어놓고 있습니다.

> 마 25:24-25 한 달란트 받았던 자는 와서 이르되 주인이여 당신은 굳은 사람이라 심지 않은 데서 거두고 헤치지 않은 데서 모으는 줄을 내가 알았으므로 두려워하여 나가서 당신의 달란트를 땅에 감추어 두었었나이다 보소서 당신의 것을 가지셨나이다

한 달란트 받은 종은 자기 주인을, 가만히 앉아 있다가 종들이 뼈 빠지게 벌어다 준 돈을 고스란히 챙겨가는 악한 사람으로 착각하고 있었습니다. 그렇기 때문에 자신은 주인이 준 돈으로 사업을 잘못하다가 실패를 해서 이윤을 남기기는커녕 원금조차도 까먹을까 하는 염려를 했습니다.

그렇게 되면 자신이 잔인하고 포악한 주인에게 얼마나 책망을 받고 화를 당하게 될지를 염려하고 우려한 것입니다. 그래서 아예 그 돈을 땅에 묻어 버렸습니다. 그걸 땅에 묻어 두었다가 단 한 푼도 손해 보지 않고 주인에게 다시 돌려주는 쪽을 선택한 것입니다.

이에 대한 주인의 반응은 어땠습니까?

마 25:26-27 그 주인이 대답하여 이르되 악하고 게으른 종아 나는 심지 않은 데서 거두고 헤치지 않은 데서 모으는 줄로 네가 알았느냐 그러면 네가 마땅히 내 돈을 취리하는 자들에게나 맡겼다가 내가 돌아와서 내 원금과 이자를 받게 하였을 것이니라 하고

무슨 말입니까?
"이 악하고 게으른 놈아, 너는 내가 심지도 않은 데서 거두고 헤치지 않은 데서 모으는 줄로 알았느냐? 그러면 네가 마땅히 그 돈을 고리대금업자나 돈놀이 하는 자에게 맡겨 두었다가 이자라도 받게 했어야 할 것이 아니었단 말이냐. 그런데 이자 한 푼도 못 받고 그 돈을 땅에 묻어 두었어? 이 게으르고 악한 종놈아, 이놈아!"

정말 그 종이 주인을 두려워했다면 땅에 묻어 두기보다는 고리대금업자에게 맡겨서 이자를 조금이라도 받아 놨어야 하지 않았겠습니까? 그런데 왜 그 종은 돈을 땅에 묻어 두었습니까? 그 이유는 딴 데 있지 않았습니다. 한 달란트 받은 종은 자기 주인을 냉정하고 두려운 존재로 봤다기보다는 불공평하고 악한 사람으로 보았다는 데 그 이유가 있었습니다.

누구에게는 자기보다 두 배나 더 맡기고 또 누구에게는 자기보다 다섯 배나 더 맡겼습니다. 그런데 왜 자신에게는 턱없이 적은 한 달란트만 맡겼느냐는 것입니다. 어떻게 사람을 이렇게 차별할 수 있느

냐는 것입니다. 어쩌면 자기를 무시해도 그렇게 무시할 수 있느냐는 것입니다. 그래서 한 달란트 받은 종은 주인을 위해 그 한 달란트로 조금이라도 이윤을 남기고 싶은 마음이 없었습니다. 그러니 주인이 이 종을 게으름뱅이라고 말하고 있습니다.

그러나 원래부터 그가 게으른 사람이라고 생각해서는 안 됩니다. 원래 그는 게으른 사람이라기보다 악한 종이었습니다. 주인에 대한 오해와 편견과 착각 때문에 그는 악한 종이 되고 말았습니다. 그리고 악한 종이 되니까 자동적으로 게으른 종이 된 것입니다.

그러면 왜 이 종이 그렇게 악하고 게으른 종이 되고 말았을까요? 다시 말하면, 왜 주인에 대해서 그렇게 착각을 하고 편견을 갖게 되었단 말입니까? 그것은 한마디로 비교의식 때문이었습니다. 자기만 주인으로부터 차별을 받았다는 생각을 하였습니다. 어째서 다른 이에게는 두 달란트 또 다섯 달란트를 맡겼는데, 왜 나에게만 한 달란트를 맡겼느냐는 불만이 있었습니다. 이러한 불만이 바로 비교의식을 만들었습니다. 비교의식 때문에 그 종은 주인을 은근히 미워하고 증오하게 되었습니다. 주인을 미워하고 증오하며 불평이 가득 차다 보니까 그 종은 주인을 위해 땀 흘리며 일해서 이윤을 남길 필요성을 전혀 느끼지 못했습니다. 결국 그 종은 한 달란트를 땅에 묻어 버리고 말았습니다.

하나님도 사람 차별하는 거야?

우리 중에 한 달란트 받은 종을 욕하고 비난할 용기가 있는 사람이 있습니까? 우리도 내가 한 달란트를 받은 사람이라고 생각하지는 않았습니까? 그런 생각을 가질 때 우리도 하나님 앞에 이런 반응을 나타낼 수밖에 없습니다.

'그래, 하나님도 사람 차별하는 거야. 어떻게 다른 사람에게는 이런 축복을 주는데 왜 나에게는 한 달란트 은혜밖에 안 주는 거지?'

우리도 그 종의 입장이 된다면 충분히 그러고도 남을 것입니다. 이렇게 한 달란트 받은 종은 주인이 종들을 차별했다는 생각으로 미워했습니다. 그리고 그 알량한 비교의식 때문에 주인이 맡긴 돈을 가지고 최소한의 이윤도 남기지 않았습니다.

이처럼 차별당한다는 비교의식과 열등의식이 얼마나 무서운지 모릅니다. 이 비교의식 때문에 얼마나 싸우고 다투는지 아십니까? 비교의식 때문에 부부간에는 이혼을 하기도 하고, 아이들은 집을 나가고, 젊은 사람들이 자살을 하기도 하며, 성도들은 신앙생활하면서 시험에 들기도 하지 않습니까?

사람과 사람 간의 비교 의식도 무서운데, 정말 속상하고 더 자존심 상하는 이야기도 있지 않습니까?

미국 토크쇼의 여왕인 오프라 윈프리는 자신의 애완견에게 한국

돈으로 무려 612억을 유산으로 남겼다고 합니다. 그러나 그건 아무것도 아닙니다. 미국의 유명한 가수 마돈나는 그녀의 애완견인 쿤터에게 자그마치 4,587억 원을 유산으로 남겼다고 합니다.

얼마나 기절초풍할 이야기입니까? 보통 사람의 생각으로 볼 때 이건 이해가 되지 않습니다. 이건 사이코패스들이나 할 수 있는 일입니다. 어떻게 개한테 수백억, 수천억을 물려준단 말입니까? 우리 생각으로는 도저히 이해가 안 됩니다. 일반적인 생각으로는 개는 보신탕으로 잡아먹고, 그 돈은 교회에 헌금하든지 사회에 환원하든지 해야  할 것 같습니다. 얼마나 돈을 맡길 데가 없어서 애완견한테 돈을 물려준단 말입니까? 그 돈을 우리 교회에 바친다면 제가 평생을 허리가 끊어지도록 기도해드릴 텐데 말입니다. 이런 뉴스를 들을 때마다 우리는 묘한 비교의식과 열등의식을 갖곤 합니다.

'아, 나는 개보다 못한 사람인가, 개들도 몇백억 몇천억 유산을 상속받는데, 아, 나는 어떤 존재란 말인가. 사람끼리 비교가 되도 서럽거늘, 인간으로 태어나서 개만큼 대접도 못 받고 개만도 못한 삶을 살아가니 이게 어찌 인생이라고 할 수 있단 말인가.'

진돌이와 진순이

새에덴구국기도원을 가면 진돌이와 진순이라는 이름의 백구 두 마리가 있습니다. 특별히 수놈 진돌이는 4개월 동안 훈련을 받아서 얼마나 말을 잘 듣는지 모릅니다. "앉아" 하면 앉고, "일어나" 하면 일어나고, "누워" 하면 드러눕습니다.

그런데 이 개를 데리고 산에 올라가면 얼마나 달리기를 잘하는지 제 차를 운전하고 수행하는 집사님들도 개를 못 따라갑니다. 그럴 때 저는 이런 사실을 깨닫습니다. '아, 저 분들은 개만도 못한 분(?)들이구나.' 그러나 산 능선에서는 한 집사님이 어느 정도 개를 따라갑니다. 그럴 때 저는 뒤에서 이런 생각을 합니다. '아, 저 집사님은 개 같은 분(?)이구나.' 그러면 또 다른 집사님도 이에 뒤질세라, 개보다 더 잘 달려갈 때가 있습니다. 진순이는 암캐인데 비만해서 어느 정도 달리면 헥헥거립니다. 그래서 제가 그런 모습을 뒤에서 보고 이렇게 생각합니다. '아, 저 집사님은 개보다 더한 분(?)이구나…' 그러면 저는 뭡니까? '나는 개와는 전혀 다른, 개와는 비교조차도 안 되는, 소 목사가 아닌가'라고 생각을 합니다.

하나의 유머로 비유를 들었지만, 우리는 어떤 경우에도 비교의식과 열등의식에 빠져서는 안 됩니다. 어떤 경우에도 하나님 앞에서 차별 당한다는 의식과 비교의식, 열등의식의 노예가 되어서는 안 됩니다. 그래서 우리는 한 달란트 받은 사람의 불평을 그냥 이해해 주고 넘어가기에는 그에게 큰 문제점이 너무나 많다는 사실을 발견합니다. 왜냐면 한 달란트 받은 종이 하는 불평은 여러 가지 면에서 너무나 잘못되고 악하기 때문입니다.

한 달란트 받은 종의 잘못된 불평

첫째, 한 달란트는 결코 적지 않은 큰 액수였습니다.
당시 한 달란트는 6,000데나리온에 해당하는 돈이었습니다. 당시 노동자의 하루 임금이 한 데나리온이었으므로 한 달란트는 노동자가 20년 동안 일한 대가였습니다. 요즘 금값으로 말하면 한 20억 정도 되는 돈입니다. 아파트로 말해도 몇 채를 살 큰돈이었습니다. 그러므로 한 달란트 받은 종은 그나마 감사하고 최선을 다해서 일을 하고 이윤을 남겼어야 했습니다.

둘째, 주인은 놀고 있다가 종들이 뼈빠지게 일해서 번 돈을 챙기기만 하는 악한 사람이 아니었습니다.

마 25:28 그에게서 그 한 달란트를 빼앗아 열 달란트 가진 자에게 주라

주인이 그 돈을 다 챙겨 간 것이 아니었습니다. 주인은 결국 종에게 돈을 다 맡기고 주었습니다. 심지어는 그 한 달란트를 빼앗아 열 달란트를 가진 자에게 다 주지 않았습니까? 그리고는 두 달란트 받은 자와 다섯 달란트 받은 자에게 뭐라고 칭찬을 하였습니까?
"잘하였도다, 착하고 충성된 종아! 네가 적은 일에 충성하였으매 내가 많은 것으로 네게 맡기리니 네 주인의 즐거움에 참여할지어다."
주인이 매우 기뻐하면서 그 돈을 다시 종들에게 맡기는 모습을 보여주고 있습니다. 절대로 주인은 종들에게 맡긴 것을 다 가져가지 않았습니다.
여기 달란트 비유에서 주인은 누구를 가리키고 있습니까? 당연히 하나님을 가리킵니다. 그렇다면 오늘날 우리가 하나님을 위해 충

성하고 교회를 위해 물질로 헌신하고 몸으로 수고를 바친다면, 우리의 모든 것을 다 그분이 취하십니까? 우리가 1억을 바친다고 그분이 다 가져가십니까? 10억을 바친다고 그분이 다 취하십니까? 아닙니다. 하나님은 그것보다 우리에게 30배, 60배, 100배로 더 채워 주시고 더 맡겨 주시고 더 갚아 주십니다. 그런데 왜 우리는 이런 선하고 신실하신 하나님을 악한 분으로 착각하고 그걸 혼자 먹어치우는 하나님으로 오해를 합니까? 한 달란트 받은 사람은 이런 선하신 하나님을 악한 하나님으로 오해하고 말았습니다.

셋째, 만일 한 달란트 받은 종의 기준으로만 본다면 두 달란트 받은 사람도 마땅히 비교의식과 열등의식을 가졌어야 합니다.

두 달란트 받은 사람 역시 다섯 달란트 받은 사람과 비교를 했다면 당연히 불평이 나올 수밖에 없는 상황이었습니다. 그래서 한 달란트 받은 종처럼 두 달란트를 땅에 묻어둔 채 주인을 위해 한 푼도 남기지 말았어야 했습니다. 그런데 어떻습니까? 그는 그렇게 하지도 않고 열심히 최선을 다해서 배나 남겨 주인에게 칭찬을 받았습니다. 그러니 한 달란트 받은 사람의 입장에서 보면 입이 열 개라도 할 말이 없지 않습니까?

두 달란트 받은 사람은 열심히 사업을 하고 장사를 해서 두 달란트를 남겼습니다. 그는 왜 이렇게 열심히 일하며 한 달란트 받은 종과 대조적인 모습을 보일 수 있었을까요? 그는 다섯 달란트 받은 사람과 자신을 절대로 비교하지 않았기 때문입니다. 어쩌면 그는 한 달란트 받은 사람을 보고 감사했을지도 모릅니다. 그는 자기보다 더 많이 받은 사람과 비교해서 주인을 원망하거나 불평하지 않았습니다.

그는 적어도 주인이 어떤 사람인지를 잘 알고 있었습니다. 주인이 야말로 자신에게 가장 선하고 신실하며 최고의 것만을 주시는 분으로 이해를 하고 있었습니다. 그렇기 때문에 그 선하고 신실하고 고마우신 주인을 위해 감사하는 마음으로 최선을 다해 주인의 것을 남겼습니다. 그는 비교의식과 열등의식이 아닌, 청지기 의식과 소명 의식을 갖고 있었습니다.

여기서 우리가 분명히 알아야 할 사실이 있습니다. 주인은 한 달란트 받은 종의 생각처럼 종들을 절대로 차별하지 않는다는 것입니다. 주인은 나름대로 공정한 기준과 원칙을 가지고 돈을 나눠주었습니다. 어떤 기준이었습니까? 주인은 각각 그 재능대로 달란트를 나눠주었습니다.

> **마 25:15** 각각 그 재능대로 한 사람에게는 금 다섯 달란트를, 한 사람에게는 두 달란트를, 한 사람에게는 한 달란트를 주고 떠났더니

주인은 그들의 재능에 따라 달란트를 나눠주었습니다. 여기서 달란트는 선천적으로 주어진 것이 아닙니다. 그것은 후천적으로 주어진 것입니다. 다시 말하면 그 사람에게 하나님이 주시는 은사나 능력, 혹은 역량을 말한다고 할 수 있습니다.

다시 말하면 주인이 보기에 다섯 달란트 받은 종은 다섯 달란트를 남길 재능과 역량이 있었고, 두 달란트를 받은 종은 두 달란트를 남

길 만한 재능과 역량이 있었단 말입니다. 한 달란트 받은 종은 한 달란트를 남길 능력과 재능이 있었습니다. 주인은 각각의 종들의 능력과 역량에 맞게끔 적절하고 공평하게 달란트를 나눠주었던 것입니다.

그러므로 거기에 무슨 불평이 있고 비교가 있을 수 있겠습니까? 절대로 주인은 종들을 차별하지 않았습니다. 다만 은사와 역량과 그 사람의 능력에 따라 차등은 두었을지언정, 절대로 사람을 차별하지는 않았습니다.

차별과 차등의 의미

차별과 차등의 의미를 어떻게 구별할까요? 차별은 그 사람의 인격과 신분과 존재감까지 구별하는 것을 말합니다. 그러나 차등은 절대로 그렇지 않습니다. 그 사람의 인격과 신분과 존재감을 똑같이 인정하고 세워 주면서 그 사람의 능력과 역량과 재능에 맞게 일을 맡깁니다. 이것이 바로 차등입니다.

그래서 주인은 이렇게 결산을 하지 않습니까? 다섯 달란트 남긴 종이나 두 달란트 남긴 종이나 칭찬의 내용과 양이 조금도 다르지 않았습니다. 주인이 종을 차별하고 사람을 차별했더라면 다섯 달란트 남긴 종을 더 많이 칭찬하고 두 달란트 남긴 종을 조금 덜 칭찬해야 했습니다. 그러나 칭찬의 양과 내용과 질이 똑같았습니다.

마 25:23 그 주인이 이르되 잘하였도다 착하고 충성된 종아 네가 적은 일에 충성하였으매 내가 많은 것을 네게 맡기리니 네 주인

의 즐거움에 참여할지어다 하고

마 25:21 그 주인이 이르되 잘하였도다 착하고 충성된 종아 네가 적은 일에 충성하였으매 내가 많은 것을 네게 맡기리니 네 주인의 즐거움에 참여할지어다 하고

두 달란트 받은 자와 다섯 달란트 받은 자의 칭찬 내용이 같습니까, 다릅니까? 차이가 있습니까? 한 단어도 다르지 않고 똑같습니다. 주인은 절대로 사람을 차별하지 않습니다. 적게 남긴 자와 많이 남긴 자를 절대로 비교하거나 차별하지 않았습니다. 똑같이 칭찬했습니다. 하나님은 결코 자기 백성을 비교하거나 차별하는 분이 아니십니다. 우리의 주인이신 하나님은 오늘날 우리들을 계모처럼 차별해서 대우하는 분이 결코 아닙니다. 하나님은 다만 우리에게 차등을 둘 뿐이지 어떤 경우에도 우리에게 차별을 하지 않는 분입니다.

나는 강남 스타일(?)인데…

저는 가끔 목사님들 중에 저를 부러워하고 시샘하는 분들이 있다는 이야기를 듣습니다.

"소 목사는 서울대도 안 나오고 하버드나 프린스턴 같은 곳에서 유학을 하고 온 것도 아닌데 어떻게 저렇게 목회가 잘 되느냐?"

그러나 저라고 비교의식이 없는 줄 아십니까? 조용기 목사님을 생각하면 저는 새 발의 피도 안 됩니다. 여의도순복음교회나 명성교회,

사랑의교회를 생각하면 우리 교회는 앞으로도 더 부흥하고 더 크게 지어야 합니다. 그래서 저도 가끔 이런 생각을 할 때가 있습니다.

'왜 그분들은 다 서울에서 목회하는데 나는 서울 주변인 경기도에서 목회를 할까? 나는 아무리 보고 또 봐도 강남 스타일인데 왜 죽전에서 목회를 할까? 하나님도 사람을 차별하시는가?'

그러나 그렇게 생각해 봤자, 제 배만 아프고 제 몸만 상한다는 사실을 잘 알고 있습니다. 그래서 저는 다만 그 교회들이 더 잘되고 부흥하기를 바라고, 특별히 조용기 목사님을 생각할 때마다 더 존경하고 기도할 뿐입니다. 저는 지금까지 하나님께 받은 축복만 생각해도 너무나 감사하고 또 감사합니다. 하나님은 저의 재능과 역량에 맞게 최선의 달란트를 주셨습니다. 그래서 하나님의 최선의 대우와 배려에 감사해서 백골난망으로 충성하고 헌신합니다.

바로 그 모습이 하나님 앞에서 최고의 내가 되는 것입니다. 하나님이 주신 만큼의 달란트를 최선을 다해서 남기고 또 남기고 또 남기려고 하는 그 모습이 하나님 앞에서 최고의 나 자신이 되는 것입니다. 바로 오늘 두 달란트 받은 자와 다섯 달란트 받은 자가 그런 사람이었습니다. 그 종들은 주인 앞에서 최고의 나를 발견하고 최고의 나 자신이 되었습니다.

하나님은 우리를 결코 차별하지 않으시고 우리에게 맞는 달란트를 주시고 우리의 능력과 재능과 역량과 은사에 따라서 적절한 은혜와 은사를 주십니다. 우리가 감당하고 관리할 수 있을 만큼의 물질과 건강과 가정과 사업과 직장의 축복을 주십니다. 우리가 남길 만큼의 영적인 은사와 사명을 주십니다.

그런데 왜 나는 이 모양 이 꼴로 대우를 하셨느냐고 남과 비교하고 하나님을 불평하고 원망하는 사람은 바로 한 달란트 받은 사람입니다. 그러나 주신 만큼의 달란트에 감사하며 최선을 다해 이윤을 남기고 주님을 기쁘시게 하려는 사람은 두 달란트나 다섯 달란트 받은 사람입니다. 이 사람이 바로 최고의 나를 발견하는 것이고, 최고의 나로 서 있는 사람입니다.

하나님을 착각하면 안 됩니다. 그리고 남과 비교해서도 안 됩니다. 왜 누구누구는 저렇게 물질의 축복을 주시고 누구누구는 잘나가게 하셔서 저렇게 십일조도 많이 하게 하시고 교회 봉사도 잘하게 하시는데 나는 뭐냐고 말입니다. 나는 왜 이렇게 지지리도 힘들고 가난하게 살게 하느냐고 말입니다. 그런 상황에서도 감사하며 최선을 다해 이윤을 남겨야 합니다. 최선을 다해 하나님을 사랑하고 충성을 다해야 합니다. 그것이 바로 하나님 앞에서 최고의 나를 만나고 최고의 내가 되는 것입니다.

최고의 나를 만나라

김범진 씨가 지은 《1250℃, 최고의 나를 만나라》는 책이 있습니다. 이 책을 보면, 도공이 훌륭한 도자기가 아닌 평범한 질그릇을 만들 때는 가마의 온도가 일반적으로 800℃ 내외라고 합니다. 하지만 최고의 고가를 자랑하는 고려청자, 조선백자 같은 작품을 만들 때 최적의 온도는 1250℃라는 것입니다. 그렇게 뜨거워지면 흙의 밀도는 놀라울 만큼 강하고 단단해집니다. 그리고 마침내 유리 같은 빛

깔을 내고 유리처럼 매끈매끈한 청자나 백자가 된다는 것입니다.

우리도 마찬가지입니다. 우리가 800℃의 편안한 환경 속에서 신앙생활을 하거나 안주하면 볼품없는 질그릇이 될 수밖에 없습니다. 다시 말하면, 최고의 나를 발견할 수 없고 최고의 내가 될 수도 없습니다. 그러나 1250℃의 뜨겁고 힘겨운 환경인 것 같지만, 거기서 최고의 나를 만나고, 최고의 내가 되기 위해서 참고 견디며 빚어지는 삶을 살 때 우리도 값비싼 청자나 백자처럼 최고의 내가 되고 최고의 인생을 살 수 있습니다.

그런데 그 최고의 내가 무엇이라고 했습니까? '누가 더 많이 받았을까'가 아니라 '어떻게 하나님 앞에 헌신하고 충성하며 나의 삶을 사는가'입니다. 그런데 그런 나를 만나고 그런 최고의 내가 되기 위해서는 1250℃의 환경과 상황이 필요합니다. 그래서 저는 목회를 하면서도 성도들에게 800℃의 편안한 상황과 분위기를 만들어 주고 싶지 않습니다. 적어도 성도들을 최고의 나요 하나님 앞에서 최고의 걸작품으로 만들기 위해 1250℃의 목회 환경을 조성할 때가 많습니다. 예배, 전도, 사명, 헌신, 희생 등 성도들이 결코 놓쳐서는 안 되는 신앙의 본질들을 목숨을 걸고 지키게 합니다.

800℃의 교회 환경에 사는 성도들은 선데이 크리스천이 되어 적당히 주일만 교회에 나와 예배 한 번 드리고 가면 됩니다. 세상 살기도 바쁘고 내 자신 추스르기도 힘들고 어려운데, 무슨 새벽예배, 수요 예배, 금요 철야예배, 주일 저녁예배를 다 드립니까? 무슨 전도를

하고 사명을 감당합니까? 나 쓸 것도 없는데 무슨 헌신을 합니까? 그러나 우리가 1250℃의 가마 속에 들어가지 않으면 절대 명품 인생, 최고 작품으로 만들어질 수 없습니다.

내 인생의 1250℃

저는 완고한 유교적 가풍을 지닌 불신 가정에서 태어나 예수를 믿었습니다. 그냥 예수를 믿은 것이 아니라 은혜를 받은 후에 신학교에 가서 목사가 되리라고 다짐을 하였습니다. 그랬더니 집에서 난리가 났습니다. 아버지는 목사가 될 바에는 차라리 집 밖에 나가 죽어버리라고 아들을 내쳤습니다. 동네 사람들에게 부끄럽다고 집 밖에도 안 나가시고 식음을 전폐할 정도였습니다. 그래도 제가 꿈을 포기하지 않자 그때부터 모진 매질이 시작되었습니다. 메주를 달아 놓는 곳에 저를 묶어 놓고 매질을 하기도 하였습니다. 결국 저는 눈보라가 몰아치는 어느 겨울날, 봄 잠바 하나 걸치고 가슴에 성경 한 권 품고 집을 나오게 되었습니다.

그때부터 제 1250℃ 인생이 시작되었습니다. 집안의 도움 없이 고학으로 신학을 공부하면서 밥 굶기를 밥 먹듯이 하며 온갖 고생을 다했습니다. 밥을 굶으니 힘이 없어서 공사판에서 질통을 짊어지고 가다 쓰러지기도 했습니다. 수박 장사, 오이 장사를 하며 생활비를 벌기도 하였습니다. 그처럼 어렵고 힘들게 신학 공부를 했지만, 제 가슴은 용광로처럼 뜨거웠고 사명감이 충만하였습니다.

신학생 시절, 가장 개척하기 어려운 지역으로 가서 개척하기로 마음먹고 화순군 능주면 백암리라는 곳을 선택했습니다. 이곳은 백암리 1, 2구와 광사리를 합해서 약 300여 호 있는 동네였는데 교회가 없었습니다. 특별히 이 마을은 옛날 능주 지역의 목사(牧使)가 태어난 곳이라고 해서 반상(班常)의 차별이 심했고, 미신이 크게 성행할 뿐 아니라 텃세가 무척 세기에 타 부락 사람이 이사 와서는 살기 힘든 곳이었습니다. 이런 곳에 하룻강아지 범 무서운 줄 모르고 무턱대고 덤벼든 것입니다.

저는 먼저 수년 동안 비어 있던 집 헛간을 빌려서 교회 문을 열었습니다. 그리고 겨울방학 내내 축호(逐戶) 전도를 했습니다. 환자가 있으면 정성껏 기도했더니 신유의 역사도 많이 일어났습니다. 그런데 교회가 점점 성장하자 갑자기 무서운 핍박이 시작되었습니다. 조그만 전도사 녀석이 들어와 동네 사람들을 꾀어 조상 제사를 못 지내게 하고 부락 전통을 못 지키게 한다는 이유였습니다. 그리고 동네 한가운데에 교회를 지으면 그 마을의 복이 떠난다는 것이었습니다.

그래서 백암리 부락 유지들은 교회에 대한 비상 대책을 세웠는데, 당시 교회를 나간 자는 벌금 1만 원, 이를 신고한 자는 상금 6,000원, 교인 집에서 일해 준 사람도 벌금 1만 원, 게다가 교회에 땅을 파는 사람은 아예 그 부락에서 추방을 당한다는, 이른바 부락 자치법이란 것이었습니다. 참으로 어처구니없는 일이었지만 그것은 현실이었습니다. 밤마다 부락 청년들은 교회에 와서 오물을 뿌리고 갔으며, 천막 교회에 화약을 던져 구멍을 냈을 뿐 아니라, 차임벨 줄까지 끊어버렸습니다.

어떤 때는 남녀노소 100명, 200명이 술을 먹고 와서 저의 멱살을 잡고 행패를 부렸으며, 부락의 반상회는 교회 몰아내기 위한 반상회였습니다. 어디 그뿐인가요? 부락 사람은 저녁에 예배를 드리고 가는 아기 업은 아낙네에게 달려들어 머리채를 뜯고 구타하여 기어코 병원에 입원까지 하게 만들었습니다. 또 그들은 교회에서 사놓은 땅에 교회를 못 짓도록 면사무소, 군청, 도청에까지 민원을 제출하였고, 경찰서에 저를 고소까지 하였습니다. 교회에 변을 보고 가지 않나, 분뇨를 뿌리고 가지 않나, 정말 인간으로는 못할 짓만 골라서 해가며 저를 괴롭혔습니다.

마을 분위기가 이쯤 되자 교회 꼴은 말이 아니었습니다. 교인 수가 추풍낙엽처럼 떨어져 30명도 채 안 되었고 그렇게 많던 주일학교 학생들도 40~50명밖에 안 되었습니다. 설상가상으로 부락 사람은 교회로 빌려준 빈집 주인에게 압력을 넣어 그 빈집에서마저 쫓겨나고 말았습니다. 할 수 없이 교인 집 옆방을 얻어 예배를 드려야 했습니다. 그뿐 아니라 마을 유지들은 불교의 승려와 용하다는 점쟁이를 데려와 마을에 절간을 짓도록 해주고 무당집을 차려 주었습니다. 그리고 그들과 함께 마을 차원에서 종교적 행사까지 벌이기도 했습니다. 그렇게 해서 마을 사람들의 종교적 관심마저 그쪽으로 향하도록 한 것입니다.

특히 제가 학교에 가고 없을 때면, 무당은 마을 심방을 다니며 사주를 봐 주고 교회를 다니면 몹쓸 일을 당한다고 흉흉한 소문을 내고 다녔습니다. 그러면 저는 또 저녁에 학교에서 돌아와 그 피곤한 몸을 이끌고 심방을 다니며 예배를 드리고 그들의 마음을 되돌려야 했습니다. 가슴이 미어지고 분하기 짝이 없었습니다. 어린 신학생 전도사를 괴롭혀도 이렇게 피를 마르게 할 수 있단 말입니까?

저는 하루하루를 그저 눈물로만 보냈습니다. 제 인생의 1250℃ 가마 속에서 활활 타오르는 고난과 시련의 불길을 견디며 신음하고 아파할 수밖에 없는 상황이었습니다. 전도 문도 막혔고, 교회를 짓는다는 것은 인간적으로 볼 때 100퍼센트 불가능하였습니다. 오죽하면 노회 어르신 목사님들조차도 그만하면 됐으니 철수하라고 했겠습니까.

당신만이 이 꽃을 받으소서!

저는 여기서 실패하면 앞으로 그 어떤 일도 할 수 없을 것이라는 생각이 들었습니다. 그래서 더 울부짖으며 기도하고 하나님께 매달렸습니다. 온몸을 던져서 마을 사람들을 전도하였습니다. 결국 하나님의 기가 막힌 역사로 땅을 사게 되었고 화순백암교회 성전을 건축하기 위한 첫 삽을 떴습니다. 저는 첫 삽질을 하는 순간, 감격의 눈물이 쉴 새 없이 쏟아졌습니다.

지하실을 팔 때는 그 속에 가서 무릎을 꿇고 기도하며 울었습니다. 기둥이 올라가면 기둥을 끌어안고 울어댔습니다. 저녁이 되면 가마니를 깔아놓고 밤을 새워 기도하다가 갑자기 마음이 격동해지면 까끌까끌한 시멘트 벽돌에 입술을 대고 울고 또 울었습니다. 옥합을 깨뜨리며 주님의 두 발에 입맞춤을 했던 마리아의 심정으로 말입니다. 스물네 살짜리의 햇병아리 전도사는 감격스런 그 심정을 그렇게밖에 표현할 수 없었기 때문입니다.

온 교인이 와서 손수 벽돌을 나르고 주일학교 학생들까지 벽돌 쌓는 일을 도와주었습니다. 그 모습을 보던 저는 밥을 안 먹어도 배가 불렀습니다. 참으로 온 성도들은 그야말로 땀과 피를 짜고 짰습니다. 그렇게 해서 교회를 잘 건축하고 입당예배를 드리게 되었습니다. 저는 그때 시 한 편을 지어 주님의 제단에 바쳤습니다.

드디어 한 송이 백합화가 피어 올랐습니다
이 꽃이 피기까지는 서러움도 고통도 모질기만 했습니다
바람이 불 때마다 찔레가시가 콕콕 찔러댔기에
그 아픔은 야속하기만 했습니다

잠깐의 소나기는 참을 수 있었지만 긴긴 장맛비가 지루했습니다
그러나 가시밭 속에서도,
장맛비 속에서도 백합화는 향기를 풍겼습니다
꽃도 피기 전부터 향기만은 물씬 풍겼습니다

그러나 이제 꽃이 활짝 피었습니다
찔레도 장맛비도 축복의 밑거름이었고
서러움도 고통도 승리의 씨앗이 되어
언제나 언제나 했던 그리운 성전이,
꿈속에도 어른거렸던 사무친 성전이,
오늘에 이르러 한 송이 백합화처럼
당당하고 어엿하게 피어올랐습니다

이제 나는 내 님 앞에 이 꽃 한 송이를 드립니다
나의 순결, 나의 지조, 나의 눈물, 나의 사랑,
그리고 나의 이 승리를 한 송이 꽃에 담아 님께 드리오니
오 나의 님이여! 당신만이 받으소서!
당신만이 이 꽃을 받으소서!

헌당식에 모인 사람 중에 눈물을 안 흘린 사람이 하나도 없었습니다. 모두가 엘리야의 하나님을 노래하였습니다. 심지어는 그날 참석한 마을 이장과 동네 유지들도 참회의 눈시울을 적시고 말았습니다. 그 이후로 더 많은 마을 사람들이 전도되어 교회가 부흥을 하게 되었습니다.

제가 신학교를 평탄하게 졸업하고 800℃의 환경에서 안일한 목회 훈련을 하였다면 아마도 지금의 목회를 하지 못했을 것입니다. 그러나 저는 가난하고 배고팠던 신학교 시절과 화순백암교회 개척 목회 때의 그 활활 타오르는 1250℃ 가마에서 불로 연단을 받았습니다. 그래서 부족하지만 지금의 목회 내공과 저력을 소유하게 되었습니다.

인생은 한 번입니다. 연습과 리허설이 없습니다. 두 번 다시 오지 않습니다. 하나님 앞에서 청자, 백자 같은 걸작품이 되고 싶습니까, 아니면 질그릇이 되고 싶습니까? 받은 달란트를 가지고 최선을 다하는 최고의 나가 되고 싶습니까, 아니면 질그릇 같은 보통 사람이 되고 싶습니까? 그러기 위해서 우리는 1250℃의 가마 속으로 들어가야 합니다. 최적의 온도 1250℃에서 하나님의 위대한 걸작품, 최고의 나로 만들어져야 합니다.

최적의 상황에서 최고의 나를 만들라

시편 18편 1-3절

"나의 힘이신 여호와여 내가 주를 사랑하나이다 여호와는 나의 반석이시요 나의 요새시요 나를 건지시는 이시요 나의 하나님이시요 내가 그 안에 피할 나의 바위시요 나의 방패시요 나의 구원의 뿔이시요 나의 산성이시로다 내가 찬송 받으실 여호와께 아뢰리니 내 원수들에게서 구원을 얻으리로다"

마귀의 핵심 무기, 질투

　마귀가 제일 잘 사용하는 무기 중의 하나가 무엇인 줄 아십니까? 그것은 질투입니다. 질투는 절망 못지않게 사탄이 좋아하는 무기입니다. 그래서 이런 이야기가 있지 않습니까?

　훌륭한 성자 한 분이 있었습니다. 이 성자는 얼마나 위대했는지 그가 걸어만 다녀도 사람들에게 전도가 될 정도였습니다. 어느 날 마귀들이 길을 가는 성자에게 시험을 했습니다. 기가 막힌 미녀로 나타나 유혹을 한 것입니다. 그래도 성자는 거들떠보지도 않았습니다. 금덩이를 눈앞에 보여줘도 흔들림이 없었습니다. 또 죽인다고 협박을 해도 두려워하지 않았습니다.

　그밖에도 갖가지 방법으로 시험을 해보았지만 아무것도 통하지 않았습니다. 여전히 성자는 눈썹 하나 까딱 않고 제 길을 갔습니다. 실패한 마귀들이 고개를 떨어뜨리고 풀이 죽어 있는데, 그때 마귀 대장이 나타났습니다.

　"저리 비켜. 내가 하는 것을 보아라."

　그리고 성자의 귀에 입을 대고 무슨 소리인지 소곤소곤하며 딱 한마디를 했습니다. 그러자 별안간 성자의 얼굴이 확 달라졌습니다. 안색이 매우 좋지 않았습니다. 이에 놀란 마귀들이 대장에게 물어보았습니다.

　"대장님, 도대체 뭐라고 얘기를 하였는데 저렇게 안색이 달라진단 말입니까?"

　"그거야 무척 간단하지. 내가 이렇게 말했거든. '이봐요, 당신 동생이 알렉산드리아에서 대주교가 되었대.'"

바로 그 한마디에 성자의 얼굴빛이 확 달라졌습니다. 동생이 주교가 되었으면 "참 잘됐구나, 정말 잘되었어. 할렐루야!" 하며 "감사합니다"라고 해야지 당장 안색이 달라져서야 되겠습니까? 시기 질투가 이렇게 무섭습니다.

질투의 화신, 사울

마귀의 '질투'라는 유혹의 연막작전에 잘 말려들었던 사람이 있었습니다. 바로 사울입니다. 사울이 이스라엘의 왕으로 통치할 때 블레셋과 싸우고 있었습니다. 그때 블레셋 진영에서는 골리앗이라는 장수가 나와서 소리를 고래고래 질렀습니다.

"이스라엘 놈들아, 우리가 다 싸울 필요가 없잖아. 그러므로 너희 중의 한 놈만 나와라. 나와 싸워서 내가 이기면 너희들이 우리의 종이 되고, 너희 대표가 이기면 우리가 너희의 종이 되게 하자. 그러므로 어느 놈이든 한 놈만 나와서 나와 한 번 붙어 보자."

골리앗이 며칠을 나와서 소리를 질러도 이스라엘 진영에서는 아무도 나가지를 못합니다. 왜냐면 골리앗은 보통 사람이 아니었기 때문입니다. 키는 3미터가 넘지요, 그가 입은 놋갑옷의 무게만 해도 57.5킬로그램이지요, 그리고 창날만 해도 약 7킬로그램 정도 됩니다. 얼마나 무시무시하게 생겼겠습니까? 그러니까 이스라엘 군사들은 어느 누구도 나가려고 하지 않고 덜덜덜 떨고 있었습니다.

그때 이스라엘 진영에 나타난 한 소년이 있었습니다. 바로 다윗이었습니다. 다윗이 이런 골리앗의 모습을 보자마자 얼마나 열이 받았는지 모릅니다.

"허허, 골리앗 저 녀석이 무엇이기에, 살아 계신 하나님의 군대를 모욕해! 저놈이 키가 크면 얼마나 크고 힘이 세면 얼마나 세다고 이스라엘을 모욕한단 말이냐! 내가 당장 나가서 나의 물맷돌로 저놈의 마빡을 부숴버리고 말리라."

그리고 나가서 물매를 던져 골리앗의 머리에 적중시켜 쓰러뜨렸습니다. 이 일로 인하여 이스라엘은 전투에서 승리했고 이스라엘 군사들은 승전가를 부르며 기브아로 장엄한 개선 행진을 할 수 있었습니다. 다윗은 나라를 구원한 애국 소년이었을 뿐만 아니라 사울의 은인이고 이스라엘의 구원자라고 할 수 있습니다. 그런데 이스라엘 군사들이 개선 행진을 하고 돌아올 때에 이스라엘 여자들이 나와서 환영하며 이렇게 춤을 추고 노래를 했습니다.

"사울이 죽인 자는 천천이요, 다윗이 죽인 자는 만만이로다……."

> 삼상 18:6-7 무리가 돌아올 때 곧 다윗이 블레셋 사람을 죽이고 돌아올 때에 여인들이 이스라엘 모든 성읍에서 나와서 노래하며 춤추며 소고와 경쇠를 가지고 왕 사울을 환영하는데 여인들이 뛰놀며 노래하여 이르되 사울이 죽인 자는 천천이요 다윗은 만만이로다 한지라

그 모습을 보고 사울이 다윗을 주목하며 질투하기 시작합니다. 얼마나 다윗을 질투했는지 점점 다윗을 증오하고 미워하는 마음이

생겼습니다.

악령이 내린 사울

그런 사울의 마음에 이제 악령이 힘 있게 내렸습니다. 그래서 수금을 타고 있는 다윗을 향하여 창을 던져 죽이려고 했습니다.

> 삼상 18:9-11 그날 후로 사울이 다윗을 주목하였더라 그 이튿날 하나님께서 부리시는 악령이 사울에게 힘 있게 내리매……그가 스스로 이르기를 내가 다윗을 벽에 박으리라 하고 사울이 그 창을 던졌으나 다윗이 그의 앞에서 두 번 피하였더라

이런 것을 볼 때 우리에게 말이 얼마나 중요한가를 새삼스럽게 깨닫습니다. 더구나 여자들의 말은 더 그렇습니다. 여자들이 그냥 나가서 춤만 추고 환영만 해주면 되지 뭘 그렇게 입으로 방정을 떤단 말입니까? 그 입을 참지 못하고 "사울은 천천이요, 다윗은 만만이라"고 방정을 떨었습니다. 이 말을 듣고 사울이 당장 시험에 들어버렸습니다.

다윗은 이스라엘을 구원한 은인이요, 사울의 왕위를 지켜 준 은인 중의 은인이 아닙니까? 그런데 사울은 이 여자들의 방정 떠는 말 한마디 가지고 괜히 시기를 하고 질투를 하기 시작했습니다. 그까짓 것 신경 쓰지 말고 대범하게 들었으면 얼마나 좋습니까? 그런데 시기 질투를 하다가 악령까지 들어오지 않았습니까?

왜 사울이 이렇게 다윗을 시기하고 질투하게 되었습니까? 바로 쓸데없는 비교의식 때문이었습니다. 다윗은 만만이고 자기는 천천이라고 하는 그 말 한마디로 다윗과 자기를 비교하였습니다. 자기는 왕이지만 이스라엘 여자들에 의해서 못난 남자가 되어버리고 말았습니다. 결국 그 비교의식은 열등의식을 낳았습니다. 그러다 보니 자연스럽게 다윗을 시기하고 질투하게 되었습니다. 다윗을 증오하고 미워했습니다. 바로 이런 어두운 마음속에 악령까지 찾아왔고, 사울은 자기도 모르게 다윗을 죽이려고 창을 다윗에게 연거푸 두 번이나 던지지 않았습니까? 그러므로 비교의식이라는 것이 이렇게 무섭습니다. 왜냐면 비교의식이 열등의식을 가져오고, 열등의식은 오뉴월에도 생기는 서릿발 같은 무서운 시기와 질투를 유발하기 때문입니다.

사냥개에 쫓기는 한 마리 암사슴처럼

우리에게 이런 비교의식이 없습니까? 쓸데없이 나의 외모를 다른 사람과 비교하고, 나의 가정을 다른 사람과 비교하며, 심지어는 나의 배우자나 환경을 남과 비교하며 살지 않습니까? 그 비교의식 때문에 스스로 열등감을 가지며 괜히 남을 시기하고 질투하지는 않습니까? 그리고 하나님을 원망하며 남을 미워하고 증오하며 살지는 않습니까? 사울은 바로 이런 시기와 질투의 노예가 되어 다윗을 죽이고 싶도록 미워했습니다. 이놈의 비교의식이 얼마나 무서운지, 다윗이 자신의 사위가 되었는데도 불구하고 끝까지 다윗을 시기하고 질투합니다. 몇 번이나 다윗을 죽이려고 합니다.

어쩔 수 없이 다윗은 광야로 도망을 가야 했습니다. 광야로 도망가서 다윗은 십수 년 동안을 배회하고 방황하는 삶을 살아야 했습니다. 왜냐면 사울은 수천수만의 군사를 동원하여 다윗을 잡아 죽이려고 했기 때문입니다. 아니, 사울은 다윗을 잡아 죽이려고 직접 광야로 가기도 했습니다. 그래서 정말 위험한 때는 다윗이 블레셋으로 도망가기도 했고 또 모압으로 피신을 하기도 했습니다.

다윗은 언제나 사냥개에 쫓겨 다니는 한 마리의 암사슴처럼 그렇게 가냘프게 도망다니기도 했고 광야의 동굴에 숨기도 했습니다. 참으로 얼마나 숨가쁘고 초조한 위기의 나날이었는지 모릅니다. 그는 수도 없이 사울에게 잡혀 죽을 고비고비가 많았습니다. 아, 그 고비고비의 나날들, 그 초조하고 숨가쁜 위기의 나날들……. 이런 세월이 1~2년이 아니었습니다. 십수 년이 되었으니 다윗은 얼마나 하나님을 원망하고 사울을 증오해야 했겠습니까?

"하나님, 도대체 내가 뭘 잘못했다고 사울은 나를 잡아 죽이려고 한단 말입니까? 그리고 하나님 역시 왜 내 삶을 이 메마른 광야에서 목마르게 하시고 내 인생을 이렇게 곤핍하게 하신단 말입니까? 왜 광야에서 이렇게 힘들게 하신단 말입니까?"

그러나 우리는 이것이 하나님 보시기에는 다윗에게 최적의 상황이었단 사실을 알아야 합니다. 그 최적의 상황에서 하나님은 다윗을 하나님 마음에 합한 최고의 종으로 훈련하고 계셨습니다. 다윗은 사울을 대신해서 이스라엘의 왕이 될 사람이었습니다. 아니, 하나님은 사울의 왕관을 다윗에게 빼앗아 주려고 계획하고 계셨습니다. 그러기 위해서 다윗은 하나님 보시기에 정말로 마음에 합한 사람이 되어야 했습니다. 왜냐면 하나님께서 사울을 왕으로 세워 놓으셨는데 영 하나님 마음에 합한 왕이 못 되었습니다. 사울이 정치하는 것을 보니까 하나님은 안중에도 없고 자기의 권력 유지와 확장에만 혈안이 되어 있습니다. 하나님은 이런 사울을 버리고 사울의 왕관을 빼앗아다 다윗에게 주려고 하셨습니다.

그러기 위해서 다윗은 정말 하나님 마음에 합한 사람이 되어야 했습니다. 하나님 마음에 합한 사람은 정말 하나님만을 의지하고 하나님만을 사랑하는 사람입니다. 하나님만을 왕으로 모시고 하나님의 통치와 다스림 속에 살아야 합니다.

다윗은 광야에서 하나님만 의지하고 하나님만 사랑하는 훈련을 받았습니다. 또한 하나님을 왕으로 모시고 하나님의 뜻이라면 무엇이든지 순종하는 훈련을 받았습니다. 그래서 하나님의 통치와 다스림 속에 살 뿐만 아니라 장차 다윗이 왕이 되더라도 하나님이 진정한 이스라엘의 왕이 되어 이스라엘을 통치하도록 하신 것입니다.

광야, 다윗을 위한 최적의 훈련 장소

다윗은 광야에서 하나님의 뜻이면 무조건 순종하는 삶을 살아야 했습니다. 이것이 하나님 보시기에 다윗이 하나님 마음에 합한 사람이고 하나님 보시기에 '최고의 내'가 되는 길이었습니다. 그리고 최고의 내가 되기 위한 가장 적합한 훈련 장소가 바로 광야였습니다.

다윗은 이 광야에서 오직 하나님만 바라보고 의지하는 훈련을 받았습니다. 정말 하나님만을 사랑하며 섬기는 훈련을 받았습니다. 뿐만 아니라 하나님을 왕으로 모시고 주인으로 모시는 훈련을 받았습니다. 그래서 다윗은 사울과 자기를 비교조차 하지 않았습니다. 왕궁에서 호의호식을 누리고 있는 사울, 그리고 사냥개를 풀고 다니며 자기를 잡아 죽이려고 하는 사울과 자신을 비교하려고 하지 않았습니다. 다윗은 그저 하나님만 바라보고 하나님과 자신의 아름다운 관계 설정을 위해서 올인을 했습니다. 하나님 앞에서 자신이 '최고의 나'가 되기 위해서 몸부림을 쳤고 하나님께 매달렸습니다. 그는 무슨 일이 있더라도 사울과의 관계에서 비교의식이나 열등의식에 빠지려고 하지도 않았습니다.

그러니 어떻게 하나님을 원망하고 불평을 했겠습니까? 그리고 왜 사울을 시기하고 질투를 했겠습니까? 다윗은 사울을 증오하거나 미워하지도 않았습니다. 그는 자기를 향한 사울의 시기와 질투를 의식하려고도 하지 않았고 무시하고 살아가려고 했습니다. 그는 오직 하나님만 바라보며 하나님 마음에 합한 사람이 되기 위해 노력했고 하나님 앞에서 최고의 내가 되기 위하여 올인하고 또 올인하였습니다. 그는 광야 생활이 너무 힘들어 괴로워한 적은 있었지만 결코 하나님을 원망하지 않았고 더 하나님을 사랑하려고 했습니다.

다윗, 최악의 상황에서 낙헌제를 드리다

그러던 어느 날, 그일라 백성들이 블레셋 족속에게 공격받고 사로잡혀 간다는 소식을 들었습니다. 그때 다윗에게 그일라 백성들을 구원하라는 하나님의 감동이 왔습니다. 이것은 어쩌면 다윗을 향한 하나님의 시험이었을지 모릅니다. 지금 다윗은 사울에게 쫓기는 몸이라서 자기 몸도 숨기기 힘든 판에 어떻게 블레셋 족속과 싸워서 그일라 백성들을 구해 준단 말입니까? 그일라 백성은 당연히 이스라엘 왕 사울이 구원해 주어야 하지 않습니까? 그러나 사울은 고통당하는 자기 백성들은 안중에도 없고 오직 다윗만 잡아 죽이려고 추격을 하고 있습니다. 그런 와중에도 다윗은 하나님의 명령을 따라 그일라 백성을 구원하였습니다. 이 일이 사울에게 탄로가 났습니다. 다윗은 십 황무지에 있는 하길라 산기슭으로 숨었습니다. 그러자 십 황무지에 사는 십 사람들이 사울에게 '다윗이 십 황무지 하길라 산기슭에 숨어 있다'고 밀고하였습니다.

　사울은 3천 명의 특공대를 거느리고 다윗을 잡아 죽이려고 포위했습니다. 그때 다윗은 독 안에 든 쥐 신세여서 꼼짝없이 잡혀 죽게 되었습니다. 다윗의 선택은 두 가지밖에 없습니다. '순순히 잡혀 죽느냐, 반항을 하다 잡혀 죽느냐.' 그런데 그때 다윗이 무엇을 했는 줄 아십니까? 그때의 상황은 시편 54편에서 잘 설명해 주고 있습니다. 그때 다윗은 낙헌제로 주님께 제사를 드렸습니다.

> **시 54:6** 내가 낙헌제로 주께 제사하리이다 여호와여 주의 이름에 감사하오리니 주의 이름이 선하심이니이다

　낙헌제는 스스로 자원해서 즐거운 마음으로 하나님께 드리는 제사입니다. 다윗은 지금 사울이 자기를 향하여 포위하고 망을 좁혀

오는 중에도 진정 감사하는 마음으로 주님께 낙헌제를 드린 것입니다. 이 말이 무슨 뜻입니까? 사울의 군사 따위가 자기를 잡아 죽이려고 포위하고 있는 것, 그것을 하나님 앞에서 무시하겠다는 것입니다. 신경조차 쓰지 않겠다는 것입니다.

어찌 신경이 안 쓰이겠습니까? 그러나 다윗은 그 초조함과 스트레스와 위기를 하나님께 그의 역설적인 행동으로 바꾸려고 합니다. 그게 바로 낙헌제가 아닙니까?

"하나님, 저에게는 하나님의 약속이 있는데, 분명히 하나님이 주신 언약이 있고 비전이 있는데, 그걸 가진 제가 어떻게 이렇게 죽을 수가 있겠습니까? 만약에 지금 이 시간 사울의 군사에 잡혀서 죽게 된다면 어떻게 하나님의 언약이 저를 통해 이루어질 수 있겠습니까? 그러므로 저는 저놈들 신경도 안 쓰겠습니다. 저는 하나님께 낙헌제나 드리겠습니다. 정말 자원하는 마음으로 감사 예물을 드리며 특별 예배를 실컷 드려 보겠습니다. 제가 죽을 때는 죽더라도 예배 한 번 원없이 드리며 죽겠습니다. 아니 감사 예물이나 한이 없이 드리며 죽겠습니다. 그리고 사울 왕이여, 당신이 아무리 나를 죽이려고 해도 하나님이 허락하셔야 죽는다는 사실을 당신은 모르십니까? 내가 얼마나 당신의 포위망을 의식하지 않고 신경 쓰지 않으면 내가 이렇게 하나님께 낙헌제를 드리고 있단 말입니까? 당신의 포위망 속에서 낙헌제를 드리고 있는 나의 모습, 이 모습이 당신은 부럽지 않습니까? 바로 이런 내 모습이 하나님 앞에서 '최고의 나' 자신의 모습이라는 사실을 제발 좀 알 수 있기를 바랍니다."

다윗의 이런 모습을 보고 하나님이 얼마나 기뻐하셨을까요? 하나님이 얼마나 이 낙헌제의 예물과 제사를 기쁘게 받으셨겠습니까? 아마 하나님은 무척 행복해 하고 감동을 받으셨을 것입니다. 아니나 다를까, 하나님은 사울에게 급한 전령을 보냈습니다. 다윗이 곧 잡히려는 순간에 다급한 말발굽 소리가 들려옵니다. 저 멀리서 전령이 싸이가 추는 말춤을 추면서 달려옵니다.

다그닥 다그닥~ 다그닥 다그닥~

"폐하~ 멈추시옵소서, 폐하~ 큰일났습니다. 한시가 급하옵니다. 폐하~ 블레셋 아새끼들이 지금 이스라엘의 수도 기브아를 공격해 오고 있습니다. 폐하께서 지금 회군하지 않으시면 성문이 불타고 궁궐도 불타버리고 말 것입니다. 다윗 잡는 것은 다음으로 미루고 어서 회군을 하셔야 합니다. 폐하~"

이 일로 사울이 기브아로 돌아가 버리지 않았습니까? 하나님 보시기에 다윗의 모습이 얼마나 아름답고 감격스럽고 행복했으면 하나님이 이렇게 급하게 역사를 하셨겠습니까?

사울과 다윗, 엔게디 동굴의 만남

그 후 얼마의 시간이 지났습니다. 다윗은 엔게디 골짜기로 숨어 들어갔습니다. 엔게디는 동굴도 많고 지형도 울퉁불퉁해서 사람이 숨으면 쉽게 찾아낼 수 없는 곳입니다. 그런데 사울은 엔게디 골짜기까지 쫓아와서 다윗을 잡으려고 했습니다. 왜냐하면 이번에도 십 사람들이 사울에게 고자질을 했기 때문입니다. 하여간 다윗에게는 문제가 십 사람들이었습니다. 그래서 사울이 3천 명의 특공대를 데리고 그곳까지 또 추격을 하였습니다.

다윗은 엔게디 어느 깊숙한 동굴에 숨어 있었습니다. 그때 다윗을 사냥하러 갔던 사울 왕의 아랫배가 갑자기 슬슬 아파오기 시작합니다. 갑자기 설사가 나오려는 것 같습니다. 설사가 나오면 사람이 얼마나 다급해지는지 아십니까? 이것은 양반이나 상놈이나 다름이 없습니다. 아니, 온 천하를 다스리는 왕도 소용없습니다. 그래서 사울은 쏟아져 내리는 설사를 막기 위해 아마도 뒤를 손으로 막고 바로 앞에 있는 동굴로 들어갔을 것입니다.

그런데 하필이면 그 동굴 깊은 곳에 다윗이 숨어 있었습니다. 사울은 그것도 모른 채 동굴 초입으로 들어가자마자 겉옷을 벗어 던지고 오토바이를 타기 시작했습니다. "부두두두~ 부두두두~." 그것을 다윗이 동굴 깊은 곳에서 보고 있었습니다. 참으로 한 운명과 또 한 운명의 만남, 이것을 두고 운명적 만남이라고 하지 않습니까? 얼마나 스릴 있고 서스펜스가 넘치는 순간입니까? 지금 다윗과 무리들은 사울이 뒤를 보고 있는 모습을 다 지켜보고 있습니다. 사울은 그것도 모른 채 오토바이 손잡이만 계속 당기고 있었습니다. "부드드득~ 부드드득~."

삼상 24:3 길가 양의 우리에 이른즉 굴이 있는지라 사울이 뒤를 보러 들어가니라 다윗과 그의 사람들이 그 굴 깊은 곳에 있더니

그때 다윗의 부하들이 말합니다.
"주군이여, 지금이 절호의 찬스입니다. 하나님께서 원수를 주군의

손에 붙여 주시지 않았습니까? 그러니 지금 저 원수 사울이 똥을 싸고 있을 때 그의 목을 베어버리십시오. 여기 칼과 창이 있지 않습니까?"

하지만 다윗은 사울을 죽이지 않고 사울의 겉옷 자락만 베었습니다. 왜 그런 줄 아세요? 그래도 사울이 하나님의 기름 부음을 받은 종이라는 이유 때문이었습니다. 아무리 하나님의 종이 타락했다 할지라도 하나님이 세우신 종은 하나님이 처단하실 것이라는 믿음을 가졌던 것입니다. 다시 말하면 하나님을 존중히 여긴 것입니다. 하나님을 왕으로 모시고 하나님을 존중히 여기는 마음으로 사울의 겉옷 자락만 베었습니다.

> 삼상 24:4 다윗의 사람들이 이르되 보소서 여호와께서 당신에게 이르시기를 내가 원수를 네 손에 넘기리니 네 생각에 좋은 대로 그에게 행하라 하시더니 이것이 그 날이니이다 하니 다윗이 일어나서 사울의 겉옷 자락을 가만히 베니라

> 삼상 24:6 자기 사람들에게 이르되 내가 손을 들어 여호와의 기름 부음을 받은 내 주를 치는 것은 여호와께서 금하시는 것이니 그는 여호와의 기름 부음을 받은 자가 됨이니라 하고

얼마나 스릴이 넘치고 긴장이 가득한 순간이겠습니까? 지금 사울은 뒤를 보러 왔기 때문에 경호원 한 명도 데리고 오지 않았습니다. 괜히 따라오면 똥이 안 나온다고 혼자 왔단 말입니다. 그런데 여기

서 한 가지 의아한 대목이 있습니다. 아무리 그렇다고 사울이 뒤를 보고 있을 때 어떻게 감쪽같이 사울의 옷자락을 베어 오냐 말입니다. 그리고 아무리 사울이 귀가 먹었다고 뒤에서 수군거리는 소리를 왜 못 들었겠느냐 말입니다.

그것은 두 가지 이유 때문이었을 것입니다. 첫째는 이스라엘 백성들은 뒤를 볼 때 하나님의 율법을 상징하는 옷단술이 달려 있는 겉옷을 벗어서 2~3미터 뒤에다 던져 놓습니다. 왜냐면 소변이나 대변이 튀어서 겉옷에 묻으면 겉옷이 부정해지기 때문입니다. 둘째 이유는, 사울이 지금 거의 100퍼센트 설사를 하고 있습니다. 설사를 하면 얼마나 무서운지 아십니까? 설사가 줄줄 흘러내리면 누구도 막을 수가 없습니다. 그래서 사울이 갑자기 동굴에 와서 오토바이를 탄 것이 아닙니까? 사울은 그 설사 때문에 얼굴을 찡그리며 이렇게 중얼거렸을지도 모릅니다.

"아이고, 죽겠네, 워메 나 죽어! 오늘 아침 상한 양고기를 잘못 구워준 주방장 그 새끼, 이 자식 내가 가만 안 둘 거야. 이 새끼가 해준 음식 잘못 먹고 내가 지금 토사곽란이 난 것 아니야. 내가 이 새끼 죽여버릴 거야."

바로 이럴 때 다윗과 그의 부하들이 사울의 겉옷에 달려 있는 옷단술만 베어 가지고 갔을 것입니다. 무엇 때문입니까? 바로 다윗이 최적의 상황에서 최고의 다윗의 모습으로 훈련을 받았기 때문입니다. 다윗은 결코 자신을 사울과 비교도 하지 않고 시기 질투하지 않았습니다. 오로지 하나님을 존중히 여기며 하나님을 왕으로 모시는 삶을 살았습니다. 바로 이런 모습이 하나님 보시기에 진정으로 마음에 합하였고 하나님 앞에 최고의 다윗이 된 모습이었습니다.

사울과 비교하지 않았던 다윗의 승리

사무엘상 30장을 보면, 다윗이 블레셋 시글락이라고 하는 곳에서 일생일대의 엄청난 어려움을 당하지 않습니까? 다윗이 아기스 왕과 함께 어쩔 수 없이 전쟁을 하려고 출정하는 사이에 아말렉 족속이 쳐들어와서 다윗의 처자식과 모든 부하 600명의 처자식들을 데리고 갔습니다. 그때 얼마나 기가 막혔으면 다윗과 생사고락을 함께 했던 다윗의 부하들이 다윗에게 돌을 던지려고 했겠습니까? 세상에 살아도 함께 살고 죽어도 같이 죽기로 했던 부하들이 다윗에게 돌을 던지려고 할 정도였으니 얼마나 사태가 급박하였겠습니까?

그때도 다윗은 절대로 하나님을 원망하거나 부하들의 잘잘못을 따지지 않았습니다. 그때도 하나님께 무릎을 꿇고 기도했습니다. 이 일을 어떻게 처리하면 좋겠냐고 하나님께 물어 보고 의논을 했습니다.

"하나님, 이 순간에도 저는 하나님을 사랑하겠습니다. 하나님을 의지하겠습니다. 그러니 저를 도와주십시오. 다시 역전의 길을 주시고 패자부활전의 길을 열어 주십시오."

바로 이 모습 역시 다윗이 하나님 보시기에 '최고의 나'가 되어 있는 모습이었습니다. 하나님은 최적의 상황에서 최적의 훈련을 통하여 최고의 다윗의 모습을 만들어 놓았습니다. 그런 다윗에게 하나님의 응답이 임했고, 기적 같은 역전의 길, 패자부활전의 길을 열어 주셨습니다. 그리고 나서 마침내 사울 왕이 죽어 다윗은 유다 왕이 되었고 얼마 후에 이스라엘 전체를 다스리는 왕이 되었습니다. 이처럼 하나님은 광야라는 최적의 상황에서 다윗을 훈련시키고 연단시켜서 최고의 모습으로 만들어 놓으셨습니다.

이때 다윗은 누구도 바라보지 않았습니다. 어떠한 상황과 환경도 신경 쓰지 않았습니다. 어떤 경우에도 사울과 자신을 비교하지 않았습니다. 누구를 시기하거나 질투하지도 않았습니다. 그는 오직 하나님만 의지하며 바라보는 훈련을 했습니다. 그리고 오직 하나님을 사랑하며 하나님을 왕으로 모시고 주인으로 모시는 삶을 살았습니다. 하나님은 그런 다윗을 마침내 이스라엘의 왕으로 세워 주셨습니다.

다윗은 이스라엘의 왕이 되어서 시편 18편의 시를 지었습니다.

"나의 힘이 되신 여호와여, 내가 주를 사랑하나이다."

이것은 다윗이 광야에서 그토록 고백하고 불렀던 노래이기도 합니다. 사망의 음침한 그늘이 드리워져 있던 광야에서 '최고의 나'를 만들기 위해 하나님께 고백하고 외치고 불렀던 노래라는 말입니다.

"나의 힘이 되신 여호와여, 내가 주를 사랑하나이다……"

삶이 힘듭니까? 인생살이가 매우 고통스럽게 느껴지십니까? 경제적인 어려움, 가정적인 어려움, 육체적인 고통 때문에 가도가도 인생길은 메마른 광야길이고 목마른 사막길처럼 느껴지십니까? 그러나 우리가 알아야 할 것이 있습니다. 하나님 보시기에는, 우리의 현재 상황이 우리를 최고로 만들기 위한 최적의 상황이라는 사실을 말입니다. 그곳이 1250℃의 가마입니다. 하나님 앞에서 우리를 고려청자,

조선백자 같은 '최고의 나'로 만들기 위하여 1250℃ 가마로 인도하신 것입니다.

그러므로 우리가 이런 광야의 어려움과 고통과 역경 속에서도 한 가지 해야 할 일이 있습니다. 그것은 우리가 하나님을 더 사랑한다고 고백하는 것입니다. 하나님만을 바라보고 하나님만을 모시며 살겠다고 고백하는 것입니다. 그것이 오늘 우리가 드리는 다윗의 낙헌제입니다. 그 낙헌제를 드릴 때에 우리는 최적의 상황에서 최고의 나를 만들게 될 것입니다. 얼마나 아름답습니까? 고통과 역경 중에도 다윗은 "나의 힘이 되신 여호와여 내가 주를 사랑하나이다"라고 외치며 노래하였습니다.

내 영혼의 찬송

저는 다윗이 노래한 "나의 힘이 되신 여호와여 내가 주를 사랑하나이다" 이 말씀을 매우 사랑하고 좋아합니다. 신학교 시절 120원짜리 식권 살 돈이 없어서 굶기를 밥 먹듯이 하던 시절이었습니다. 밥을 못 먹으니 밤새 허기가 져서 몸을 뒤척이다가 새벽에 잠이 깹니다. 그렇게 잠이 깨어 새벽기도를 나가려면 정말 일어나기조차 힘들었습니다. 배가 허리에 닿을 정도로 쑥 들어가 힘이 없어서 못 일어날 정도였습니다. 그래도 다다미 침대 기둥을 붙잡고 겨우 일어나 예배실로 갑니다. 예배실로 가기 전에 물배라도 채우려고 수돗물을 한 그릇 떠먹습니다.

배가 고프다 보면 두 다리는 왜 그렇게 후들거리는지 모릅니다.

그럴 때면 3층 예배실로 가는 계단이 무척이나 가파르고 힘하게 느껴졌습니다. 비틀거리며 올라가다가 넘어지기도 했고 무릎이 까지기도 했습니다. 그때마다 입으로 습관처럼 중얼거리던 말씀이 있었습니다.

시 18:1 나의 힘이 되신 여호와여! 내가 주를 사랑하나이다

그러면서 십자가를 메고 골고다로 향하신 주님의 모습을 생각했습니다. 그렇게 예배실에 올라가서 먼동이 틀 때까지 무릎을 꿇고 바지가 눈물에 젖도록 기도하는 것이 제 하루의 시작이었습니다.

그래서 훗날 "나의 힘이 되신 여호와여 내가 주를 사랑합니다"라는 찬송은 제 영성과 목회의 가장 큰 힘과 영감을 주는 찬송이 되었고, 지금도 힘겹고 외로울 때면 이 찬송을 부릅니다. 그러면 어느새 다시 힘이 솟고, 눈시울이 뜨거워지는 것을 느낍니다. 성도들이 힘들고 어려운 일이 있어서 상담하러 찾아올 때면 저는 이렇게 말합니다.

"나의 힘이 되신 여호와여, 이 찬송을 50번, 100번을 불러 보세요. 아니 가슴이 뜨거워지고 눈시울이 젖을 때까지 수백 번 불러 보세요. 그러면 어느새 하나님의 은혜와 감동이 성도님의 영혼을 어루만지고 회복시키며 새 힘을 주실 것입니다."

정말 이 찬송은 영혼의 비타민처럼 부르면 부를수록 신선하고 상큼한 활력을 불어넣어 줍니다. 이 노래, 이 고백이 우리의 고백이 될 때 고난과 역경을 이겨내고 다윗처럼 최고의 승리자가 될 수 있습니다.

♪ 나의 힘이 되신 여호와여 내가 주님을 사랑합니다
 주는 나의 반석이시며 나의 요새시라
 주는 나를 건지시는 나의 주 나의 하나님
 나의 피할 바위시요 나의 방패시라
 나의 하나님 나의 하나님
 구원의 뿔이시요 나의 산성이라
 나의 하나님 나의 하나님 그는 나의 여호와 나의 구세주
 나의 하나님 나의 하나님 그는 나의 여호와 나의 구세주

최악의 상황에서
최고가 된 아웃사이더 갈렙

여호수아 14장 10-14절

"이제 보소서 여호와께서 이 말씀을 모세에게 이르신 때로부터 이스라엘이 광야에서 방황한 이 사십오 년 동안을 여호와께서 말씀하신 대로 나를 생존하게 하셨나이다 오늘 내가 팔십오 세로되 모세가 나를 보내던 날과 같이 오늘도 내가 여전히 강건하니 내 힘이 그때나 지금이나 같아서 싸움에나 출입에 감당할 수 있으니 그날에 여호와께서 말씀하신 이 산지를 지금 내게 주소서 당신도 그날에 들으셨거니와 그곳에는 아낙 사람이 있고 그 성읍들은 크고 견고할지라도 여호와께서 나와 함께 하시면 내가 여호와께서 말씀하신 대로 그들을 쫓아내리이다 하니 여호수아가 여분네의 아들 갈렙을 위하여 축복하고 헤브론을 그에게 주어 기업을 삼게 하매 헤브론이 그니스 사람 여분네의 아들 갈렙의 기업이 되어 오늘까지 이르렀으니 이는 그가 이스라엘의 하나님 여호와를 온전히 좇았음이라"

지프차를 들어올린 힘!

베트남 전쟁 때 미군 네 명이 지프차를 타고 정글을 지나고 있었습니다. 그런데 운전병의 실수로 차가 진흙탕 수렁으로 완전히 빠져버렸습니다. 그때를 놓칠세라 베트콩들이 저 멀리서 총을 쏘면서 공격해 왔습니다. 미군들은 꼼짝없이 죽게 되었습니다. 그야말로 죽을 수밖에 없는 인생 최악의 상황이었습니다.

그들은 다행히도 하나님을 섬기는 사람들이었습니다. 그래서 네 명이 "주여!"를 외치며 진흙탕 수렁에서 지프차를 들어올렸습니다. 다시 시동을 걸고 도망 가서 간신히 구사일생으로 살 수 있었습니다. 그들이 부대에 돌아갔더니 부대에서 대단한 환호를 해주어 영웅이 되었습니다. 그런데 부대에서 다시 한 번 자동차를 들어 보았는데 들 수가 없었습니다. 그들은 최악의 상황에서 최고의 자기 자신들을 만들었던 것입니다.

사람은 두 종류가 있습니다. 첫째는 최악의 상황이 되면 스스로 자기 인생과 미래를 자포자기하는 사람입니다. 그러면서 항상 마이너리그에서 세상을 삐딱하게 바라보면서 늘 불평하고 원망하는 삶을 삽니다. 항상 비주류에서 꼼수로 삽니다. 그러나 둘째로 또 한 사람은 최악의 상황에서 최고의 나를 만듭니다. 이 사람은 최악의 상황을 역으로 이용하여 오히려 역설적 성공을 함으로써 최고의 나 자신을 만듭니다. 이 사람은 한 번도 비주류에 서거나 변방에 서서 부정적으로 살지 않습니다. 어떤 최악의 상황에서도 긍정적으로 살아가고 역설적으로 삽니다. 그래서 최고의 나 자신을 만듭니다.

잡족 출신 갈렙

여호수아 14장을 보면 최악의 상황에서 단 한 번도 불평이나 원망을 하지 않고 하나님을 온전히 섬겼던 사람이 소개되고 있습니다. 단 한 번도 비주류에 서거나 변방에 서지 않고 최악의 상황에서 최고의 자신을 만들었던 사람입니다. 그가 누구입니까? 바로 갈렙입니다. 유명한 구약신학자인 제임스 보이스를 비롯하여 몇몇 구약학자들에 의하면 갈렙은 원래부터 훌륭한 사람이 아니었다고 합니다. 갈렙은 어떤 사람이었습니까? 그는 원래 그니스 족속의 사람이었습니다.

> 수 14:14 헤브론이 그니스 사람 여분네의 아들 갈렙의 기업이 되어

갈렙은 원래 그니스 사람이었던 것 같습니다. 갈렙의 조상은 이스라엘 족속이 아니라 이방인 출신이요, 잡족 출신이었다는 말입니다. 이것을 잘 알려면 창세기 15장으로 거슬러 올라가야 합니다. 창세기 15장을 보면 하나님께서 아브라함에게 반드시 가나안 땅을 주겠다고 약속하셨습니다. 그런데 그 땅에는 누가 살고 있는 줄 아십니까? 대략 열 족속이 살고 있었는데 그중의 한 족속이 그니스 족속이었습니다.

> 창 15:18-19 그날에 여호와께서 아브람과 더불어 언약을 세워 이르시되 내가 이 땅을 애굽 강에서부터 그 큰 강 유브라데까지 네

자손에게 주노니 곧 겐 족속과 그니스 족속과 갓몬 족속과

그니스 족속은 어떤 백성입니까? 원래 그니스는 에서의 큰아들인 엘리바스의 아들입니다(창 36:11; 대상 1:36). 그리고 에돔 족속의 한 족장이기도 했습니다. 이 그니스의 후손들이 그니스 족속을 이룬 것입니다. 그런데 훗날 그니스 족속의 소수가 유다 족속에 편입된 사실이 있는데, 아마도 갈렙의 할아버지나 아버지 대에 애굽에서 이스라엘 민족과 종교에 편입되어 갈렙도 훗날 유다 지파에 편입된 것으로 보입니다.

물론 이 견해를 반대하는 학자들도 있습니다. 갈렙을 그니스 사람이라고 한 것은 이스라엘이 가나안 땅을 정복한 후 갈렙이 그니스 지역에 살았기 때문에 그니스 사람이라고 기록했다는 것입니다. 그러나 이 말은 설득력이 떨어집니다. 성경 어디를 봐도 그니스가 되었든 그나스가 되었든 간에 이것은 족속이나 성씨를 지칭하는 용어이지 지역을 말하는 곳이 한 군데도 없습니다. 그래서 갈렙을 그니스라는 성을 가진 사람(Kenizzite)으로 기록하고 있습니다.

또 카일 델리취 같은 학자는, 갈렙을 그니스 사람이라고 한 것은 유다 족속 내에 그니스라는 가장이 있었는데 그 후손이기 때문이라고 말합니다. 그니스 사람이란 가나안의 원주민 후예라는 말이 아니라고 주장합니다. 그러나 제임스 보이스는 갈렙이 그니스 족속의 후예라고 말합니다. 불행 중 다행으로 그의 조상은 이스라엘 민족에 편입되었고, 갈렙은 자동적으로 유다 족속이 되었다는 것입니다.

저는 이 주장을 따르고 싶습니다. 이 주장이 사실이라면 갈렙은

이 사실 하나만으로도 감사하고 만족한 것 같습니다. 그래서 갈렙은 온전히 하나님만을 섬겼습니다. 그 결과 그의 믿음과 용맹은 유다 지파 모든 사람들의 눈에 띄었고 모세의 눈에 주목을 받게 되었습니다. 마침내 그는 유다 지파의 대표가 되어 열두 정탐꾼 중 한 사람의 자격으로 가나안 땅을 정탐하게 되는 영광을 얻었습니다.

여호수아와 쌍벽을 이룬 갈렙

심지어 그는 나중에 여호수아와 쌍벽을 이루는 인물이 되기도 하였습니다. 모세의 후계자의 자리를 놓고 여호수아와 자리를 다툴 정도까지 부상하였다는 것입니다. 아니, 갈렙은 여호수아보다도 더 유능하고 믿음 좋고 훌륭한 사람이었습니다. 그래서 성경을 보면 갈렙을 소개할 때마다 여호수아보다 먼저 소개되었습니다. 즉, 여호수아보다도 더 믿음이 좋고 하나님을 더 잘 섬기며 온전히 섬기는 사람으로 소개를 했다는 말입니다.

> 민 14:30 여분네의 아들 갈렙과 눈의 아들 여호수아 외에는 내가 맹세하여 너희에게 살게 하리라 한 땅에 결단코 들어가지 못하리라

> 민 32:12 그러나 그나스 사람 여분네의 아들 갈렙과 눈의 아들 여호수아는 여호와를 온전히 따랐느니라 하시고

이처럼 갈렙은 여호수아보다 먼저 앞섰습니다. 그러므로 모세의 후계자는 갈렙이 되어야 했습니다. 여호수아를 제치고 갈렙이 모세의 후계자가 되어야 했습니다. 그러나 갈렙은 탈락되고 말았습니다. 학자들은 그 이유를 갈렙이 이스라엘의 순종이 아니었기 때문이라고 추측하고 있습니다. 그가 그니스 족속의 출신이었기 때문에 여호수아에게 밀렸다는 것입니다. 물론 제임스 보이스의 주장이 틀릴 수도 있습니다. 카일 델리취 같은 구약학자는 이러한 주장을 반대하기 때문입니다.

그러나 적어도 분명한 사실은, 갈렙이 여호수아와 함께 모세의 후계자가 되는 강력한 후보였고 쌍벽을 이루는 후보였다는 것입니다. 아니 오히려 갈렙이 여호수아보다 모세의 후계자가 될 가능성이 더 높은 유력한 후보였습니다. 그런데 어찌 된 영문인지 갈렙은 밀리고 여호수아가 모세의 후계자가 되었습니다. 이것이 갈렙으로서는 인생 최악의 상황이었습니다.

아웃사이더인가, 주류인가?

남과 경쟁해서 밀려 본 경험이 있습니까? 그것도 내가 결코 실력이나 자격으로는 뒤떨어지지 않는데 어떤 이유이든지 내가 승진에 밀리고 파워게임에 밀린 적이 있습니까? 이것이 남자들의 경우에는 얼마나 자존심이 상하고 최악의 상황이 되는지 모릅니다. 이건 당해 본 사람이 아니고는 설명할 수 없는 최악의 상황입니다.

갈렙이 이런 최악의 상황에 직면했습니다. 그러나 그는 결코 실망하지 않았습니다. 절대로 하나님께 불평하지 않고 모세를 원망하지도 않았습니다. 그리고 여호수아와 자기를 비교하지도 않았고 열등감에 빠지지도 않았습니다. 갈렙도 사람이기 때문에 이런 상황이 되면 하나님께 원망하고 모세에게 불평 안 할 수가 없습니다. 또 여호수아 앞에 비교의식과 열등의식이 빠지지 않을 수가 없습니다.

이스라엘 무리들 가운데도 항상 예스맨만 있는 것이 아니었지 않습니까? 출애굽기와 민수기를 보면 불평꾼이 얼마나 많았습니까? 모세를 대적하고 아론을 대적한 불평꾼들이 얼마나 많았습니까? 거기에도 아웃사이더들이 있었고 마이너리그들이 많았습니다. 갈렙은 그런 사람들을 부추기고 자기 사람으로 만들어서 얼마든지 부정적인 행동을 하고 모세와 여호수아를 대적할 수 있었을 것입니다.

그가 하나님 앞에서 신실한 사람이 아니었다면, 기회만 있으면 여호수아를 흔들어대고, 대적하기 위하여 사람들을 끌어 모았을 것입니다. 언제나 여호수아의 야당 노릇을 하려고 기회를 엿보았을 것입니다. 아마 여호수아가 아이 성 전투에서 실패하였을 때 갈렙이 일어나서 여호수아를 공격할 수도 있었을 것입니다.

"어떻게 그런 작은 성과 싸워서 질 수가 있습니까? 이것은 지도자가 무능하고 판단을 잘못해서 그런 것입니다. 저런 햇병아리 지도자를 따라가야 한다고 생각하니 앞길이 캄캄하기만 합니다."

이렇게 은근히 사람들을 선동하고 얼마든지 공격할 수 있었을 것입니다. 또 하나님께 물어 보지도 않고 여부스 족속과 언약을 맺었을 때도 갈렙은 얼마든지 여호수아를 공격할 수 있었습니다. 사람들을 충동질하고 이간질하여 얼마든지 여호수아의 지위를 흔들 수 있었습니다. 또한 가나안 정복 전쟁이 소강 상태에 있을 때도 갈렙은 여호수아를 공격할 수 있었습니다.

그러나 갈렙은 단 한 번도 그런 적이 없습니다. 그는 1인자는 못 되었을지라도 단 한 번도 열등의식이나 비교의식에 빠진 적이 없었습니다. 그는 비록 2인자의 자리에 있었지만 단 한 번도 부정적인 생각이나 열등의식을 가진 적이 없었습니다. 그는 항상 주류의식을 가지고 하나님 앞에서는 1인자라고 생각했습니다. 외적인 서열로는 2인자였지만 그는 1인자인 여호수아를 잘 도와서 하나님의 일을 어떻게 잘 이룰까 생각하며 언제나 노력했던 사람입니다. 그래서 단 한 번도 여호수아에게 야당 노릇을 하거나 태클을 걸지 않았습니다. 결코 1인자를 견제하기 위한 제동장치나 브레이크 역할로 존재하지 않았습니다.

그는 언제나 "어떻게 하면 여호수아를 잘 도와서 하나님의 뜻을 이룰 것인가?" 하고 여호수아를 격려하고 여호수아에게 용기를 주고 희망을 주어서 여호수아를 지지하는 사람으로 존재했습니다. 어떤 경우도 비교의식과 열등의식에 빠지지 않았습니다. 그렇기 때문에 그는 그런 상황에서도 절대로 하나님께 섭섭한 마음을 갖지 않고 오히려 하나님을 더 사랑하려고 했습니다. 오히려 더 하나님을 신뢰하며 더 잘 섬기며 하나님을 더 감동시키려고 했습니다.

"내가 어떻게 하면 하나님을 더 잘 섬길 수 있을까? 내가 어떻게 하면 하나님께 더 영광을 돌리고 기쁘시게 할 수 있을까? 내가 어떻게 하면 하나님을 감동시키며 행복하게 해드릴 수 있을까?"

갈렙은 85세가 되기까지 이런 신앙을 가지고 하나님을 온전히 섬겼습니다. 수많은 세월이 흐르는 동안 한마디의 불평도 없이 원망도 없이 변함없는 마음으로 하나님을 섬겼습니다. 이것이 갈렙의 최고의 모습이 아닙니까? 한마디로 갈렙은 최악의 상황에서도 최고의 나 자신의 모습을 만들었습니다. 평생을 2인자로 밀리며 살아야 했던 갈렙이었지만 그는 하나님 앞에서는 최고의 내가 되고 최고의 자신이 되었습니다. 그래서 진정한 1인자의 모습으로 살았습니다. 얼마나 아름다운 모습이고 얼마나 행복한 삶의 모습입니까?

85세 청년 갈렙

세월이 흘러 마침내 이스라엘이 가나안 땅을 어느 정도 정복하고 기업을 분배하고 있을 때였습니다. 그런데 이스라엘은 가나안 땅의 노른자라 할 수 있는 헤브론 산지를 아직도 정복하지 못하였습니다. 그곳은 네피림의 후손 아낙 자손이 거하는 땅이었기 때문에 여호수아도 정복할 엄두를 내지 못하고 있었습니다. 이때 갈렙이 여호수아 장군에게 나아와 그 산지를 정복하겠다고 고백합니다.

수 14:10(하)-12 오늘 내가 팔십오 세로되 모세가 나를 보내던 날과 같이 오늘도 내가 여전히 강건하니 내 힘이 그때나 지금이나 같아서 싸움에나 출입에 감당할 수 있으니 그날에 여호와께서 말씀하신 이 산지를 지금 내게 주소서 당신도 그 날에 들으셨거니와 그곳에는 아낙 사람이 있고 그 성읍들은 크고 견고할지라도 여호와께서 나와 함께 하시면 내가 여호와께서 말씀하신 대

로 그들을 쫓아내리이다 하니

얼마나 담대하고 아름답고 행복한 모습입니까? 아마 이것을 지켜본 여호수아는 속으로 갈렙에게 이런 고백을 하고도 남았을 것입니다.

"갈렙 장군, 나는 그대가 진정 1인자요 이스라엘의 참 지도자라고 생각하오. 그대가 이스라엘의 영도자가 되고 지도자가 되어야 하는데 나같이 못난 사람이 일인자가 되어 이런 부끄러운 모습을 보이고 있으니 부끄럽기 그지없소. 오늘 나는 그대가 부럽소이다. 나는 진정으로 그대를 존경하고 경의를 표하고 싶구려. 부디 나가서 잘 싸워 헤브론 땅을 정복하기를 바라오."

결국 갈렙은 그의 사위 웃니엘과 함께 그 땅을 정복하였습니다. 아낙 자손의 후예들을 다 쫓아버렸고 그 땅을 그의 자녀와 그의 딸과 사위에게 물려주었습니다. 그리고 갈렙의 사위가 이스라엘의 초대 사사, 초대 왕이 되어서 그의 자녀 대에는 1인자가 되는 축복을 받게 되었습니다.

우리도 최악의 상황에서 최고의 나를 만들 수 있어야 합니다. 그렇다면 여러분의 최악의 상황은 무엇입니까? 그 최악의 상황 때문에 비교의식과 열등의식으로 가득 차 있지는 않습니까? 우리는 그 최악의 상황을 역으로 이용할 수 있어야 합니다. 그런 최악의 상황에서 오히려 하나님을 더 사랑하고 하나님의 마음을 기쁘시게 해야 합니다. 남을 바라보거나 환경을 보지 말고 그럴수록 더 하나님을 사랑하고 하나님을 더 가까이 해야 합니다. 그럴 때 우리도 최악의 상황에서 최고의 나를 만들 수가 있습니다.

비주류 신학생

저는 신학교 다닐 때 최고로 먹고 싶었던 것이 라면, 쥐포, 오징어, 카스테라였습니다. 잘사는 장로님이나 권사님 자녀들은 그것을 잘 사먹고 다녔습니다. 그런데 저는 그런 것을 못 먹는 것보다 더 서러운 게 있었는데, 제가 스스로 비주류가 되어서 소외당하고 무시당하는 아픔이었습니다. 그 사람들은 끼리끼리 놀고 저같이 가난한 사람은 외톨이가 되어야 했습니다. 제가 워낙 붙임성이 좋아서 소외 안 당하려고 했지만 그래도 내 마음에 그런 소외감과 고독감을 많이 느꼈습니다. 그리고 그들끼리 쥐포 뜯고 오징어 뜯는 모습을 볼 때마다 비교의식과 열등의식을 안 가질 수 없었습니다.

그때부터 저는 어쩔 수 없이 비주류가 되었습니다. 그러나 저는 그때에도 비주류라고 생각하지 않았습니다. 은근히 왕따를 당했지만 나는 왕따라고 생각하지 않았습니다. 그리고 저는 그럴수록 하나님을 더 사랑하리라고 결단했습니다. 비록 장로, 권사의 아들은 아니었지만, 더 하나님을 더 가까이하고 하나님을 감동시키는 삶을 살리라고 다짐했습니다.

그 즈음에 무등산 기도원에서 정금성 권사님을 만났습니다. 제가 정 권사님을 처음 만났을 때 권사님이 저를 얼마나 무시했는지 모릅니다. 하도 많이 굶어서 몸은 바싹 말랐고 얼굴은 광대뼈만 툭 나왔으니 제가 얼마나 수척해 보였겠습니까? 더구나 그때 금식기도를 하고 있었으니 제 꼴이 어떠했겠습니까?

제가 기도에 열중하고 있는 정 권사님께 기도를 받으러 갔습니다. 그때 정 권사님이 저에게 바울 같은 종이 되려면 되고 말려면 말라고 무시를 하는 것입니다. 그래서 제가 밑에 내려와서 얼마나 기도했는 줄 아십니까?

"하나님, 제가 신학교에서도 소외당하고 살아가는 것도 억울하고 서러운데, 저 여자한테도 제가 무시를 당해야 합니까? 하나님, 저는 앞으로 저 여자보다 하나님의 은혜와 능력을 7배, 70배, 700배 더 받게 하옵소서!"

그때 하나님께서 정 권사님에게 감동을 주셨습니다. 저 신학생을 크게 쓸 것이라고 말입니다. 정 권사님이 제게 와서 미안하다고 사과하면서 저에게 기도원 전화번호까지 주면서 꼭 오라고 하였습니다. 그러나 저는 안 갔습니다. 그런데 그 이듬해 신학교 기숙사의 같은 방에 있었던 전도사님을 통해 어찌어찌해서 가게 되었습니다. 그것이 계기가 되어 정 권사님이 미안하고 미안한 마음으로 가끔 음식을 싸들고 광주신학교에 찾아오시기도 했습니다.

한번은 정 권사님이 먹을 것을 싸들고 찾아오셨는데 제가 기숙사에 없었습니다. 그래서 교무과나 서무과로 가서 소강석 전도사가 어디 있느냐고 물어 보면, 그때 서무과장으로 계셨던 김석조 장로님이 '소강석이를 찾으려면 3층의 도서관이나 예배실로 가야 한다'고 했습니다.

정 권사님이 도서관과 예배실을 다 둘러봤는데 그날은 아무데도 없었습니다. 그냥 돌아 가려는데 예배실 안의 조그마한 기도실에서 소리가 들리는 것입니다. 예배실 안에는 기도실 겸 대기실이 있었습니다. 저는 낮에는 거기에서 기도하고 찬양했습니다. 왜냐하면 소리 내어 마음껏 부르짖기 위해서입니다. 그날도 기도하다가 매우 감동이 되어서 이렇게 기도했습니다.

"하나님, 저는 이 몸 바쳐 주의 일을 하렵니다. 제 심장이 뛰고 있고 제 호흡이 붙어 있는 한 소명감이 충만하고 뜨겁게 하여 주옵소서. 그래서 오직 주를 위해 살다가 주를 위해 죽게 하옵소서!"

그러면서 이 노래를 불렀습니다.

♪ 주여 이 몸 바쳐 주의 일을 하렵니다
   아무리 어려워서 괴로움 당해도
   주님 한 분으로 만족하게 하옵소서
   주님 사랑 크-시니 주를 따르오리
   주님으로 만족케 하여 주소서
   아 아 불 같은 성령으로 충만케 하옵소서
   고통이 와도 죽음이 와도
   내 주만 위해 내가 살리라

한참 부르는데 자꾸 문 두드리는 소리가 들렸습니다. 문을 열어 보니 권사님이 도시락에 음식을 만들어서 싸온 것입니다. 그때 정 권사님이 저를 다시 보게 되었습니다. 권사님이 저보고 뭐라고 한 줄 아십니까? 눈물을 뚝뚝 흘리면서 이렇게 말했습니다.

"하나님, 세상에 이런 종이 어디 있습니까? 제가 바울 같은 종을 찾고 기도했는데……하나님, 소강석 전도사가 그런 종입니까?"

그러면서 하나님이 응답하셨다며 저한테 이런 말씀을 합니다.

"하나님이 응답하셨네요. '너는 소 전도사를 위해 기도만 할 뿐 아니라, 소 전도사가 원하면 사위를 삼아라. 그래서 평생 동역자가 되어라. 너는 이렇게 나의 일을 위해 몸부림치는 종을, 끝까지 기도로 후원하라!' 하셨어요."

제가 그때 뭐라고 했는 줄 아십니까?

"나는 곧 죽어도 정 권사님 사위 안 합니다……사람을 그렇게 무시해 놓고 사위를 삼겠다뇨……절대로 안 합니다……"라고 하려다가, 제가 배고파서 얼른 차려온 음식을 먹었습니다. 그리고 그 음식을 서무 과장님께도 갖다 드렸습니다.

영적 주류 신앙

저는 계속 이런 삶을 살아왔습니다. 결코 아웃사이더가 되어 비교의식, 열등의식에 빠지지 않고 스스로 주류라고 생각했습니다. 그러면서 내가 세상적으로는 비주류가 될지 모르지만 하나님 앞에서는 영적으로 주류 신앙으로 주류처럼 하나님을 섬기면 될 것이 아니냐고 생각했습니다. 그래서 무슨 일을 하든지 전심으로 하나님을 섬기며 온 마음과 성품을 다해 하나님만을 사랑하는 삶을 살았습니다.

저는 교회를 개척할 때도 비주류였습니다. 남이 써 주는 사람이 없어서 부목사 경험도 없고, 남들처럼 호화찬란하게 개척을 하지 못했습니다. 맨땅에서 맨발과 맨손으로 개척을 하였습니다. 그러니 인간적으로는 비주류가 될 수밖에 없었습니다. 그러나 신앙으로는 스스로 주류가 되어서 갈렙처럼 온전히 주님을 섬기려고 했습니다. 그러고 나서 분당으로 왔습니다. 분당에 왔지만 제일 늦깎이로 왔습니다. 늦깎이로 오다 보니까 분당 목회자들 가운데도 비주류가 되었습니다. 그러나 저는 하나님을 섬기는 일과 목양 일념에 올인했습니다. 그래서 구미동의 부흥 시대를 열었고 마침내 죽전에 와서 오늘의 이 예배당을 지어서 부흥 성장하였습니다.

그러던 중 합동교단과 개혁교단이 하나가 되었습니다. 하나가 되었지만 저는 개혁교단 출신으로서 어쩔 수 없이 또 비주류가 되었습니다. 그래도 저는 비주류라고 생각하지 않고 열심히 교단에서 개혁, 합동 할 것 없이 주류처럼 생각하고 주류처럼 섬기고 주류처럼 활동하였습니다.

남들이 뭐라고 하든지 저는 온전한 마음으로 하나님만을 섬기며 목회를 했습니다. 정말 교단을 부지런히 섬겼습니다. 이 교회, 저 교회, 이 노회, 저 노회, 각 기관을 다니며 말씀을 목이 터져라 전했습니다. 아니, 교단과 한국 교회를 넘어 세계를 다니면서 목이 터져라 외치고 또 외쳤습니다. 말로 못하면 죽음으로 전하리라는 목표를 가지고 말씀을 전하고 다녔습니다.

표면상으로는 비주류였지만 하나님과의 관계와 사역에 있어서는 누구 못지않게 메이저리그가 되어, 있는 힘 없는 힘을 다 쏟아서 목이 터져라 말씀을 전하고 다녔습니다. 그러다가 목이 완전히 가버렸습니다. 어쩔 수 없이 성대 수술을 하게 되었는데 성대 수술을 하면 최하 4주 동안 설교를 못합니다. 심방도 못 다닙니다. 그래도 저의 사역 2기를 위해서 수술을 해야 했습니다.

꿈 속에서도 설교를 하는 목사

저는 우리나라 성대 수술의 최고 권위자인 최홍식 박사님으로부터 수술을 받았는데 처음 일주일은 한마디도 하면 안 된다, 귓속말도 하면 안 된다는 것입니다. 그렇게 방방 뛰며 다니던 제가 낮에도 저녁에도 한마디도 못하고 살아가야 하니 얼마나 답답하겠습니까? 제가 설교를 하고 싶어서 미치도록 환장을 한 것이 아닙니까? 혹시 제가 한마디라도 말을 할까 싶어서 항상 집사람이 제 곁을 따라다녔습니다. 그런데 낮에 말을 못하니까 자다가 꿈 속에서 말을 하는 것입니다. 그냥 말하는 것이 아니라 막 소리를 지르면서 설교를 하였습니다.

"할렐루야, 우리 하나님은 좋으신 하나님입니다. 언약의 하나님입니다. 신실하신 약속의 하나님입니다."

제가 이렇게 소리를 지르면서 설교를 하였습니다. 언약의 하나님, 약속의 하나님이 제 무의식 속에까지 얼마나 박혀버렸는지 꿈 속에서 제스처까지 쓰면서 설교를 하였습니다. 집사람이 깜짝 놀라서 흔들어 깨웁니다. 그래도 이렇게 설교를 하였습니다.

"하나님은 우리의 코 묻은 물질을 받으시고 먹고 땡 하는 하나님이 아닙니다."

그러자 집사람이 저를 막 꼬집어 깨웁니다. 이런 일이 몇 번이나 있었습니다. 저의 이런 모습에 하나님도 감동하셨으리라고 믿었습니다. 그렇게 하면 대부분 수술한 성대가 터져서 재수술을 해야 하는데 하나님이 지켜 주셨습니다.

그런데 교인들은 얼마나 잔인한지 이런 목사에게도 심방 와 주기를 원합니다. 비록 벙어리 목사지만 그래도 축복의 통로요 전달자라고 믿고 자기 집이나 사업장에 와 달라고 합니다. 저는 성대 수술 하루 전에 몇 가지 타입으로 설교와 기도를 녹음해 놓았습니다. 그리고 그 녹음기와 화이트보드를 가지고 다니면서 심방을 했습니다. 심방 가서 기도하고, 하나님이 주신 감동에 따라 찬송가 몇 장을 부를 것인가, 또 어떤 성경의 본문을 볼 것인가를 화이트보드로 써 주었습니다.

그러면 교구 교역자와 성도들이 찬양을 부르고 성경을 읽습니다. 그 본문을 중심으로 미리 녹음한 설교를 틀어 주고 기도도 녹음기로 하였습니다. 그때 말은 못했지만 녹음기 설교와 기도를 들으면서 마음으로 함께 설교하고 마음으로 간절히 기도하였습니다. 그 모습을 하나님께서 보시고 얼마나 기뻐하셨을까를 생각해 봅니다. 그때 심방하고 헌신했던 사람들, 제가 아는 한 다 은혜 받고 감동 받았습니다. 뿐만 아니라 응답을 받고 문제 해결을 받았습니다.

저는 비주류 출신이었지만 하나님을 섬기고 하나님을 감동시키는 일에는 목숨을 걸었습니다. 저는 스스로 갈렙이라고 생각했습니다. 최악의 상황에서도 최고의 내가 되려고 노력했습니다. 그런데 세월이 흘러 지금은 제가 완전히 주류가 되었습니다. 이제는 유학을 다녀왔느냐, 안 다녀왔느냐 그 차원을 넘어섰습니다. 골프를 치느냐, 안 치느냐 그 단계도 넘었습니다. 그 단계를 넘어 제가 어쩔 수 없이 주류가 되어버렸습니다.

저는 누가 뭐라 해도 누가 먼저 하나님을 사랑하느냐, 그리고 어떻게 목회하고 사역에 올인하느냐가 주류라고 생각하며 달려왔습니다. 이런 저를 지금은 누가 비주류라고 할 수 있습니까? 누가 저를 마이너리그라고 이야기할 수 있겠습니까? 이제는 비주류가 되고 싶어도 어쩔 수 없이 주류 중의 주류가 되어버렸습니다. 그리고 부족하지만 지금은 하나님 보시기에 최고의 나를 만들어가고 있습니다. 우리의 삶이 최악의 상황입니까? 바로 그 최악의 상황을 역이용해야 합니다. 그래서 최고의 나를 만들어야 합니다.

최악의 포로수용소에서 살아남은 사람들

600만 명의 유대인들을 학살할 때 독일군에게 가장 큰 장애가 되었던 것은 바로 독일군의 양심이었다고 합니다. 아무리 잔인한 사람이라도 어떻게 사람을 쉽게 죽이겠습니까? 양심이 거리끼다 보니 유대인들을 쉽게 죽이지 못했습니다. 그래서 히틀러는 유대인을 학살하는 독일 군인의 양심을 편하게 해주기 위해 고도의 심리전을 사용했습니다. 그것은 유대인을 잡아 가둔 포로수용소의 화장실을 의도적으로 짓지 않는 것입니다.

한 수용소에 3만 2천 명이나 수용했는데 수용소에 화장실은 단 하나뿐이었다고 합니다. 거기에다 화장실 가는 시간은 하루에 10분씩 두 번만 허락했습니다. 그렇게 하면 어떤 일이 벌어질까요? 유대인들은 늘 배변의 고통에 시달려야 했습니다. 하루 종일 배변의 고통에 시달리다가 마침내 그들은 자기들이 식기로 사용하는 깡통에다 배설하기 시작하였습니다. 아침에 자고 깨 보면 수용소 통로고 입구고 할 것 없이 유대인이 싼 배설물로 가득 찼습니다. 게다가 목욕할 물도 주지 않고 세수할 물도 주지 않았으니 그들의 몰골은 이루 말할 수 없었습니다. 그때 유대인들이 불렀던 시조가 있었습니다.

"설사면 어떠하리, 된똥이면 어떠하리, 너무나 많이 싸 넘친들 또 어떠하리. 오래 참은 고통 뒤에는 똥만 싸면 좋다 하더라."

수용소 온 방 안은 그들의 배설물로 더럽혀지기 시작했습니다. 그러나 독일군들은 칼날같이 바지를 다려 입고 흰 장갑을 끼고 구두를 반짝반짝 닦아 신었습니다. 그때 한 독일 군인이 장교에게 물었습니다.

"이왕 죽일 사람들을 저렇게까지 해야 되겠습니까?"

그러자 장교가 대답합니다.

"사람을 죽이는 것은 어렵다. 그러나 개나 짐승을 죽이는 것은 쉽다. 그리고 개구리를 죽이는 것은 더 쉽다."

무슨 뜻이냐면, 인간은 자존심을 잃어버리면 짐승이 되는데 그러면 죽이기가 훨씬 용이하고 죽는 사람도 편안하다는 말입니다. 차라리 짐승같이 살 바에야 죽는 것이 훨씬 낫기 때문입니다. 독일군들이 볼 때 짐승보다 못하게 사는 유대인들을 죽여 주는 것이 더 자비로운 일이라는 합리화를 갖도록 하였습니다. 이런 최악의 포로수용소에서 생존한다는 것은 기적에 가까운 일이었습니다.

그런데 희한한 생존 원칙이 하나 있었습니다. 그 원칙은 그들이 매일매일 세수를 해야 한다는 것이었습니다. 그러나 세수를 하고 싶어도 유대인들에게는 세숫물이 주어지지 않았습니다. 기록에 의하면 새벽녘에 그들에게 따뜻한 물 한 컵을 배급하였는데, 유대인들은 그 컵의 물을 다 마시지 않고 반 컵은 마시고 반 컵의 물로는 세수를 하였다고 합니다. 옷을 찢어서 반 컵의 물로 적신 다음 이를 닦고 그것을 다시 빨아서 얼굴을 씻고 온몸을 씻어나가기 시작했습니다. 그리고 유리조각으로 수염을 깎았습니다. 그들은 반드시 그렇게 해야 살 수 있었습니다. 그래서 포로수용소에 들어온 유대인들은 그것부터 배워야 했습니다.

"살려면 세수해라."

그러나 유대인들 가운데 그 일에 회의를 가진 사람들이 많았습니다.

"그냥 더럽혀진 몸도 아니고 배설물로 더럽혀진 몸인데 반 컵의 물로 닦는다고 닦이기나 하겠는가? 위생적이기를 하겠는가? 도대체 무슨 의미가 있단 말인가?"

그러나 중요한 사실은, 반 컵의 물로 자기 얼굴과 몸을 씻었던 사람은 살았고 그것을 포기한 사람은 얼마 못 가서 죽었다는 사실입니다. 최악의 상황에서도 끝까지 포기하지 않고 인간의 자존심을 지키고자 몸부림쳤던 사람들은 살아남았던 것입니다.

살기가 매우 힘이 듭니까? 경제가 좋지 않아 절망에 빠져 있습니까? 최악의 상황입니까? 그러나 최악의 상황에서 오히려 갈렙처럼 꿈을 꾸고 오직 하나님만을 붙잡으면 다시 최고가 될 수 있습니다. 우리가 아무리 비주류 출신이라 하더라도 하나님의 은혜와 최선으로 주류가 되고 최고의 나를 만들어야 합니다.

최악의 조건에서 최고의 나를 꿈꾸라

창세기 13장 14-18절

"롯이 아브람을 떠난 후에 여호와께서 아브람에게 이르시되 너는 눈을 들어 너 있는 곳에서 북쪽과 남쪽 그리고 동쪽과 서쪽을 바라보라 보이는 땅을 내가 너와 네 자손에게 주리니 영원히 이르리라 내가 네 자손이 땅의 티끌 같게 하리니 사람이 땅의 티끌을 능히 셀 수 있을진대 네 자손도 세리라 너는 일어나 그 땅을 종과 횡으로 두루 다녀 보라 내가 그것을 네게 주리라 이에 아브람이 장막을 옮겨 헤브론에 있는 마므레 상수리 수풀에 이르러 거주하며 거기서 여호와를 위하여 제단을 쌓았더라"

두 갈래 길에서

미국 동부 프린스턴에 아주 친한 두 젊은이가 있었습니다. 그들은 술과 춤과 도박을 즐기면서 무질서한 생활을 하고 있었습니다. 어느 날 밤도 두 젊은이는 술을 마시고 이 거리, 저 거리를 헤매다가 한 교회 앞을 지나게 되었습니다. 마침 그 교회에서는 부흥회가 열리고 있었는데, 부흥회 포스터에 '죄 값은 사망'이라는 설교 제목이 눈에 띄었습니다. 그중의 한 청년은 교회에 가서 하나님의 말씀을 듣고 싶은 마음이 생겼습니다. 그래서 친구에게 함께 교회 한 번 가보자고 했지만 그 친구는 교회에 갈 바에는 차라리 극장으로 가겠다면서 끝내 거절하였습니다. 한 친구는 그날 저녁에 교회 부흥회에 참석해서 큰 은혜를 받았습니다.

그로부터 30여 년의 세월이 흘렀습니다. 그때 교회에 가지 않고 계속 방탕한 길로 갔던 친구는 큰 죄를 지어 무기징역 선고를 받고 형무소 생활을 하고 있었습니다. 어느 날, 형무소에서 미국 대통령 취임식 신문 기사를 읽고 엄청난 충격을 받았습니다. 그 대통령이 바로 30여 년 전의 그날 밤, 자기와 헤어져 교회에 들어갔던 단짝 친구였기 때문입니다. 그 단짝 친구가 누구인지 아십니까? 바로 미국의 22대와 24대 대통령을 지낸 클리브랜드입니다. 이렇게 한 번의 선택이 인생의 엄청난 미래를 결정하게 한 것입니다.

아브라함과 롯의 길

창세기 13장에서도 이와 비슷한 이야기가 소개되고 있습니다. 바로 아브라함과 롯의 이야기입니다. 아브라함은 하나님의 명령을 따라 가나안 땅으로 갔습니다. 그때 그는 어려서 아비를 잃은 조카 롯을 함께 데리고 갔습니다. 아브라함은 자식이 없었던 까닭에 아마 롯을 친아들처럼 아끼고 사랑했을 것입니다. 그리고 롯도 아브라함을 친아버지처럼 존경하고 따랐으리라고 봅니다. 그러니까 아브라함이 낯선 미지의 땅으로 갈 때 롯도 함께 따라가지 않았겠습니까?

그런데 이 둘 사이에 문제가 생기기 시작했습니다. 그것은 서로 함께 살 수 없을 정도의 심각한 문제로 발전하기 시작했습니다. 왜냐면 아브라함의 목자와 롯의 목자가 서로 다투고 싸웠기 때문입니다. 목축할 땅은 좁고 짐승은 많고, 그래서 동거하기가 불편하다 보니까 서로 싸웠습니다.

> 창 13:6-7(상) 그 땅이 그들이 동거하기에 넉넉하지 못하였으니 이는 그들의 소유가 많아서 동거할 수 없었음이니라 그러므로 아브람의 가축의 목자와 롯의 가축의 목자가 서로 다투고

이렇게 목자들이 서로 싸우니까 아브라함과 롯의 관계도 은근히 불편해지지 않았겠습니까? 이러다가는 아브라함과 롯도 서로 싸울 지경입니다. 친삼촌과 조카가 서로 싸우고 다투면 어떤 꼴이 되겠습니까? 우리말에도 옛말에 "개싸움이 사람 싸움이 된다"는 말이 있

지 않습니까? 그것은 제가 어린 시절에 경험했던 일이기도 합니다.

작은아버지가 읍내에서 큰 사업을 하시다가 망해서 서울로 도망을 가셨습니다. 아버지와 형제들이 전답을 팔아 작은아버지가 구속되지 않도록 도와주었습니다. 그때 저희 집에서 작은아버지 살림을 가져온 것이 있는데 라디오였습니다. 그 라디오 덕분에 제가 어릴 때에 유행가도 많이 배우고 연속극도 많이 들었습니다. 특별히 저는 연속극이 너무 재미있어서 라디오 스피커에 귀를 바짝 대고 들었습니다. 그리고 고 육영수 여사가 시골 학교에 <어깨동무>와 고전 책들을 보내 주어서 그걸 읽으면서 문학적 상상력이 발달한 것 같습니다.

그외에 작은아버지 집에서 또 하나 갖고 온 것이 있는데 개 한 마리였습니다. 늙은 암놈 진돗개였는데, 검은 색에 흰 점이 있는 블랙타니스탄이었습니다. 늙어서 새끼도 배지 않는 개였지만 얼마나 영리했는지 모릅니다. 영혼이 있는 것처럼 느껴질 정도로 총명했습니다.

당시 고 박정희 대통령이 쥐 잡기 운동을 전개하면서 시골에 쥐약을 공짜로 보내 주었습니다. 쥐를 잡아 코리안 밍크 제품을 만들어서 해외로 수출하여 한국 경제를 일으킨 때가 아닙니까? 그때 똥개들이 쥐를 잡기 위해서 쳐 놓은 쥐약을 먹고 많이 죽었습니다. 그런데 우리 개는 영리해서 절대로 안 먹습니다. 개가 얼마나 영리한지, 사람들이 고구마를 먹다가 뒤로 들고 걸어간 적이 있는데, 사람은 안 물고 고구마만 훔쳐 물고 달아났습니다. 그렇게 영리했습니다. 그런데 이 늙은 개가 힘이 없어서 싸움을 못합니다. 마을에 덩치 큰 똥개가 있었는데 그 똥개하고 싸울 때마다 지곤 했습니다.

우리 개가 지니까 제가 화가 나서 작대기를 가지고 가서 똥개 대가리를 패버렸습니다. 그랬더니 개 주인이 와서 "이놈의 자식아, 네가 뭔데 우리 개를 때리냐"고 하며 저를 마구 때리는 것이었습니다. 그것을 보고 우리 아버지가 와서 "어린애가 개 좀 때린 것 가지고 뭘 그러냐"고 했습니다. 그래서 큰 싸움이 날 뻔했습니다. 그 개는 저한테 찍혔습니다. 그 일이 있고 난 후 그 개가 끄덕하면 며칠 동안 절뚝절뚝하고 다녔습니다. 왜 그런 줄 아세요? 그 주인이 안 볼 때 제가 던진 돌에 다리를 맞아 다쳤기 때문입니다.

소유가 많아서 발생한 분쟁의 씨앗

짐승의 싸움이 목자들의 싸움으로 발전이 되고 그 목자들의 싸움은 아브라함과 롯의 싸움으로 발전되었습니다. 그러면 싸우는 이유가 좁은 공간 때문이기만 했을까요? 아닙니다. 더 근본적인 이유가 있습니다. 그들의 소유가 아주 많았기 때문입니다.

> **창 13:6(하)** 이는 그들의 소유가 많아서 동거할 수 없었음이니라

그들의 소유가 적으면 서로 싸우지 않았을 것입니다. 소유가 많다 보니까 싸운 것입니다. 아마 소유가 적었더라면 아브라함과 롯은 굉장히 오붓하고 단란하게 살았을 것입니다. 오늘날도 사람들이 가난하면 많이 다투지 않습니다. 가난한 부모가 돌아가시면 화목하게 장례식을 치릅니다. 그러나 부모가 재산을 많이 남겨놓고 돌아가시

면 장례식 때부터 싸우는 것을 볼 수 있지 않습니까? 또한 갑자기 부자가 되어서 싸우는 경우도 많이 봅니다. 갑자기 로또에 당첨이 되면 부부가 싸우다 이혼하기도 하고 형제가 다투기도 하지 않습니까?

교회도 가난하고 부족할 때는 싸우지 않습니다. 교회도 돈이 많고 넉넉해야 싸웁니다. 한국 교회도 가난하던 시절에는 싸우지 않았습니다. 교회가 부흥하고 힘이 있고 가진 것이 많다 보니까 서로 기득권 싸움을 하고 파워게임을 합니다. 그런 의미에서 저는 무척 감사하고 있습니다. 우리 교회는 돈이 없습니다. 이렇게 큰 교회가 돈이 없다니 이상할지도 모릅니다. 왜 돈이 없겠습니까? 있습니다. 그러나 들어오는 대로 다 써버립니다. 교회가 일을 많이 하니까 돈이 모이지 않습니다. 모아놓은 것이 없으니까 싸울 일이 없습니다. 돈을 많이 모아놓아야 그 돈을 중심으로 서로 다투게 됩니다.

우리 교회는 돈이 들어오자마자 선교하고 섬기느라 다 써버립니다. 그러다가 돈이 없으면 은행 돈 갖다 씁니다. 하도 돈을 잘 갚고 신용이 좋으니까 은행에서 서로 돈을 써 달라고 하지 않습니까? 그래서 저는 목회를 행복하게 합니다. 필요할 때 은행 돈 많이 갖다 쓰고 갚기 힘들 때가 되면 그때 천국 가면 되잖아요? 그리고 제 후임자가 갚으면 되지 않겠습니까?

좌와 우의 갈림길에서

지금 아브라함과 롯은 너무 소유가 많아서 싸우기 직전이었습니다. 아브라함은 이런 기미를 미리 알아챘습니다. 그래서 롯에게 제의했습니다.

"롯아, 너하고 나하고 남남이냐? 그런데 서로 싸워서야 되겠느냐? 차라리 갈라서자. 우리 같이 살면서 싸우는 것보다 헤어지는 것이 낫겠다. 네가 좌하면 나는 우하고 네가 우하면 나는 좌할 테니, 네가 먼저 목축하기 좋은 땅을 선택하여 나를 떠나거라."

> **창 13:8-9** 아브람이 롯에게 이르되 우리는 한 친족이라 나나 너나 내 목자나 네 목자나 서로 다투게 하지 말자 네 앞에 온 땅이 있지 아니하냐 나를 떠나가라 네가 좌하면 나는 우하고 네가 우하면 나는 좌하리라

그러나 설령 싸우는 한이 있더라도 같이 살지 뭐하러 떨어져 살려고 하는 것입니까? 이유가 있습니다. 그 이유를 7절에서 말해 주고 있습니다.

> **창 13:7** 그러므로 아브람의 가축의 목자와 롯의 가축의 목자가 서로 다투고 또 가나안 사람과 브리스 사람도 그 땅에 거주하였는지라

아브라함의 목자들과 롯의 목자들이 서로 다투고 싸울 때 거기에 가나안 사람과 브리스 사람도 함께 거주했다고 기록하고 있습니다. 기록자가 어떤 의도로 가나안 사람과 브리스 사람들이 그 땅에

거주하였다는 이야기를 집어넣었을까요? 뻔한 것이 아니겠습니까? 아브라함은 여호와 하나님을 섬기는 사람입니다. 그는 어디를 가든지 먼저 하나님께 제단을 쌓고 하나님을 섬겼던 사람입니다. 그걸 주변의 이방 사람들이 잘 알고 있습니다. 특별히 가나안 사람과 브리스 사람은 그 모습을 너무 많이 봤습니다.

그런데 여호와 하나님을 잘 섬기는 사람들이 이해관계 때문에 서로 싸우고 다투면 어떻게 되겠습니까? 이방 신을 섬기는 가나안과 브리스 사람들이 뭐라고 손가락질을 하겠습니까?

"아이고, 여호와 하나님께 제단은 잘 쌓으면서 저렇게 맨날 싸우니, 하나님 섬기는 사람과 이방 신 섬기는 우리가 뭐가 다르겠어."

오늘날로 말하면 이렇게 흉을 보는 것과 같습니다.

"예수쟁이들을 보면 주일날 교회에서 예배는 꼭꼭 잘 드리면서 왜들 저렇게 싸우는 거야. 왜 그렇게 교회 안에서 목사와 장로가 싸우고, 총회에서도 왜 그렇게 싸우고 난리를 피우는 거야. 또 교계 지도자들끼리는 왜 싸우는 거야. 왜 자기들끼리 그렇게 서로 고소 고발을 하고 재판을 많이 하는지 모르겠어. 그렇다면 도대체 예수 믿는 사람과 우리가 무엇이 다르겠어? 아, 교회 지도자와 세상 사람과 무엇이 다르냐 말이야."

오늘날 교회의 모습이 세상에 너무 세속적이고 부정적으로 비춰지기 때문에 전도문이 막힙니다. 우리가 정신 차려야 할 때입니다. 부족하지만 그래도 새에덴교회는 지금까지 단 한 번도 다투거나 싸운 적이 없습니다. 그래서 온 성도들이 한마음이 되어 전도하고 부흥에 부흥을 거듭해 왔습니다. 그러나 새에덴교회도 안심할 수가 없습니다. 사탄이 교묘하게 장난을 치기 시작하면 순식간에 분쟁에 휘말릴 수가 있습니다. 제발 우리는 천국 가는 그날까지 다투지 맙시다. 천국 가는 그날까지 우리는 정말 화목하고 서로 사랑하며 섬기며 삽시다.

롯에게 양보한 아브라함의 신앙

아브라함은 조카 롯에게 양보 정신을 발휘하였습니다. "네가 좌하면 나는 우하고, 네가 우하면 나는 좌하리라"라고 말입니다. 그는 집안의 어른이요 연장자로서 얼마든지 선택의 우선권을 가질 수 있는 위치였습니다. 그는 먼저 좋은 땅, 기름진 땅, 가축을 키우기에 물과 풀이 많은 땅을 선택할 수 있었습니다.

그러나 그는 선택의 우선권을 조카 롯에게 양보했습니다. 원래 양보하더라도 생색을 내면서 해야 하는데, 그저 주님께 덕이 되고 주님이 영광만 받으신다면 그는 얼마든지 양보하려고 했습니다. 얼마나 아름다운 모습입니까? 우리는 이런 아브라함의 양보 신앙을 배워야 합니다.

오늘날 교회 안에서 양보를 못하니까 서로 싸우는 것이 아닙니까? 그놈의 감투와 명예가 뭐가 그리 대단하다고 싸웁니까? 그까짓 교권이 뭐가 그리 대단하다고 말입니다. 물론 교권의 맛을 보면 대단합니다. 그래서 저는 그 맛을 안 보려고 합니다. 제가 한국 교회 연합사업을 위해서 한동안 올인을 했습니다. 그때 많은 사람이 오해를 했습니다. '소 목사는 정치적 욕망이 많은 사람'이라고, '교권의 야망이 대단한 사람'이라고 말입니다.

요즘은 제가 발을 많이 뺐습니다. 저는 그 정치 맛과 교권의 맛이 아니라 정말 주님의 영광을 위하고 교회의 영광과 한국 교회의 연합을 위해 일하는 맛 때문에 그랬던 것이 아닙니까? 그러다가 저는 모든 걸 양보하고 포기했습니다. 그것이 바로 제가 교권의 욕망과 정치적 야망 때문이 아니라는 것을 보여주는 것이 아니겠습니까? 우리도 양보해야 합니다. 포기하며 살아야 합니다. 이렇게 아브라함이 양보하자 롯이 기름지고 아름다운 땅이요 짐승을 키우기에 매우 좋은 물과 풀이 넘치는 땅을 선택했습니다.

> **창 13:10-11** 이에 롯이 눈을 들어 요단 지역을 바라본즉 소알까지 온 땅에 물이 넉넉하니 여호와께서 소돔과 고모라를 멸하시기 전이었으므로 여호와의 동산 같고 애굽 땅과 같았더라 그러므로 롯이 요단 온 지역을 택하고 동으로 옮기니 그들이 서로 떠난지라

롯은 아브라함이 아무리 먼저 양보했을지라도 립서비스로라도 '삼촌 어르신이 먼저 선택해야 할 것이 아니냐'고 한마디라도 했어야 하지 않습니까? 그런데 어떻게 자기가 먼저 좋은 땅을 선택한단 말입니까? 롯이 땅을 먼저 선택하면서 가슴이 얼마나 두근두근 뛰었겠습니까? 그 좋은 땅을 차지할 수 있었으니 말입니다. 아마도 롯은 기분이 째지게 좋아서 표정 관리하느라고 애를 썼을 것입니다. 결국 롯은 그 좋은 땅을 향하여 짐승들을 이끌고 떠납니다.

이때 아브라함은 얼마나 쓸쓸하고 허탈하고 공허했겠습니까? 그는 쓸모없는 땅을 차지하고 거기서 가축을 길러야 하니 말입니다. 참으로 아브라함의 미래는 너무나 불리한 상황이었고 최악의 조건이라고 말할 수밖에 없었습니다. 어떻게 그런 불모지에서 그 수많은 양떼를 기르고 육축을 할 수 있단 말입니까? 생각하면 생각할수록 아브라함의 마음은 은근한 배신감으로 가득했을 것입니다. 너무나 허탈하고 공허했을 것입니다.

최악의 조건에서 제단을 쌓은 아브라함의 꿈

아브라함은 그런 최악의 조건 속에서도 하나님의 약속을 붙잡았습니다. 그리고 최고의 나를 꿈꾸었습니다. 그래서 제단을 쌓았을 것입니다. 왜냐하면 그는 가는 곳마다 제단 쌓는 삶을 살았기 때문입니다.

> 창 13:3-4 그가 네게브에서부터 길을 떠나 벧엘에 이르며 벧엘과 아이 사이 곧 전에 장막 쳤던 곳에 이르니 그가 처음으로 제단을 쌓은 곳이라 그가 거기서 여호와의 이름을 불렀더라

이처럼 아브라함은 어디를 가든지 먼저 제단을 쌓고 여호와의 이름을 불렀습니다. 그는 롯이 떠난 후에도 인간적으로 섭섭하고 허탈하며 공허하였지만 다시 하나님께 제단을 쌓으며 여호와의 이름을 불렀을 것입니다.

고대 근동에서는 신들에게 제단을 쌓을 때는 항상 높은 언덕이나 산꼭대기에 올라가서 제단을 쌓는다고 하지 않았습니까? 당시에는 아브라함도 마찬가지였습니다. 그래서 아브라함도 높은 언덕이나 산꼭대기에 올라가서 하나님께 제단을 쌓고 하나님의 약속을 생각했을 것입니다. 그 약속을 붙잡고 성취될 자신의 미래와 후손 대대로 축복 받을 모습을 상상했을 것입니다.

지금은 자신이 이렇게 초라하고 최악의 조건으로 밀려나 있지만, 언젠가 하나님이 약속해 주신 대로 자신과 자신의 후손이 이 모든 땅의 주인이 될 것을 상상했을 것입니다. 다시 말하면, 지금은 자신이 초라하고 최악의 조건 속에 있지만 언젠가 자신이 이 땅에서 최고가 될 것이며 모든 후손의 축복의 조상이 될 것을 상상하였을 것입니다. 그러면서 스스로 자위하고 격려했을 것입니다.

'아, 우리 하나님은 언약의 하나님이고 약속의 하나님이시니 반드시 당신의 언약을 이루어 주실 것이다. 이 땅을 주신다고 분명히 약속하셨던 하나님, 그 하나님께서 롯이 차지한 땅까지 다 주실 것이다. 그리고 하나님은 나에게 반드시 더 좋은 길, 더 선한 길로 인도하실 것이다. 왜냐면 우리 하나님은 선하신 하나님이고 좋으신 하나님이기 때문이다. 나도 이미 경험하지 않았던가. 나의 하나님이야말로 섬길수록 좋은 주님이고 섬길수록 귀한 주님이라는 사실. 그러므로 나는 하나님을 더 잘 섬기고 사랑하리라. 지금 내 상황이 최악의 상황이고 최악의 조건이지만 그럴수록 나는 선하신 하나님, 좋으신 하나님을 더 잘 섬기고 더 많이 사랑하는 삶을 살아가리라.'

♪ 주 내 맘에 모신 후에
　주 날 인도하시네
　주께 내 맘 드린 후에
　더욱 섬길수록 더 귀한 주님
　더욱 섬길수록 더 귀한 주님
　더욱 사랑할수록 주 날 사랑해
　매일 내 맘 속에 기쁨 넘치네
　더욱 섬길수록 더 귀한 주님

헤브론에서의 연단과 축복

그때 하나님께서 아브라함에게 찾아오셨습니다. 그리고 아브라함에게 이렇게 위로하고 약속하며 격려해 주셨습니다.

"아브라함아, 낙심하지 말고 절망하지 마라. 나는 언약의 하나님이요 약속의 하나님이다. 그러므로 너는 눈을 들어 동서남북을 바라보라. 네게 보이는 땅을 너와 네 자손에게 모두 줄 것이다. 그리고 네 자손을 땅의 티끌처럼 번성하게 해줄 것이다. 너는 일어나 그 땅을 종과 횡으로 두루 다녀 보거라. 내가 그 모든 땅을 네게 줄 것이다."

> 창 13:14-17 롯이 아브람을 떠난 후에 여호와께서 아브람에게 이르시되 너는 눈을 들어 너 있는 곳에서 북쪽과 남쪽 그리고 동쪽과 서쪽을 바라보라 보이는 땅을 내가 너와 네 자손에게 주리니

영원히 이르리라 내가 네 자손이 땅의 티끌 같게 하리니 사람이 땅의 티끌을 능히 셀 수 있을진대 네 자손도 세리라 너는 일어나 그 땅을 종과 횡으로 두루 다녀 보라 내가 그것을 네게 주리라

얼마나 위로가 되는 말씀입니까? 얼마나 힘이 되는 언약의 말씀입니까? 이때 아브라함은 하나님의 은혜가 얼마나 감사하고 감격스러웠겠습니까? 그래서 아브라함은 그 땅을 떠나 하나님의 약속을 믿고 멀리 헤브론 땅으로 옮겨 갔습니다. 거기는 평야지대가 아니라 산악지대였지만, 그래도 거기에 물이 있고 풀이 많았기 때문입니다. 뿐만 아니라 그 땅은 비옥해서 농사 짓고 목축을 하기가 아주 좋았기 때문입니다.

물론 그곳은 아브라함에게 있어서 생소하고 낯선 미지의 땅이었습니다. 그리고 민수기를 보면 이 땅은 아낙 자손인 거인들이 살고 있던 곳이었습니다. 그러니 아브라함에게 있어서 그 땅은 부담스럽고 위험이 따르는 곳이었습니다. 그럼에도 불구하고 아브라함은 그 땅으로 갔습니다. 무엇 때문입니까? 하나님의 약속 때문이었습니다. 그 언약을 믿고 헤브론 땅을 차지하기 위해 그곳으로 간 것입니다. 거기서도 그는 하나님 앞에 제단을 쌓았습니다.

창 13:18 이에 아브람이 장막을 옮겨 헤브론에 있는 마므레 상수리 수풀에 이르러 거주하며 거기서 여호와를 위하여 제단을 쌓았더라

아마 이 제단은 믿음으로 미리 드리는 선불 감사의 제단이었을 것입니다. 하나님께서 헤브론 땅을 주실 뿐만 아니라, 자기 자신과 후손을 통하여 하나님의 약속이 반드시 이루어질 것에 대한 확신을 가지고 미리 감사하면서 제단을 쌓았을 것이란 말입니다. 성경을 보면 아브라함은 여기서 아주 믿음을 깊이 단련받고 훈련받는 모습을 보입니다. 아낙 자손들이 사는 땅으로 갔으니 아브라함이 하나님을 얼마나 더 의지하고 사랑했겠습니까? 바로 이 헤브론 땅에서 얼마나 아브라함의 믿음이 단련을 받았으면 하나님께서 아브라함을 향하여 '나의 친구'라고 말씀하셨겠습니까?

> 사 41:8 그러나 나의 종 너 이스라엘아 내가 택한 야곱아 나의 벗 아브라함의 자손아

친구 간에는 비밀이 없지 않습니까? 사춘기 자녀를 보면 부모와는 비밀이 있을 수 있지만 친구에게는 비밀이 없습니다. 그래서 하나님이 소돔과 고모라를 멸망시킬 때에 아브라함에게 당신의 비밀을 하나도 숨기지 않고 가르쳐 주시지 않았습니까?

> 창 18:17 여호와께서 이르시되 내가 하려는 것을 아브라함에게 숨기겠느냐

하나님은 아낙 자손의 후손들이 삶의 터전을 잡고 사는 헤브론 땅에서 아브라함으로 하여금 하나님을 더 사랑하고 섬기는 훈련

을 하게 하셨습니다. 하나님은 아브라함을 800℃의 가마가 아니라 1250℃ 가마로 인도하신 것입니다. 최고의 아브라함의 모습으로 빚어내기 위해서였습니다. 거기서 아브라함은 최악의 조건 속에서도 최고의 축복을 꿈꾸며 믿음의 훈련을 받았습니다. 애굽 강에서부터 유브라데 강까지 가나안의 모든 땅이 자신의 후손의 땅이 되는 그런 꿈을 꾸었습니다. 그리고 그 땅에서 하늘의 별과 땅의 모래를 바라보면서 최고의 내가 될 꿈을 꾸며 살았습니다.

그러면 결과가 어떻게 되었습니까? 롯이 차지했던 소돔과 고모라 성은 유황과 불에 타서 망해버렸습니다. 그때 롯은 아브라함의 중보 기도로 겨우 목숨만 부지하였고, 부지중에 딸과 몸을 합하여 후손을 퍼트리는 불쌍하고 가련한 조상이 되었습니다. 그러나 아브라함은 정말로 축복의 조상이 되었고, 자기 자신의 후손뿐만 아니라 모든 영적인 후손들에게도 축복의 통로 전달자가 되었습니다. 다시 말하면, 하나님 앞에서나 롯 앞에서나 모든 후손들 앞에서 최고의 축복을 받은 사람이요, 가장 위대한 축복의 조상이 되었던 것입니다.

최악의 조건에서 최고의 나를 꿈꾸며

저는 예수 믿고 신학교에 간다고 우리 아버님께 몰매를 맞고 집에서 쫓겨났습니다. 그래서 7년의 신학 과정 내내 고학을 했습니다. 그렇게 힘들게 신학교를 졸업했지만 누구 하나 부목사로 써 주는 사람이 없었습니다. 저는 어쩔 수 없이 교회를 개척해야 했습니다. 서울에서 개척하기 위하여 맨 먼저 남산 타워로 올라갔습니다. 거기서 서울 시내를 바라보며 기도했습니다.

"하나님, 제가 가야 할 곳은 어디입니까? 영등포로 가야 할까요? 미아리로 가야 할까요?"

곧 죽어도 꿈은 있다고, 제가 목동 신시가지와 상계동 신시가지를 얼마나 누비고 다녔는지 아십니까? 그러나 저는 거기서 개척할 능력이 전혀 없었습니다. 목동에서 상가를 얻어 개척하려면 돈이 많이 필요했습니다. 그래서 목동 옆 신정동이라고 하는 가난한 동네 지하실을 월세로 임대하려고 했습니다. 그런데 옆에서 개척하시던 목사님이 그 사실을 알고 저에게 통사정을 하지 않습니까?

"젊은 사람이 우리 교회 옆에서 개척을 하면 내가 어떻게 목회를 하겠는가. 다른 곳으로 가서 개척을 하면 안 되겠는가?"

그래서 양보를 했습니다. 그런 일은 저 대림동에서도 있었습니다. 결국 가락동으로까지 와서 비가 오면 물이 줄줄 새는 지하실 23평에서 교회를 시작했습니다. 당시는 목사 안수도 못 받아 예배 끝 시간에 축도도 못했습니다. 그래서 교회에 왔다가 축도 안 하는 교회라고 떠나는 사람도 있었습니다. 주변의 목사님들은 대부분 일류대를 나오셨지만 저는 지방 신학교와 군소교단의 신학교를 나온 사람입니다. 그야말로 최악의 조건이었습니다. 게다가 저는 전도를 하면서 한 교인을 두고 두세 교회가 데려가려고 다툴 때마다 항상 양보하려고 했습니다. 그것은 가락동뿐만 아니라 분당과 이곳에 와서도 마찬가지입니다. 그럴 때마다 얼마나 속이 상하고 가슴이 쓰렸는지 아십니까?

그럴 때마다 하나님이 저에게 주신 약속을 생각했습니다. 하나님이 주신 꿈과 비전을 생각하면서 이 최악의 조건 속에서도 최고의 내가 될 것을 꿈꾸며 기도했습니다. 더 하나님을 사랑하고 더 잘 섬기겠다고 다짐하고 다짐했습니다. 그랬을 때 얼마나 하나님께서 많은 위로와 은혜를 베풀어 주셨는지 모릅니다. 그리고 오늘의 축복을 누리게 되었고 계속해서 더 하나님께 영광 돌리고 더 많은 영향력을 행사할 꿈을 꾸고 있는 것입니다.

우리의 삶은 어떻습니까? 최악의 상황입니까? 최악의 조건입니까? 그것은 하나님께서 우리를 최고의 나로 만들기 위한 최적의 용광로요 불가마라는 사실을 알아야 합니다. 그러므로 최악의 조건 속에서도 아브라함처럼 제단을 쌓으며 최고의 나를 꿈꾸어야 합니다. 그러면서 그 하나님의 약속과 꿈을 붙잡고 하나님을 더 사랑하고 섬겨야 합니다. 마침내 하나님께서 우리를 최고의 축복이요, 은혜의 사람으로 역사해 주실 것입니다.

주님의 발 아래서 최고가 되라

마태복음 26장 6-13절

"예수께서 베다니 나병 환자 시몬의 집에 계실 때에 한 여자가 매우 귀한 향유 한 옥합을 가지고 나아와서 식사하시는 예수의 머리에 부으니 제자들이 보고 분개하여 이르되 무슨 의도로 이것을 허비하느냐 이것을 비싼 값에 팔아 가난한 자들에게 줄 수 있었겠도다 하거늘 예수께서 아시고 그들에게 이르시되 너희가 어찌하여 이 여자를 괴롭게 하느냐 그가 내게 좋은 일을 하였느니라 가난한 자들은 항상 너희와 함께 있거니와 나는 항상 함께 있지 아니하리라 이 여자가 내 몸에 이 향유를 부은 것은 내 장례를 위하여 함이니라 내가 진실로 너희에게 이르노니 온 천하에 어디서든지 이 복음이 전파되는 곳에서는 이 여자가 행한 일도 말하여 그를 기억하리라 하시니라"

사랑이 왜 낮은 곳에 있는지를

안도현 시인의 '가을 엽서'라는 시를 아십니까?

한 잎 두 잎 나뭇잎이 / 낮은 곳으로 / 자꾸 내려앉습니다
세상에 나누어 줄 것이 많다는 듯이
나도 그대에게 무엇을 좀 나눠 주고 싶습니다
내가 가진 게 너무 없다 할지라도
그대여 / 가을 저녁 한때
낙엽이 지거든 물어 보십시오
사랑은 왜 / 낮은 곳에 있는지를

안도현 시인은 떨어지는 낙엽을 가을 엽서로 보았고, 그 가을 엽서는 낮은 곳에서만 볼 수 있는 사랑으로 표현했습니다. 짙어가는 만추의 계절에 낙엽을 통해서 가을 엽서의 낮은 사랑을 생각해 볼 수 있는 때입니다.

그런데 십자가에 죽으러 가는 예수님에게 마치 가을 엽서의 사랑 같은 한 여인이 있었습니다. 바로 마리아라는 여인이었습니다. 이 여인은 주님 앞에서 마치 가을 엽서처럼 언제나 낮은 곳으로 내려앉았습니다. 바로 주님의 발 아래로 내려앉고, 더 낮게 발 아래로 엎드렸던 여자였습니다. 마침내 이 여인은 옥합을 깨트려 향유를 주님의 발 아래 부어 드렸습니다. 그리고 머리털로 주님의 발을 씻어 드려 주님을 얼마나 기쁘시게 하고 행복하게 해드렸는지 모릅니다. 과연 주

님 앞에 최고의 여인이 되었습니다.

이 여인의 이야기는 누가복음 10장에서부터 시작됩니다. 예수님께서 예루살렘에 올라가실 때마다 항상 들르시는 곳이 있었습니다. 바로 베다니에 있는 나사로의 집이었습니다. 나사로에게는 두 여동생이 있었는데 하나는 언니 마르다요, 또 하나는 동생 마리아였습니다. 주님께서 나사로의 집에 가실 때마다 언니 마르다는 항상 음식 장만하기에 바빴고 동생 마리아는 항상 예수님의 말씀을 듣는 일에 전념하였습니다. 그냥 말씀을 듣는 것이 아니라 주님의 발 아래 앉아서 "아멘, 아멘" 하고 말씀을 들었습니다.

> **눅 10:39** 그에게 마리아라 하는 동생이 있어 주의 발치에 앉아 그의 말씀을 듣더니

그러나 언니 마르다는 부엌에서 음식을 장만하다가 공연히 불평만 하였습니다. 자기는 뼈빠지게 음식 장만을 하느라 바빠 죽겠는데 마리아는 동생이 되어서 주의 말씀만 듣고 있다고 말입니다. 그래서 주님께 원망하고 불평하다가 책망만 받지 않았습니까?

> **눅 10:41-42** 주께서 대답하여 이르시되 마르다야 마르다야 네가 많은 일로 염려하고 근심하나 몇 가지만 하든지 혹은 한 가지만이라도 족하니라 마리아는 이 좋은 편을 택하였으니 빼앗기지 아니하리라 하시니라

물론 마르다가 주님을 대접하기 위하여 부지런히 음식을 장만한 것은 좋은 일입니다. 그러나 마르다의 실수가 한 가지 있었습니다. 그것은 말씀 듣는 것에 대한 우선순위를 몰랐다는 것입니다. 그래서 그녀는 주님의 발 아래서 말씀을 듣고 은혜 받는 것보다는 인간적인 열심으로만 주님을 섬기려고 노력했습니다.

나사로의 죽음 이후에

마르다와 마리아에게 청천벽력 같은 가정의 위기가 찾아왔습니다. 바로 하나밖에 없는 오라버니 나사로가 죽을병에 걸려 사경을 헤매고 있었습니다. 그런데 아무리 연락해도 예수님은 야속하게도 오시지 않았습니다. 나사로는 결국 죽고 말았습니다. 그런데 나사로가 죽은 지 4일 만에 예수님이 오셨습니다. 마르다가 반가움 반, 서러움 반으로 주님께 재잘재잘거립니다.

"예수님, 예수님께서 진작 오셨더라면 우리 오라버니가 죽지 않았을 텐데요……그러나 이제라도 주님이 하나님께 무엇이든지 구하면 다 들어 주실 줄을 제가 압니다."

그때 예수님이 뭐라고 말씀하십니까? "네 오라비가 다시 살리라"고 말씀하셨습니다.

> 요 11:23 예수께서 이르시되 네 오라비가 다시 살아나리라

이에 마르다는 전혀 엉뚱한 대답을 하고 맙니다.

"예수님, 마지막 날 우리 오라버니가 부활할 것을 믿습니다."

왜 마지막 날에 삽니까? 지금 살아야 하지 않습니까? 그러자 주님께서 말씀하십니다.

"마르다야, 나는 부활이요 생명이니 나를 믿는 자는 죽어도 다시 살리라. 이것을 네가 믿느냐?"

이때 마르다가 그저 "아멘, 아멘" 한마디만 하면 될 것이 아닙니까? 그런데 또 동문서답을 해버립니다.

"예, 주는 그리스도시요, 살아 계신 하나님의 아들이신 줄을 내가 믿나이다."

> 요 11:27 이르되 주여 그러하외다 주는 그리스도시요 세상에 오시는 하나님의 아들이신 줄 내가 믿나이다

이 고백은 정말 맞는 말입니다. 아니 베드로에 버금가는 위대한 고백입니다. 그러나 마르다는 계속 주님 앞에서 겉도는 대답만 하고 있습니다. 주님이 정말 원하시는 대답을 하고 있지 않습니다. 지금 주님은 나사로를 살리는 것에 대한 참 믿음의 고백을 받고 싶어하시는 것입니다.

마르다는 염치가 없었던지 얼른 마리아를 데려왔습니다. 그러자 마리아가 예수님께 나와 당장 그 발 앞에 엎드렸습니다. 지금 예수님은 방에 서 계신 것이 아닙니다. 마을 동구 밖 길바닥에 서 계십니다. 그 길바닥에서 주님의 발 앞에 엎드려 주님의 발을 붙잡고 이렇게 고백합니다.

"주님, 주께서 여기 계셨더라면 내 오라버니가 죽지 아니하였을 것입니다."

요 11:32 마리아가 예수 계신 곳에 가서 뵈옵고 그 발 앞에 엎드리어 이르되 주께서 여기 계셨더라면 내 오라버니가 죽지 아니하였겠나이다 하더라

언뜻 보면, 마르다가 고백하는 것과 큰 차이가 없는 것처럼 보입니다. 물론 그녀도 인간이었기 때문에 반가움 반, 섭섭함 반이 마음속에 교차하였을지도 모르겠습니다. 그러나 분명히 마르다와 다른 점이 있었습니다. 그것은 먼저 마리아가 주님의 발 앞에 엎드렸다는 것입니다. 그냥 말로만 조잘거리지 않고 주님의 발 앞에 겸손히 엎드렸다는 것입니다.

또 하나가 있습니다. 그녀는 주님의 발을 붙잡고 통곡하며 울었습니다. 얼마나 통곡하며 울었으면 그 슬픔과 눈물이 구경 나온 유대인들에게 전이가 되었겠습니까? 그 통곡의 눈물은 마침내 예수님의 마음까지 비통하게 만들었습니다. 주님의 발을 붙잡고 얼마나 슬피 울었던지 주님도 심령에 비통히 여기시사 그녀를 너무너무 불쌍히 여기고 긍휼히 여겨 주신 것입니다.

요 11:33 예수께서 그가 우는 것과 또 함께 온 유대인들이 우는 것을 보시고 심령에 비통히 여기시고 불쌍히 여기사

눈물 속에 담긴 마리아의 처절한 기도

마리아가 주님 발 아래 엎드려 주님의 발을 붙잡고 통곡하며 슬피 울었다는 점, 우리는 이 모습을 절대로 그냥 간과해서는 안 됩니다. 평소에 말씀을 들을 때도 주님의 발 아래 앉아서 "아멘, 아멘" 했던 마리아가 지금 주님 발 앞에 엎드려 그냥 울고만 있겠습니까? 그냥 슬퍼서만 울겠습니까? 천만의 말씀입니다. 마리아는 지금 인간 예수의 발을 붙들고 있는 것이 아닙니다. 하나님의 아들, 예수 그리스도의 발을 붙잡고 울고 있는 것입니다. 마리아는 지금 주님 앞에 울면서 구곡간장이 녹아 내리는 애절한 기도를 드리고 있을 것입니다.

"예수님, 예수님께서 우리 오라버니를 얼마나 사랑하셨어요? 얼마나 저희 남매를 총애하셨습니까? 그리고 저희 오라버니가 우리 예수님을 얼마나 기다린 줄 아세요? 아무리 죽을병이 들어도 예수님만 오시면 나는 죽지 않는다고, 우리 오라버니가 얼마나 예수님을 기다린 줄 아십니까? 거친 숨을 내쉬면서 오라버니 나사로가 얼마나 예수님의 이름을 불렀는 줄 아세요? 예수님, 예수님, 우리 예수님께서 언제 오시느냐고, 예수님이 오셔서 내 손을 잡아 주시고 내 이름 한 번만 불러 주셔도 나는 일어날 수 있을 텐데……또 그렇게 부러져가는 상한 갈대 같은 오라버니, 꺼져가는 심지 같은 오라버니의 안타까운 모습을 보면서 저희 남매가 마루턱에 앉아 예수님을 얼마나 기다렸는 줄 아세요? 예수님의 이름을 천만 번이 넘도록 불러 외쳤어요. '예수님, 왜 우리가 이토록 당신을 필요로 하는데 우리에게 오시지 않는 것입니까? 우리에게 이토록 예수님이 필요한데, 우리가 이토록 예수님을 불러대는데도 왜 당신은 우리에게 오시지 않는 것입니까?' 깊은 밤, 아니 새벽녘까지 문을 열어놓고 예수님을 그토록 기다렸던 저희들의 마음을 알고 계셨나요? 그런데 결국 예수님은 오시지 않았고 오라버니는 죽고 말았습니다. 그러나 예수님, 지금이라도 우리 예수님은 오라버니 나사로를 살려 줄 수 있습니다. 예수님께서 하늘 아버지께 구하시기만 하면 우리 오라버니는 얼마든지 살아날 수가 있어요. 그러니 예수님, 어떻게 하시렵니까? 지금 제 기도를 들어 주시겠어요, 아니면 저희 눈물을 모른 체하시겠습니까?"

적어도 마리아가 이런 정도의 기도를 드리면서 울고 있는 것이지, 그냥 싸구려 눈물을 흘리고 있겠습니까? 적어도 은혜 받은 여자라면 이런 기도의 눈물을 흘리는 것이지, 그저 주님께 원망이나 하고 자신의 슬픔이나 표현하는 싼 티 나는 눈물을 흘리겠습니까? 적어도 이때까지 마리아가 주님의 발 앞에 엎드려 있는 것으로 보아 마리아와 예수님 사이에는 주는 자와 받는 자만 아는 대화를 주고받고 있을 것입니다.

예수님과 마리아의 묵언 대화

사람들이 겉으로 볼 때는 마리아가 울고만 있고 예수님은 민망히 여기는 모습으로만 보일지 모르지만 천만의 말씀입니다. 정녕 마리아가 이렇게 눈물로 기도하였을 때, 예수님께서 마리아만 알아들을 수 있는 말씀을 주셨을 것입니다.

"마리아야, 염려하지 마라. 내가 어찌 너희 오라버니를 잊을 수 있으며 너의 눈물을 모른 체할 수 있단 말이냐. 이미 내가 너의 기도를 들었고 너의 눈물을 보았노라. 마리아야, 내가 너의 오라버니 나사로를 살려 줄 것이다. 이제 조금 있으면 너의 눈물이 웃음이 되고 너의 통곡이 행복한 비명과 탄성으로 바뀔 것이다."

적어도 예수님께서 마리아에게 이런 확신을 주었을 것입니다. 증거가 어디 있습니까? 요한복음 11장 34절에 있습니다. 33절과 34절 사이에는 어느 정도의 시간적 갭이 있었을 것입니다. 마리아와 예수님만 아는 영적인 대화 후에 드디어 예수님께서 모든 사람들이 알아들을 수 있도록 공개적으로 마리아에게 말씀을 하십니다.

"마리아야, 네 오라비를 어디에 묻어 두었느냐."

예수님께서 무엇 때문에 물어 보시겠습니까? 다시 장례식을 하려고 찾아가겠습니까? 추모 예배를 드리려고 무덤을 찾겠습니까? 바로 그를 살리기 위해서 찾는 것이 아니겠습니까? 그러자 마리아가 당장 예수님을 나사로의 무덤으로 안내합니다.

요 11:34 이르시되 그를 어디 두었느냐 이르되 주여 와서 보옵소서 하니

나사로의 무덤에 오신 예수님은 그의 죽음을 생각하고 마침내 눈물을 터트리셨습니다. 왜냐면 나사로와 마리아를 무척 사랑해 주셨기 때문입니다.

요 11:35-36 예수께서 눈물을 흘리시더라 이에 유대인들이 말하

되 보라 그를 얼마나 사랑하셨는가 하며

이렇게 눈물을 흘리시던 예수님이 이제 나사로의 무덤 돌문을 옮겨 놓으라고 하십니다. 그러자 마르다가 또 믿음 없는 소리를 합니다.
"주여, 죽은 지 나흘이나 되어서 벌써 냄새가 나나이다. 죽은 지 나흘이 되어서 오라버니의 시체가 다 썩어버렸는데 어떻게 살리려 하십니까?"

그러자 예수님이 이렇게 말씀하시지 않습니까?
"마르다야 마르다야, 내 말을 네가 믿으면 지금 하나님의 영광을 보리라고 하지 아니하였더냐."

요 11:39-40 예수께서 이르시되 돌을 옮겨 놓으라 하시니 그 죽은 자의 누이 마르다가 이르되 주여 죽은 지가 나흘이 되었으매 벌써 냄새가 나나이다 예수께서 이르시되 내 말이 네가 믿으면 하나님의 영광을 보리라 하지 아니하였느냐 하시니

마르다는 또 입이 부지런하여 믿음이 없는 말만 하다가 예수님께 책망을 받았습니다. 이런 마르다를 영어로 BMW, BIG MOUSE WOMAN이라고 합니다. 입이 큰 여자라는 말입니다. 이 말을 우리말로 번역하면 백설공주라고 합니다. '백방으로 설치고 다니며 공포의 주둥아리를 놀리는 여자.'

그러나 마리아는 주님의 발 앞에 엎드려 주님의 마음을 움직이고 감동시켰던 사람입니다. 그녀의 처절한 기도의 눈물로 주님까지 울

게 한 여자였습니다. 그리고 예수님을 나사로의 무덤까지 인도해 온 여자가 아닙니까? 그래서 마침내 나사로의 무덤을 향하여 예수님이 큰 소리로 외치십니다.

"나사로야, 일어나라. 나사로야, 나오거라."

♪ 나사로야 일어나라 지금 어서 일어나라

그랬을 때 나사로가 죽은 지 나흘이나 되었던 무덤에서 나와 예수님께 걸어나오지 않았습니까? 아마 제가 나사로라면 이렇게 뛰어나갔을 것입니다.

"예수님, 진짜 오셨네요? 오셔서 저를 다시 살려주셨네요."
그리고 마리아와 마르다를 향해서도 이렇게 말했을 것입니다.
"♪마리아야, 울지 마라, 오빠가 있다~~ 그리고 나의 BMW, 백설공주 마르다야, 너 또 예수님께 야단 맞았재?"
얼마나 감동적인 모습입니까?

옥합을 깨뜨린 마리아

예수님께서 십자가에 죽으실 때가 되었습니다. 예수님께서 십자가에 죽기 위하여 예루살렘으로 가는 중에 마지막으로 베다니에 들르셨습니다. 그때에도 마르다는 열심히 음식 장만을 하느라 열을 내고 있습니다. 마리아는 그날도 주님의 발 아래서 말씀을 듣고 있었던 것 같습니다. 그러다가 그녀에게 스쳐가는 감동이 왔습니다. 그 감동은 십자가에 죽으러 가시는 주님께 기념될 만한 행동을 하고 싶은 감동이었습니다.

지금 예수님은 십자가에 죽기 위하여 예루살렘에 가고 계시는데 그 사실을 아는 자는 마리아밖에 없었습니다. 다른 제자들은 다 주님께서 이스라엘의 왕이 되기 위해 가는 줄로만 알고 있었습니다. 그들은 예수님께서 왜 십자가에 죽는지에 대한 이유조차도 모르고 있었습니다. 그런데 다행히 마리아는 알고 있었습니다. 예수님께서 인류의 죄를 위하여 십자가에 죽으러 가신다는 사실을 말입니다. 그 때 마리아는 자신의 방에 아껴둔 옥합이 생각 났습니다. 그래서 그는 얼른 달려가 그 옥합을 주님께 가져왔습니다.

그 옥합 속에는 나드 향유가 들어 있었습니다. 나드 향유는 인도나 티벳 등지에서 생산되는, 당시 최고의 값비싼 원액 향유였습니다. 마리아는 그 옥합을 사정없이 깨트려 흐르는 향유를 주님의 머리에 붓고 또 발에도 부었습니다. 그리고 머리를 풀어 주님의 발을 씻어 드리는 것입니다. 어쩌면 이번에도 그녀는 눈물을 흘렸을 것입니다. 그래서 그녀의 머리털로 주님의 발을 씻을 때, 향유와 눈물이 범벅이 되었을 것입니다.

"하나님의 아들이신 예수님께서 이 땅에 사람으로 오셔서 우리 죄를 사하기 위하여 십자가에 죽으러 가신다니, 아, 하나님의 사랑이 얼마나 크단 말인가. 아, 하나님의 은혜가 얼마나 값지단 말인가. 아, 가엾어라, 예수님의 희생이여, 아, 가슴 에이는 슬픔이여라, 예수님의 죽음이여……"

아마 이런 고백을 하면서 주님의 발을 씻어 드렸을 것입니다.

♪ 내 주님 서신 발 앞에 옥합을 깨트린 후에
향유를 부어 드리니 주 받으옵소서

마 26:7 한 여자가 매우 귀한 향유 한 옥합을 가지고 나아와서 식사하시는 예수의 머리에 부으니

요 12:3 마리아는 지극히 비싼 향유 곧 순전한 나드 한 근을 가져다가 예수의 발에 붓고 자기 머리털로 그의 발을 닦으니 향유 냄새가 집에 가득하더라

당시 이스라엘에서는 손님들이 오면 항상 발을 씻어 주는 전통적인 관습이 있었습니다. 그리고 귀한 손님이 오면 물에 향유를 조금 타서 씻어 주기도 했습니다. 또한 정말 귀한 손님, 특별히 성경 말씀을 잘 가르쳐 주거나 풀어 주는 랍비에게는 향유의 원액을 발라서 발을 닦아 주기도 했습니다. 그런데 이 여인은 옥합을 다 깨버렸습니다. 옥합을 다 깼다는 말은 옥합에 들어 있는 향유를 일부만 쓰고 남겨 두었다는 것이 아니란 말입니다. 예수님께 통째로 부어 드리기 위해서 옥합을 깨트려버렸습니다. 왜냐면 예수님이야말로 랍비 중의 랍비요, 가장 위대한 스승이시며 구세주요, 왕이셨기 때문입니다. 그래서 마리아는 그 향유를 예수님의 머리부터 발끝까지 몸 전체에 부어 드렸습니다.

특별히 마리아가 예수님의 머리에도 향유를 부었다는 것을 주석학자들은 예수님의 또 하나의 대관식으로 해석하기도 합니다. 이스

라엘에서 왕이 될 때는 왕의 머리에 기름을 붓지 않습니까? 그러므로 마리아 역시 자신의 개인적인 신앙 고백이었지만, 그가 감히 향유를 예수님의 머리에 부은 것은 예수님이야말로 하나님의 아들이요 하나님 나라의 왕이라는 믿음의 고백으로 기름을 머리에 부었던 것입니다.

예수님은 헤롯의 그 화려하고 웅장한 성전에서 거룩한 예복을 입은 사제들에 의해 화려한 대관식을 거행한 것이 아니었습니다. 예루살렘 성 밖의 한 초라한 집에서 베다니의 어느 여인의 고백에 의해 십자가에 죽기 전에 왕으로서의 기름 부음을 받았다는 것입니다. 왜냐면 헤롯의 성전에서는 그 어느 누구도 예수님을 하나님의 아들과 하나님 나라의 왕으로 모시지를 않았기 때문입니다. 예수님은 마리아라고 하는 한 여인의 믿음의 고백과 헌신에 의해서 거룩한 기름 부음을 받았다는 것입니다. 마태는 요한과 달리 이 사실을 더 강조하고 있습니다.

마리아를 책망하는 제자들

예수님은 매우 기뻐하셨습니다. 무척 행복해 하셨습니다. 그러나 이걸 모르는 제자들은 얼마나 분개하고 아까워했습니까? 차라리 이것을 비싼 값에 팔아 가난한 자들을 도우면 얼마나 좋았겠느냐고 마리아를 책망하였습니다.

요 12:5 이 향유를 어찌하여 삼백 데나리온에 팔아 가난한 자들

에게 주지 아니하였느냐 하니

얼마나 웃기는 일입니까? 예수님을 3년이나 따라 다녔던 제자들이 이 여자를 책망하다니요. 하긴, 이 일에 대한 의미와 본질을 모르면 그럴 수밖에 없습니다. 요한복음 6장을 보면 벳새다 광야에 있던 남자 장정만 천 명을 먹이기 위해 필요한 돈이 200데나리온이라고 했습니다. 그렇다면 여자와 어린애까지 합치면 적어도 1만 5천 명 이상이 되었을 것입니다. 그러니 300데나리온이 얼마나 큰 돈입니까? 그런데 300데나리온이나 되는 고가의 옥합을 다 깨트려 예수님께 향유를 다 부어 드렸으니 당연히 분개할 수밖에 없지 않습니까?

오늘 이 시대도 그런 사람이 너무 많습니다. 하나님의 은혜를 모르고 주님의 몸 된 교회를 영적으로 보지 못하는 사람들, 자기들의 시각과 마인드로 교회를 비판하고 정죄하려고만 합니다. 그러나 이런 제자들에게 예수님이 뭐라고 말씀하셨습니까?

"제자들아 어찌하여 이 여자를 괴롭히느냐? 마리아가 내게 얼마나 좋은 일을 하였는데……. 가난한 자들은 항상 너희와 함께 있거니와 나는 항상 함께 있지 아니하리라."

> **마 26:10-11** 예수께서 아시고 그들에게 이르시되 너희가 어찌하여 이 여자를 괴롭게 하느냐 그가 내게 좋은 일을 하였느니라 가난한 자들은 항상 너희와 함께 있거니와 나는 항상 함께 있지 아니하리라

무슨 말입니까? 가난한 사람을 돕고 좋은 일을 하는 것은 언제든지 할 수 있다는 것입니다. 그런 기회는 얼마든지 있다는 것입니다. 그러나 주님에게 기름을 붓고 성령의 감동으로 주님을 위하여 헌신하는 일은 항상 있지 않다는 것입니다. 성령의 감동은 언제나 오지 않고 주님께 헌신할 기회도 항상 있는 것이 아니라는 것입니다. 성령의 감동은 항상 오는 것도 아니고 주님을 위한 봉사는 내가 하고 싶다고 해서 되는 것이 아닙니다. 특별히 마리아가 예수님 몸에 향유를 부은 것은 예수님의 장례를 위하여 한 것이 아니었습니까?

> **마 26:12** 이 여자가 내 몸에 이 향유를 부은 것은 내 장례를 위하여 함이니라

마리아가 예수님의 몸에 향유를 부은 이유가 주님의 장례를 위하여 했다는 것이 아닙니까? 과연 마리아는 주님이 왜 십자가에 죽는지를 알았습니다. 그리고 십자가에 죽으실 주님이 어떤 분인가를 알았습니다.

가을 엽서처럼 엎드린 마리아

마리아는 그 귀한 옥합을 깨트려 향유를 주님의 몸에 부었습니다. "예수님, 당신은 나의 왕이십니다. 당신은 나의 구세주이십니다. 그래서 당신의 은혜와 사랑에 감격하여 부족하지만 당신의 몸에 향유를 부어 드리고 당신의 발 앞에 엎드려 나의 머리털과 눈물로 당

신의 발을 씻어 드리는 것입니다."

그러자 예수님께서 뭐라고 말씀하십니까?

> **마 26:13** 내가 진실로 너희에게 이르노니 온 천하에 어디서든지 이 복음이 전파되는 곳에서는 이 여자가 행한 일도 말하여 그를 기억하리라 하시니라

무슨 말씀입니까? 온 천하에 복음이 전파되는 곳마다 이 여자가 행한 일도 반드시 말하여 그녀를 기억하게 해야 한다는 말입니다. 다시 말하면, 십자가의 복음만 전파하지 말고 이 여자가 헌신한 사례도 전파하라는 것입니다. 왜냐면 복음이 전파되는 곳에는 주님의 몸 된 교회가 세워질 것이고, 그러면 교회 안에는 교회 일꾼이 세워져야 하기 때문입니다.

교회 일꾼은 반드시 마리아 같은 일꾼이 되어야 한다는 것입니다. 그래서 이 여자가 행한 일도 말하여 그를 기억하게 하라는 것입니다. 주님께서 얼마나 기뻐하고 행복했으면 이렇게 말씀하셨겠습니까? 십자가에 죽으러 가는 예수님의 발 아래, 마치 낮은 곳을 향하여 떨어지는 한 장의 가을 엽서처럼 엎드렸던 여인 마리아……. 예수님은 그 사랑의 헌신과 눈물 어린 희생을 받고 온 천하에 복음이 전파되는 곳마다 이 여인의 이야기도 전하라고 말씀하신 것입니다.

마리아야말로 주님 앞에서 최고의 은혜를 얻고 최고의 명예의 축복을 얻은 사람입니다. 아니, 주님 앞에 최고의 내가 되어 있었던 사람입니다. 그것도 주님의 발 아래서 말입니다. 말씀을 들을 때도 주

님의 발 아래서, 기도할 때도 주님의 발 아래서, 옥합을 깨트려 주님을 섬기고 헌신할 때에도 주님의 발 아래서 말입니다. 과연 그녀는 주님의 발 아래서 최고의 여인이 되었고 최고의 일꾼이 되었던 것입니다.

눈물이 향유 되어

저는 젊은 시절 주님의 발 아래서 참 많이도 울었습니다. 불신 가정에서 쫓겨나 겨울 눈보라 속을 걸으며 두 볼에 뜨거운 눈물을 흘렸습니다. 가난한 신학생 시절, 양복이 없어 설교를 할 수 없을 때도 채플실 바닥에 엎드려 하염없이 울었습니다. 지하실 개척 교회 시절, 토요일이면 빈 의자들을 매만지며 길가는 걸인이라도 좋으니 사람 좀 보내 달라고 눈물을 쏟으며 기도했습니다. 그 뜨거운 눈물은 차라리 불덩이였습니다. 아니 절망과 어둠의 밤을 밝히는 영혼의 별이었습니다.

성경의 위인들도 눈물이 많았습니다. 야곱도 요셉도 눈물로 꿈을 성취했습니다. 눈물의 선지자가 없었던 북왕국 이스라엘은 완전히 패망하고 말았지만, 이사야와 예레미야 같은 눈물의 선지자가 있었던 남왕국 유다는 다시 고토로 돌아와 부흥할 수 있었습니다. 예수님도 감람산 언덕에서 훗날 예루살렘의 멸망을 바라보며 "예루살렘아, 예루살렘아" 하며 우셨습니다.

예수님은 그 당시 정치 지도자들과 종교 지도자들의 타락으로 인해 이스라엘이 당해야 할 처참한 심판을 예견하며 우셨습니다. 훗날 예루살렘은 무너졌지만 주님의 눈물은 마침내 새 이스라엘을 이루지 않았습니까? 그만큼 주님의 발 아래서 흘리는 눈물은 향유가 되어 기적을 일으킵니다.

오늘 우리는 어떤 사람입니까? 주님의 발 아래서 말씀을 듣는 사람입니까? 주님의 발 아래서 눈물로 기도하는 사람입니까? 주님의 발 아래서 하나밖에 없는 옥합을 깨트려 주님의 발을 씻어드리고 있는 사람입니까? 과연 주님의 몸 된 교회를 엎드려서 섬기고 있는 사람입니까? 아니면 주님의 머리를 올라타고 주님의 몸 된 교회를 짓밟으며 스스로 군림하고 왕이 되려는 사람입니까?

지금 한국 교회는 불행하게도 주님의 발 아래 엎드려 눈물로 섬기는 사람이 없습니다. 주님을 올라타 주님보다 높아지려는 사람으로 가득합니다. 주님의 교회와 복음을 짓밟고 자신의 욕망의 바벨탑을 쌓으려는 사람이 너무나 많습니다. 그런 모습을 바라보는 주님은 얼마나 안타까워하시겠습니까? 아니, 얼마나 울고 계시겠습니까? 우리 모두 주님의 발 아래서 최고의 내가 되어야 합니다. 주님의 발치 아래 앉아서 그저 "아멘, 아멘" 하고 말씀을 듣는 성도, 주님의 발을 붙잡고 눈물로 기도하는 성도, 주님이 남기고 가신 또 하나의 몸인 교회를 위해 옥합을 깨트리며 헌신하는 성도, 그런 성도가 되어 보지 않겠습니까? 바로 그런 사람이 주님의 발 아래서 흘린 눈물이 향유가 되어 최고의 내가 되는 사람입니다.

최악의 모순 속에서
최고의 나를 창출하라

욥기 1장 20-22절

"욥이 일어나 겉옷을 찢고 머리털을 밀고 땅에 엎드려 예배하며 이르되 내가 모태에서 알몸으로 나왔사온즉 또한 알몸이 그리로 돌아가올지라 주신 이도 여호와시요 거두신 이도 여호와시오니 여호와의 이름이 찬송을 받으실지니이다 하고 이 모든 일에 욥이 범죄하지 아니하고 하나님을 향하여 원망하지 아니하니라"

항우울제 같은 베스트셀러와 마사지 설교

요즘 대부분의 베스트셀러는 항우울제와 같은 힐링이 중심을 이루고 있습니다. 사회적 혼란과 경제 불안 그리고 심리적 상실에 지친 사람들을 어루만지고 달래 주는 책들이 인기입니다. 그만큼 우리 사회가 상처와 상실의 시대라는 것을 반증하고 있습니다. 특히 불교계 승려들의 저술들이 베스트셀러 10위 안에 진입하며 인기를 끌고 있기도 합니다. 그러나 이런 흐름과 현상은 결코 바람직한 것만은 아닙니다. 왜냐면 대부분의 저술들이 항우울제와 같이 환경에 수동적인 순응과 이해를 가르치는 내용들이기 때문입니다.

현대인은 인생, 사랑, 관계, 만남 등 삶과 아주 친숙한 소재들을 가지고 들려 주는 솜사탕 같은 이야기에 잘 빠져듭니다. 잠시나마 삶의 불안과 공포로부터 벗어나 스스로 마음을 위로하고 위로받기를 원합니다. 그리고 자신을 돌아보며 욕망의 폭을 좁히고 사소한 삶의 행복을 발견하려 애씁니다. 그러나 거기까지가 한계입니다. 삶에는 아무런 변화가 없습니다. 항생제의 약효가 떨어지면 다시 인생의 극심한 통증 앞에 신음합니다. 오히려 초라한 삶의 초상 앞에 굴절이 되고 스스로 굴복해버리고 맙니다.

한때《아프니까 청춘이다》라는 책이 히트를 쳤습니다. 그러나 그 책 역시 거기까지였습니다. 아픈 청춘을 위로하기만 해서 무슨 소용이 있단 말입니까? 아프기 때문에 청춘이 아니라, 그 아픔과 맞서 싸워서 이길 수 있는 야성과 패기가 있기에 청춘이어야 하지 않겠습니까? 또《멈추면 비로소 보이는 것들》이라는 책이 크게 인기를 끌었습니다. 그러나 그것은 누구도 멈추지 못하게 하는 야성의 질주를 해야 할 때 나와야 할 책이 아닙니까? 지금은 우리의 경제나 사회가 너무 멈추어 있는 시대 아닙니까?

　지금 우리 사회는 환경 체념을 매우 강조하고 있습니다. 지금 현대인들은 인생의 치열한 경쟁에서 너무 쉽게 포기하고 순응하며 무릎을 꿇고 있습니다. 그러다 보니까 자신의 무력감과 패배의식을 변증해줄 감상적 논리만을 좋아하고 읊조리고 있습니다. 바로 이러한 때에 항우울제와 같은 강의와 메시지 그리고 그런 책들이 나오고 있으니, 얼마나 우리 사회가 나약해지고 우울해져 있습니까?

　목회자의 설교도 마찬가지입니다. 성도들에게 고난과 맞서 싸워 이기는 야성의 신앙을 가르치기보다는 성도들의 상처를 위로해 주고 아픔을 어루만져 주는 마사지 설교만 하려고 합니다. 성도들 역시 잠시나마 눈물샘을 자극받으며 위안을 얻으려고 합니다. 그러나 그것 역시 거기까지에 불과할 뿐입니다. 다시 삶의 현장으로 돌아갔을 때, 고난과 맞서 싸울 야성의 힘이 없단 말입니다. 그래서 성도들 역시 갈수록 점점 더 나약한 사람으로 변해 가고 있습니다.

　사람은 누구나 고난을 당할 수 있습니다. 아니, 그 고난은 우리를 최악의 모순으로 이끌어 가기도 합니다. 그렇다면 우리가 그런 고난과 모순의 환경을 만날 때, 그걸 이겨낼 수 있는 근본적인 힘은 무엇입니까? 그것은 바로 감사입니다. 아니, 역설적인 감사입니다. 좋은 일이 있고 기쁜 일이 있을 때는 누구나 감사할 수 있습니다. 그러나 성숙한 그리스도인은 최악의 고난과 모순 속에서도 오히려 더 역설적 감사를 해야 합니다. 그래야 우리는 모든 고난, 역경, 모순의 상황을 이길 수 있습니다. 그리고 바로 그것이 하나님 앞에 최고의 나의 모습을 보여드리는 것입니다. 최악의 모순 속에서도 하나님께 최고의 나를 보여드리는 것입니다.

비극적 모순 속에서 역설적인 감사를 드린 욥

역설적인 감사를 통하여 하나님께 최고의 모습을 보여드렸던 사람이 있습니다. 바로 욥입니다. 욥은 동방에서 가장 큰 부자였고 하나님을 잘 섬기는 의인이었습니다. 그러나 그는 하루아침에 자신의 모든 재산을 잃어버렸습니다. 그리고 10남매가 한꺼번에 다 죽었습니다. 자식이 한둘이 죽은 것도 아니고 열 자식이 한꺼번에 다 죽어버렸단 말입니다. 게다가 자기 몸에는 악창이라는 불치병이 찾아 왔습니다. 그래서 온몸에 구더기가 달라붙어 피를 빨아 먹으니 그 가려움을 견딜 수 없어 깨진 기왓장으로 잿더미 위에 앉아 자기 몸을 득득 긁고 있었습니다.

얼마나 그 모습이 비참했겠습니까? 잿더미 위에 앉아 웃통을 벗고 온몸에 피가 나도록 기왓장으로 긁어대는 그 모습을 상상해 보세요. 얼마나 비참하고 처참합니까? 그러나 욥의 고통은 거기서 끝나는 것이 아닙니다. 그의 사랑하는 아내가 그를 저주하고 도망가버렸고 설상가상으로 사랑하는 친구들마저 그에게 와서 그를 비방하며 정죄하였습니다.

세상에 이런 모순이 어디 있단 말입니까? 욥이 어떤 사람입니까? 얼마나 하나님을 잘 섬기고 예배를 잘 드리며 살았던 사람입니까?

그는 끄덕하면 예배를 드렸던 사람입니다. 하나님께 감사해서도 제단을 쌓고 행여 무슨 어려운 일이 닥칠까봐 선불 제단을 쌓았던 사람입니다. 행여나 자신과 자녀들의 앞날에 찾아올지 모르는 어려운 일을 막기 위해서 하나님께 제단을 쌓던 사람이었습니다.

> **욥 1:5** 그들이 차례대로 잔치를 끝내면 욥이 그들을 불러다가 성결하게 하되 아침에 일어나서 그들의 명수대로 번제를 드렸으니 이는 욥이 말하기를 혹시 내 아들들이 죄를 범하여 마음으로 하나님을 욕되게 하였을까 함이라 욥의 행위가 항상 이러하였더라

욥은 얼마나 하나님을 사랑하며 예배 중심의 삶을 살았습니까? 그런 욥에게 왜 이런 일이 닥친단 말입니까? 왜 이렇게 예배를 잘 드리고 하나님을 잘 섬겼는데 이런 환난과 시련이 닥치냐는 말입니다. 이런 모순이 어디에 있습니까? 이건 말도 안 되는 일입니다. 정말 너무나 억울하고 분통 터지는 일입니다. 하나님께 불순종하고 하나님을 대적하는 삶을 살았으면 모르지만 이렇게 하나님을 잘 섬기고 예배하는 사람에게 왜 이런 일이 닥치냐는 말입니까? 그러니 분통이 터질 수밖에 없습니다. 정말 하나님이 밉고 저주스러우며 원망할 수밖에 없습니다.

이거야말로 욥의 아내의 말대로 하나님을 저주하고 죽어버려야 합니다. 그러나 욥은 이런 최악의 모순 속에서도 하나님 보시기에 최고의 모습을 보여드렸습니다. 최악의 모순 속에서도 최고의 자신의 모습을 보여드렸던 것입니다. 무엇을 통해서 말입니까? 바로 역설

적 감사입니다. 그는 그 말할 수 없는 실패의 잿더미와 눈물이 강물처럼 흐르는 절망의 강가에서도 끝까지 잃어버리지 않았던 것은 하나님께 감사하고 그분을 찬송하는 것이었습니다. 다른 것들은 다 빼앗기고 포기할 수 있어도 하나님을 향한 감사와 찬송만은 끝까지 빼앗기지 않고 잃어버리지 않았습니다.

그는 사탄에게 재산을 빼앗겼고 자녀를 빼앗겼습니다. 명예를 빼앗겼으며 건강도 빼앗겼습니다. 그리고 하나밖에 없는 그의 사랑까지 빼앗기고 말았습니다. 그러나 하나님을 향한 감사와 찬송만은 잃어버리지 않았습니다. 그래서 그는 이렇게 고백하지 않습니까?

> 욥 1:21 이르되 내가 모태에서 알몸으로 나왔사온즉 또한 알몸이 그리로 돌아가올지라 주신 이도 여호와시요 거두신 이도 여호와시오니 여호와의 이름이 찬송을 받으실지니이다 하고

우리에게 얼마나 도전이 되고 경이로운 모습입니까? 바로 이것이 하나님 보시기에 욥의 최고의 모습이었습니다. 하나님 앞에 욥이 최고의 내가 되어 있는 모습이고 최고의 나 자신을 보여주는 모습이었습니다. 그렇다면 어떻게 이런 극한 상황과 최악의 모순 속에서도 손뼉을 치며 하나님께 감사하고 찬송을 한단 말입니까? 어떻게 모든 것을 빼앗겨버린 그 절망의 잿더미 위에서 그런 역설적 감사와 찬양을 드릴 수 있었단 말입니까? 이런 욥의 모습이 부럽기도 하고 도전이 되지는 않습니까?

최악의 모순 속에서 최고의 나를 창출하라

범브란트 목사님의 성찬식

《하나님의 지하운동》의 저자로 널리 알려져 있는 리처드 범브란트 목사님의 간증을 아십니까? 그는 루마니아 공산 정권에 붙잡혀 투옥되어 갖은 고초와 고문을 당했습니다. 그런 고문 속에서도 하나님께 소리 높여 감사 한 번 제대로 하고 찬양 한 번 제대로 하는 것이 소원이었습니다.

그런데 공산당원들이 부활절에 무슨 선물을 했는 줄 아십니까? 범브란트 목사와 투옥된 성도들을 모아놓고 그날은 마음껏 예배를 드리며 감사하고 찬양하게 했습니다. 특별히 성찬식까지 하게 했습니다. 그런데 어떻게 성찬식을 하게 했는 줄 아십니까? 성찬식 재료가 교도소 변소에서 막 퍼온 똥 건더기와 똥물이었습니다. 똥 건더기를 예수님의 살로 먹으라고 하고 똥물을 예수 그리스도의 피로 마시라고 했습니다.

세상에 이런 모순이 어디 있습니까? 모순 중에서도 최악의 모순이 아닙니까? 이런 최악의 모순 속에서 범브란트 목사님은 성도들에게 이렇게 말했습니다.

"여러분, 이것도 감사하지 않습니까? 똥이면 어떻고 똥물이면 어떻습니까? 우리가 하나님께 감사하고 찬양하며 성찬식을 하면 이 역시 얼마나 은혜가 넘치고 영광스러운 성찬식이 되겠습니까?"

그들은 눈물을 줄줄 흘리며, 감격스럽게 성찬식을 거행했습니다. 그들은 똥을 씹어먹고 똥물을 마시면서 예수 그리스도의 십자가의 고난을 생각했습니다.

"주님 감사합니다. 이 똥을 먹으면서라도 주님의 살과 피, 주님의 구원을 생각하게 하시니 얼마나 감사합니까?"

그러면서 그들은 찬송을 불렀습니다. 두 볼에 뜨거운 눈물을 흘리면서 말입니다.

> ♪ 나 같은 죄인 살리신 주 은혜 놀라워
> 잃었던 생명 찾았고 광명을 얻었네
> 큰 죄악에서 건지신 주 은혜 고마워
> 나 처음 믿은 그 시간 귀하고 귀하다

얼마나 아름다운 신앙의 모습입니까? 얼마나 역설적인 감사요 찬양입니까? 이것이 바로 하나님 보시기에 최고의 나를 보여드린 모습이었습니다. 그들은 최악의 모순 속에서도 최고의 아름다운 신앙의 모습을 보여주었습니다. 그후 마침내 루마니아의 공산 정권이 무너지고 그들은 감격적으로 자유 세상을 맛보며 신앙생활을 하게 되었습니다.

살다 보면 우리도 최악의 모순 속에 빠질 때가 있습니다. 최악의 모순에 직면할 때가 있습니다. 그럴 때 보통 사람들은 다 나자빠지고 맙니다. 포기하고 맙니다. 아니, 하나님을 원망하고 저주하는 사람도 있습니다. 하나님을 증오하고 하나님을 떠나버리기도 합니다. 그러나 이때 우리는 하나님 앞에 우리의 최고의 모습을 보여드릴 수 있어야 합니다. 최악의 모순 속에서도 우리의 최고의 모습을 보여드릴 수 있어야 합니다. 바로 그것이 무엇입니까? 역설적 감사입니다.

우리에게는 이런 역설적 감사가 있어야 합니다. 이런 감사가 있어야 우리는 그 어떠한 환난과 모순과 역경의 환경도 이길 수 있습니다.

그런데 맨날 항우울제 같은 위안이나 받고 위로나 받으려고 하면 고난이 올 때 당장 무너지고 맙니다. 모순이 찾아오고 역경의 환경이 오면 금방 쓰러지는 나약한 성도가 되고 맙니다. 이런 나약한 성도들이 얼마나 많습니까? 하나님이 우리를 만드신 목적이 무엇인 줄 아세요? 우리로 하여금 하나님께 감사하고 하나님을 찬양하게 하기 위함입니다. 그러므로 우리는 어떠한 경우에도 감사와 찬양을 잃어버려서는 안 됩니다. 어떠한 환난과 역경, 그리고 최악의 모순 속에서도 하나님께 역설적 감사를 드려야 합니다. 그것이 하나님 앞에 우리의 최고의 모습을 보여드리는 것입니다. 바로 욥이 그런 모습을 보여준 것입니다.

그러면 욥은 어떻게 그런 모순 속에서도 하나님께 역설적 감사를 드릴 수 있었습니까? 어떻게 최악의 모순 속에서도 최고의 나의 모습을 보여드릴 수 있었단 말입니까?

욥이 최악의 모순 속에서 최고의 나를 창조했던 이유

첫째, 그는 신앙의 순수함이 있었습니다.

그의 신앙은 하나님 앞에 이해타산이 없었습니다. 계산적이거나 조건 같은 것이 전혀 없었습니다. 오로지 그저 순수한 신앙으로 하나님을 사랑하고 섬길 뿐이었습니다. 그는 그 어떤 환난과 역경과 모순 속에서도 신앙의 순수함을 더 지키려고 했고 순결함을 더 회복하려고 몸부림쳤습니다. 그래서 도무지 이해할 수 없는 최악의 모순 속에서도 하나님께 이렇게 고백하지 않습니까?

욥 27:5 나는 결코 너희를 옳다 하지 아니하겠고 내가 죽기 전에는 나의 온전함을 버리지 아니할 것이라

그는 무슨 일이 있어도 하나님을 향한 순전함을 버리지 않았습니다. 아무리 재산이 다 날아가고 자식들이 다 죽어도 하나님을 향한 순수함은 빼앗기지 않았습니다. 아무리 몸이 병들고 아내가 도망을 가도 오히려 신앙의 순수함을 지켰습니다. 아무리 친구들이 와서 자기를 공격하고 비난하며 세상이 다 자기를 버린 것 같아도 영적인 순결함만큼은 더하였습니다.

그는 하나님의 회복시키심을 믿었습니다. 그 어떤 역경과 시험과 절망 속에서도 순수하게 하나님을 섬기면 하나님이 이 땅에서 반드시 자신의 눈물을 씻어 주실 것을 믿었습니다. 멍든 가슴을 어루만져 주시며 병든 육체를 쓰다듬고 보듬어 주실 것을 믿었습니다. 뿐만 아니라 빼앗긴 재산과 명예와 사랑을 다 보상해 주시고 회복시켜 주시리라고 믿었습니다. 그러나 자기가 기대한 대로 하나님께서 이 땅에서 회복시키지 않고 보상해 주시지 않는다 하더라도 천국에서 더 영광스럽게 보상해 주시고 회복해 주실 것을 믿었습니다. 반드시 하나님께서 천국에서 자신의 신앙의 순수함을 보상해 주시고 영광스럽게 회복시켜 주실 것을 믿었습니다. 그래서 그는 이렇게 고백하지 않습니까?

욥 19:25-26 내가 알기에는 나의 대속자가 살아 계시니 마침내 그가 땅 위에 서실 것이라 내 가죽이 벗김을 당한 뒤에도 내가 육체 밖에서 하나님을 보리라

무슨 말입니까? 누가 뭐라 해도 나의 하나님, 나의 구속자가 살아 계신다는 것입니다. 하나님이 살아 계셔서 후일에는 반드시 그가 자기 앞에 서실 것이라는 말입니다. 나의 억울함을 해소하기 위하여, 나의 분함을 보상해 주시기 위하여 그분이 내 앞에 서실 것이라는 말입니다.

그러나 만약에 내 생전에 그분이 안 오신다 할지라도, 나의 살아 생전에 그가 나의 억울함을 풀어 주시지 않는다 할지라도, 나는 반드시 내 육체 바깥에서 하나님을 볼 것이란 말입니다. 나의 육체가 썩은 다음에라도 저 영원한 천국에서 하나님께서 나의 눈물을 닦아 주실 것을 믿었던 것입니다. 저 천국에서 나에게 더 영광스럽게 보상해 주실 것을 믿었단 말입니다.

이 얼마나 순수한 신앙입니까? 이 얼마나 순전한 신앙을 가지려고 몸부림을 치며 절규하는 모습입니까? 이런 순전한 신앙 때문에 바로 욥은 최악의 모순 속에서도 역설적 감사를 드렸던 것입니다. 바로 이것이 하나님 보시기에 최고의 나를 보여드린 행위였습니다.

오늘 이 시대는 순결함이 아쉬운 시대입니다. 특별히 신앙의 순수함이 그립고 그것을 목말라하는 시대입니다. 지금은 모두가 다 잡탕이고 혼합이며 퓨전과 다원주의로 얽혀져 있는 세상입니다. 어떻게 해서든지 우리의 영혼과 신앙 속에 혼합주의적인 바이러스가 끼어

들려고 하는 시대입니다. 바로 이럴 때 우리도 욥처럼 신앙의 순수함을 회복해야 합니다. 그래야 우리가 어떠한 상황, 최악의 모순 속에서도 순수한 감사를 통해 하나님께 최고의 나의 모습을 보여드릴 수 있기 때문입니다.

둘째, 그는 끝까지 하나님의 말씀을 붙잡았습니다.
욥은 어떤 상황이 와도 하나님의 약속의 말씀을 믿었습니다. 그래서 그는 끝까지 말씀을 붙잡았습니다. 무슨 일이 있어도 말씀을 놓치지 않았습니다. 그래서 그는 다음과 같이 고백했습니다.

> 욥 23:12 내가 그의 입술의 명령을 어기지 아니하고 일정한 음식
> 보다 그 입의 말씀을 귀히 여겼구나

우리도 욥처럼 어떤 상황에서도 하나님의 말씀을 붙잡아야 합니다. 어떤 시험, 어떤 시련, 어떠한 모순 속에서도 하나님의 말씀만큼은 놓쳐서는 안 됩니다. 우리가 하나님의 말씀만 붙잡으면 우리는 어떤 상황 속에서도 감사할 수 있습니다. 그냥 감사가 아니라 역설적 감사를 드릴 수 있습니다. 우리가 인생을 살다가 어떠한 시험을 당하고 어떠한 모순 속에 빠진다 하더라도 하나님의 말씀만 확실하게 붙잡고 나가면 그런 최악의 모순 속에서도 우리는 무조건 감사할 수 있습니다. 역설적 감사를 드릴 수 있습니다. 그래서 우리는 그런 시련과 모순의 상황 속에서도 욥처럼 하나님 앞에 최고의 나의 모습을 보여드릴 수가 있습니다.

셋째, 그는 끝까지 기도를 잃어버리지 않았습니다.

그는 무슨 일이 있어도 기도를 놓지 않았습니다. 끝까지 하나님께 기도하고 간구하며 절규하였습니다. 그래서 욥기는 욥의 기도를 이렇게 소개하고 있습니다.

욥 42:4 내가 말하겠사오니 주여 들으시고 내가 주께 묻겠사오니 주여 내게 알게 하옵소서

욥은 누가 뭐래도 끝까지 기도하는 종이었습니다. 누가 뭐라 해도 기도를 잃지 않는 사람이었습니다. 그래서 그는 끝까지 하나님께 역설적 감사도 드릴 수 있었습니다. 끝까지 원망하거나 불평하지 않고 무조건 하나님께 감사하며 찬양할 수 있었습니다.

오늘날 우리도 기가 막힌 고통과 웅덩이와 수렁에 빠지게 되면 기도도 안 나올 때가 있습니다. 우리가 정말 최악의 모순 속에 빠지면 무슨 기도가 나옵니까? 절망하기에 바쁘고 원망과 불평하기에 바쁩니다. 그러나 고통의 웅덩이와 수렁 속에서도 끝까지 기도하는 사람은 다시 일어날 수 있습니다. 다시 일어나 감사할 수 있습니다. 하나님을 찬양할 수 있습니다. 그러므로 우리는 어떤 경우에도 기도를 빼앗겨서는 안 됩니다. 끝까지 기도줄을 붙잡아야 합니다. 그렇게 함으로써 우리가 하나님 앞에 최고의 나 자신의 모습을 보여드릴 수 있어야 합니다.

넷째, 그는 끝까지 소망을 잃지 않았습니다.

욥이 고백하지 않습니까?

욥 23:10 그러나 내가 가는 길을 그가 아시나니 그가 나를 단련하신 후에는 내가 순금같이 되어 나오리라

욥은 고통 속에서도 언제나 이렇게 생각하며 외쳤습니다.
"지금은 내가 이렇게 고통을 당하고 아픔을 당한다 할지라도 하나님이 나를 단련하신 후에는 내가 정금같이 나오리라. 내가 찬란한 보석같이 나올 것이다. 내가 태양빛처럼 찬란하고 광명한 모습으로 이 세상에 설 것이다."

우리말로 하면 이런 이야기가 아니겠습니까?
"아, 내가 800℃에서 이렇게 신앙생활하고 살아가면 나는 보통 질그릇이나 항아리에 불과할 것이다. 그러나 하나님은 나를 최고의 나로 굽고 단련하기 위하여 이렇게 1250℃라고 하는 가마에 넣었단 말이다. 그러므로 내가 1250℃에서 단련을 받고 연단을 받은 후에는 고려청자, 조선백자 같은 작품이 되어 나올 것이다. 아니 나의 모든 불순물이 다 빠지고 순금같이 나오게 될 것이다."

얼마나 아름다운 고백입니까? 얼마나 감동적인 소망의 이야기입니까? 욥은 그 뜨거운 1250℃의 불가마 속에서도 하나님만을 소망했습니다. 그 불가마 같은 시련과 모순 속에서도 오직 하나님만을 기다리고 목마르게 갈망하고 또 갈망했습니다.

늑대소년의 기다림처럼

〈늑대소년〉이라는 영화를 보셨습니까? 폐병을 앓고 있는 소녀가 치료를 위해 가족과 함께 한적한 시골 마을로 이사를 갑니다. 그런데 소녀의 가족이 이사한 곳은 거의 버려진 폐가나 다름없는 음산한 외딴 집입니다. 사실 그 집은 과학자들이 인간과 늑대를 교배하여 반인반수의 늑대인간을 만들기 위한 실험을 하였던 곳입니다. 과학자는 이미 죽고 늑대소년만이 방치된 채 살고 있었습니다.

그러던 어느 날, 늑대소년과 소녀가 마주치게 됩니다. 소녀의 가족은 그를 전쟁터에서 버려진 불쌍한 고아 소년으로 알고 따뜻하게 받아 줍니다. 목욕도 시켜 주고 밥도 먹여 주고 함께 생활하기 시작합니다. 그러나 늑대소년은 말도 전혀 할 줄 모르고, 밥도 짐승처럼 달려들어 손으로 마구 집어먹습니다. 그러나 소녀는 끊임없는 사랑으로 늑대소년을 보살펴 주며 글도 하나씩 가르쳐 줍니다.

늑대소년은 그러한 소녀의 모습을 보며 사랑에 빠집니다. 그리고 수컷 늑대의 습성처럼 오직 소녀만을 바라보고 소녀만을 사랑하고 소녀만을 지켜 주려 합니다. 그러나 불행하게도 늑대 소년과 소녀는 헤어져야 합니다. 그때 소녀가 마지막 이별을 하면서 이렇게 이야기를 합니다.

"기다려……다시 돌아올게……."

그렇게 두 사람이 헤어지고 난 후, 수십 년의 세월이 흘러 하얀 백발의 할머니가 된 소녀가 다시 그 집을 찾아옵니다. 거기서 늑대소년은 똑같은 모습으로 변함없이 소녀를 기다리고 있었습니다. 늑대소년은 끝까지 포기하지 않고 소녀만을 기다리고 있었습니다. 다시 돌아오겠다는 소녀의 약속을 잊지 않고 소녀가 오기만을 소망하고 또 소망했습니다. 이미 소녀는 다른 남자와 결혼해서 자식까지 낳았는데도 말입니다. 아, 가엾은 늑대소년…….

우리에게도 하나님을 향한 이런 기다림이 있습니까? 우리가 당하는 지금의 고난과 역경 속에서 하나님을 갈망하고 기다리는 희망이 있습니까? 최악의 모순 속에서도 하나님만을 사모하고 기다리는 순백의 희망이 있습니까? 그렇다면 그 거룩한 기다림과 갈망을 빼앗겨서는 안 됩니다. 그 희망과 소망을 포기해서는 안 됩니다. 그럴 때 우리는 끝까지 감사할 수 있습니다. 어떠한 시련과 최악의 상황 속에서도 우리는 역설적인 감사를 할 수 있습니다. 아무리 세상이 우리를 힘들게 하고 최악의 모순이 우리를 짓밟는다 할지라도 우리가 더 감사하고 하나님을 찬양할 때 악착같이 자라나는 들풀처럼 다시 일어날 수 있습니다. 저 모진 해풍에도 쓰러졌다가 다시 일어나는 갈대처럼 우리도 다시 일어나 하나님을 찬양할 수 있습니다.

패자부활전의 주인공이 된 욥의 승리

욥은 오매불망 이런 소망을 갖고 있었습니다. 하나님은 이런 욥을 정금같이 나오게 하셨습니다. 그리고 욥에게 몇 갑절의 축복으로 보상해 주셨습니다. 먼저 하나님께서 그의 눈물을 닦아 주셨습니다. 그의 명예를 회복해 주셨습니다. 그리고 그의 머리에 영광의 관을 씌워 주셨습니다. 욥을 선악간에 판단하고 책망했던 친구들을 욥 앞에 부끄럽게 해주셨고, 욥에게 엄청난 축복으로 보상해 주셨습니다.

뿐만 아니라 더 아름답고 복된 자녀들을 허락해 주셨습니다. 그러기 위해서는 더 복되고 아름다운 아내를 허락해 주시지 않았겠습니까? 그 여자가 본부인인지 새 여자인지 모르겠습니다만. 그리고 물질도 몇 갑절로 더해 주셨습니다. 얼마나 아름다운 이야기입니까? 우리 하나님은 보상해 주시는 하나님이기 때문입니다.

보상해 주시는 하나님께서 욥을 역전의 주인공, 패자부활전의 주인공이 되게 해주신 것처럼 우리도 그런 희망과 감사를 놓지 않을 때 우리도 그런 하나님의 보상을 받을 것입니다. 그런 승리, 그런 명예, 그런 영광의 축복을 받게 될 것입니다.

고난이 많은 때입니다. 그리고 그 고난은 우리에게 최악의 모순으로 느껴지기도 할 것입니다. 그러나 그 고난과 모순의 상황은 우리를 연단하기 위해 하나님이 주신 1250℃의 환경이라는 사실을 알아야 합니다. 바로 이런 때와 상황이야말로 하나님 앞에 최고의 나의 모습을 보여드릴 기회입니다. 언제 우리가 하나님께 그런 모습을 보여드릴 수 있겠습니까? 바로 지금입니다.

나침반은 협곡을 말해 주지 않는다

영화 〈링컨〉을 보면 이런 이야기가 나옵니다. 미국은 노예제 폐지 법안을 두고 남북이 갈라져 결국 전쟁을 시작했습니다. 링컨은 자국민들이 전쟁에서 다치고 죽어가는 모습을 보면서 고뇌에 빠집니다.

급진파에서는 무조건 법안을 밀어붙여 하루속히 노예제 폐지 법안을 통과시켜야 한다고 말합니다. 보수파에서는 어서 속히 법안을 폐기시켜 전쟁을 멈추어야 한다고 요구합니다. 법안이 폐기되면 전쟁은 그치고 평화를 맞이할 것입니다. 그러나 노예 해방이라는 대의는 또다시 실종되고 흑인들은 자유와 해방을 맛보지 못한 채 여전히 노예의 삶을 살아야 할 상황이었습니다.

그때 링컨이 이런 이야기를 합니다.

"나침반은 정북의 방향을 가르쳐 줍니다. 그러나 그 길에 있는 늪, 사막과 협곡은 알려 주지 않습니다."

그는 전략적 지혜를 발휘하여 반대파인 민주당 의원들을 다층적으로 설득합니다. 그리고 끝내 법안을 통과시켜 노예 해방이라는 꿈을 이루게 됩니다. 수많은 모순과 갈등의 상황 속에서도 노예 해방이라는 꿈의 좌표를 잃지 않고 나갔을 때 결국 대의를 이룰 수 있었습니다.

삶이 힘들고 고통스럽습니까? 모순 때문에 괴롭습니까? 그렇다고 자포자기하면 안 됩니다. 삶을 원망하고 불평하면 안 됩니다. 그렇다고 위로만 받으려고 해서도 안 됩니다. 오히려 모순의 상황일수록 일어나 하나님께 감사와 찬양의 노래를 불러야 합니다. 고통과 시련으로 우리가 백 번 밟히고 천 번을 짓밟힌다 하더라도 다시 오뚝이처럼 일어나고 또 일어나 하나님께 감사의 예물을 드리며 또 찬양해야 합니다. 그것만이 이 모든 어려운 상황과 모순을 이길 수 있는 거룩한 야성이 되고 원동력이 될 것입니다. 그것만이 우리가 다시 전진하고 승리하며 축복의 주인공이 되는 지름길입니다. 아니, 하나님 앞에 우리의 최고의 모습을 보여드리는 길이고 축복이고 영광이 될 것입니다.

그러므로 이제 우리 모두 예수의 이름으로 일어나야 합니다. 주가 주신 능력으로 우리 모두 일어나 다시 감사의 찬양을 불러야 합니다. 그것이 하나님 앞에 우리의 최고의 모습을 보여드리는 기회가 될 것입니다. 그리고 최고의 축복을 누리는 영광이 될 것입니다.

♪ 예수의 이름으로 나는 일어서리라
주가 주신 능력으로 나는 일어서리라
원수가 날 향해 와도 쓰러지지 않으리
주가 주신 능력으로 주가 주신 능력으로
주가 주신 능력으로 일어서리

이삭, 제단 우선주의로
최고의 꿈을 이루다

창세기 26장 23-25절

"이삭이 거기서부터 브엘세바로 올라갔더니 그 밤에 여호와께서 그에게 나타나 이르시되 나는 네 아버지 아브라함의 하나님이니 두려워하지 말라 내 종 아브라함을 위하여 내가 너와 함께 있어 네게 복을 주어 네 자손이 번성하게 하리라 하신지라 이삭이 그 곳에 제단을 쌓고, 여호와의 이름을 부르며 거기 장막을 쳤더니 이삭의 종들이 거기서도 우물을 팠더라"

최악의 불경기에서 표류하는 현대인들

　IMF를 졸업하던 1990년대 후반은 제법 열정이 넘치던 시절이었습니다. 벤처 사업의 열풍이 불었고 사상 초유의 저금리 시대를 맞기도 했습니다. 디지털 경제는 기술 진보로 생산 비용을 낮췄으며 우후죽순처럼 등장하던 온라인 쇼핑몰과 대형할인마트, 홈쇼핑은 엄청난 가격 할인으로 소비자들을 유혹하기도 했습니다. 사람들은 자기계발서를 읽으면서 자신에게 부족한 능력을 잘 갖추기만 하면 성공할 수 있다는 희망을 가졌습니다.

　그러나 2003년에 카드 대란 시대를 맞고 말았습니다. 너도나도 카드를 만들어 물 쓰듯 소비하고 투자하다가 상황이 여의치 않자 카드를 돌려 막기 시작했습니다. 그러다가 결국 카드 대란을 맞게 되었고, 사회 분위기를 한순간에 냉정하게 가라앉히고 말았습니다. 그래서 누구나 인생 2막이나 인생의 하프 타임을 두려워하기만 했습니다. 한상복 씨가 쓴 《한국의 부자들》이라는 책에서 말한 것처럼 10억 만들기에도 힘겨웠던 사람들은 자신의 꿈을 좁혀야만 했습니다.

　그러다가 2008년에 미국 월가에서부터 시작된 글로벌 금융위기는 인간이 지닌 휘장을 모두 벗겨버리고 말았습니다. 그때 사람들은 개인의 의지로는 아무것도 바꿀 수 없다는 사실을 스스로 깨달았습니다. 그러자 스스로 간절히 원하기만 하면 무엇이든지 얻을 수 있다는 론다 번의 《시크릿》이라는 책이 나왔습니다. 사람들은 그 가르침에 마지막 희망을 걸었습니다. 하지만 그것은 사기에 불과했습니다. 아무리 간절히 원해도 손에 쥐어지는 것은 아무것도 없었기 때문입니다. 그래서 사람들은 더 웅크리기 시작했고 불안에 떨었습니다. 일자리, 소득, 내 집 마련, 결혼, 아이들 교육, 미래에 대한 희망 등을 하나하나 포기하려고 했습니다.

이렇게 여러 번의 경제 위기를 거쳐 불안과 냉소에 지친 대중의 마음을 두드린 책과 강의의 메시지가 나오기 시작했습니다. 그것이 바로 항우울증 치료제와 같은 위무의 메시지였습니다. 목사님들의 설교도 그런 형태로 변하기 시작했습니다. 그만큼 이 시대가 최악의 불경기요, 그 불경기 속에서 사람들은 불안과 절망 그리고 냉소에 빠져 있다는 증거일 것입니다.

그러나 이런 시대일수록 우리 그리스도인은 최고의 축복을 꿈꿔야 합니다. 다시 말하면, 최악의 불경기 속에서도 최고의 축복을 꿈꾸는 성도가 되어야 한단 말입니다. 오늘날 성도들도 살기 어려운 시대라고 해서 항우울증 치료제와 같은 설교나 들으려고 하고 마사지 같은 메시지로 위무나 받으려고 해서는 안 됩니다. 이런 때일수록 우리는 더 본질적인 신앙을 회복하고 역설적 믿음을 소유하여 최고의 축복을 꿈꾸어야 합니다.

최악의 흉년을 만난 이삭

성경을 보면, 최악의 불경기 속에서도 최고의 축복을 꿈꾸며 그 축복을 실현한 사람이 있습니다. 그가 누굽니까? 이삭입니다.

이삭이 그랄 땅에 살고 있을 때였습니다. 무슨 이유였는지 그 땅에 비가 오지 않아서 기근과 흉년이 가득하였습니다. 이삭 역시 심각한 기근과 흉년을 만났습니다. 오늘날로 말하면 최악의 불경기를 만났다고 할 수 있습니다. 사업을 시작하고 투자했는데 부도를 만나고 투자한 주식이 바닥을 친 것과 같습니다. 또한 무리하게 대출을 받아서 아파트를 여러 채 사났는데 그게 똥값이 되어버린 것입니다. 그야말로 최악의 블랙홀 현상, 경제 대공황을 만난 것과 같습니다.

그러니 이삭도 별 뾰족한 수가 없었습니다. 한마디로 먹고 살 대책이 없었습니다. 그런데 옆에서 누군가 "애굽에는 큰 풍년이 들고 호경기여서 먹을 것이 많다"고 귀띔해 주었습니다. 이삭은 애굽으로 이민을 가려고 했습니다. 그러나 하나님께서 애굽으로 가지 말라고 하셨습니다. 그래서 이삭은 애굽으로 가지 않고 그 땅에서 다시 우물을 파고 땅을 개간하고 농사를 지었습니다.

그 땅은 블레셋 사람이 버리고 간 땅입니다. 비가 안 오고 우물을 파도 물이 안 터져서 버리고 간 땅입니다. 한마디로 불모지요 황무지였습니다. 잡초만 무성하고 쐐기풀과 억새풀만 우거진 땅이었습니다. 이삭은 그 땅을 개간하여 다시 우물을 파고 농사를 지었습니다. 그러한 불모지에 다시 믿음으로 재투자를 한 것입니다. 다시 말하면, 최악의 불경기 속에서도 최고의 축복을 꿈꾸며 믿음으로 재투자를 했단 말입니다.

그랬더니 그해에 이삭은 백 배의 축복을 받았습니다. 그 백 배의 축복을 받은 이유를 성경은 하나님께서 복을 주셨기 때문이라고 말하고 있습니다. 하나님께서 복을 주셔서 그 사람이 창대하고 왕성하여 마침내 큰 거부가 되었다고 말합니다.

창 26:12-13 이삭이 그 땅에서 농사하여 그해에 백 배나 얻었고 여호와께서 복을 주시므로 그 사람이 창대하고 왕성하여 마침내 거부가 되어

얼마나 놀랍습니까? 블레셋 사람들이 버리고 간 불모지, 황무지를 개간하고 농사를 짓고 육축을 쳐서 백 배의 축복을 받은 것입니다. 얼마나 놀라운 축복입니까? 오늘날로 말하면 남이 포기한 사업을 인수받아서 운영을 했더니 그해 백 배의 축복을 받은 것입니다. 남의 망한 사업, 부도난 사업을 인수하여 경영을 했더니 백 배의 축복을 받았다는 말로도 설명할 수 있습니다.

남이 문 닫은 사업, 남이 문 닫은 공장을 내가 인수해서 운영하고 경영을 했는데 하나님이 백 배의 축복을 주셨다는 것입니다. 남이 거들떠보지도 않았던 그 주식, 바닥 치고 있는 주식에 내가 투자했더니 그해에 백 배의 축복을 주셨다는 것입니다. 얼마나 놀라운 일입니까? 오늘날 우리도 이런 백 배의 축복을 받을 수 있어야 합니다. 그러기 위해서 최악의 불경기 속에서도 최고의 축복을 꿈꾸어야 합니다. 그래서 이삭처럼 백 배의 축복, 최고의 축복을 이룰 수 있어야 합니다.

요즘 사람들은 너도나도 사업 환경이 좋지 않다고 합니다. 최악의 불경기입니다. 그러나 이런 최악의 불경기 속에서도 하나님이 복을 주시면 얼마든지 우리가 복을 받을 수 있습니다. 그냥 복을 주신 것이 아니라 우리 하나님은 적어도 삼십 배, 육십 배, 백 배 이상의 축복을 주실 수 있는 분입니다. 그러기 위해서는 우리가 이삭처럼 최

고의 축복을 꿈꾸어야 합니다. 그리고 최고의 축복을 꿈꾸면서 하나님을 잘 섬겨야 합니다.

하나님을 쫀쫀하게 섬겨서는 절대로 이러한 축복을 받을 수 없습니다. 우리가 하나님을 잘 섬기기 위해서 먼저 믿음의 본질을 회복해야 합니다. 역설적인 믿음과 살아 꿈틀거리는 믿음을 소유해야 합니다. 그러면서 우리가 믿음으로 투자하고 생업 현장에서 열심으로 뛰어야 합니다. 그럴 때 우리 하나님은 이삭에게 해주신 것처럼 우리에게도 최고의 축복을 선물로 주실 것입니다.

그러면 이삭은 어떻게 최악의 불경기 속에서도 최고의 축복을 받았습니까? 어떻게 그처럼 최악의 불경기 속에서도 형통하고 승승장구하며 백 배의 축복을 받을 수 있었단 말입니까?

이삭이 최악의 불경기에서 최고의 축복을 받은 방법

첫째, 그는 불리한 상황 속에서도 최고의 축복을 꿈꾸면서 하나님의 언약을 굳건히 붙잡았습니다.

가나안 땅 주변에 심한 기근과 흉년이 임할 때 이삭은 애굽으로 가려고 했습니다. 거기는 나일 강이 있어서 물이 풍부하여 농사가 잘되며 곡식이 많은 곳이기 때문입니다. 그러나 하나님은 이삭에게 절대로 애굽으로 가지 말라고 했습니다. 하나님의 약속을 붙잡고 그 땅에 남아서 믿음의 순례를 하라는 것입니다. 거기서 믿음으로 농사를 하며 육축을 치라는 것입니다. 그럴 때 하나님께서 복에 복을 주실 뿐만 아니라 자손대대로 축복을 주신다는 것입니다.

창 26:3-4 이 땅에 거류하면 내가 너와 함께 있어 네게 복을 주고 내가 이 모든 땅을 너와 네 자손에게 주리라 내가 네 아버지 아브라함에게 맹세한 것을 이루어 네 자손을 하늘의 별과 같이 번성하게 하며 이 모든 땅을 네 자손에게 주리니 네 자손으로 말미암아 천하 만민이 복을 받으리라

하나님은 이삭에게, 이 땅이 지금은 블레셋 땅이지만 반드시 언젠가는 너와 네 후손의 땅이 되리라고 약속하시지 않았습니까? 그리고 하나님이 반드시 이삭과 이삭의 후손들에게 복을 준다고 하셨습니다. 아니, 이삭의 후손을 통하여 천하 만민이 복을 받을 것을 약속하셨습니다. 이삭은 이 하나님의 약속을 철저하게 믿었습니다. 그리고 이 축복의 말씀을 굳건하게 붙잡았습니다.

그에게 어떤 어려움이 있고 어떤 역경이 그를 가로막는다 할지라도 그는 하나님의 약속을 굳게 붙잡고 나아간 것입니다. 그도 역시 사람인지라 절망할 수 있고 하나님을 의심하고 푸념할 수도 있었습니다.

"하나님, 왜 나를 이렇게 고생시키십니까? 왜 이런 약속의 땅에도 기근이 올 수 있단 말입니까? 왜 하필이면 내가 살고 있는 땅에 이런 흉년과 최악의 불경기가 온단 말입니까?"

그러나 그는 하나님의 약속을 확실하게 믿었습니다. 그리고 하나님의 약속을 아주 견고하게 붙잡았습니다. 뿐만 아니라 하나님께 순종하며 인내하고 또 인내했습니다. 하나님은 어떤 경우에도 선이시고 아멘이시고 축복이시라는 사실을 믿었습니다. 그리고 그 주님을

붙잡고 반드시 하나님께서 복 주실 것과 반드시 은혜를 주실 것과 반드시 회복시켜 주실 것을 믿고 또 믿었습니다.

그런 최악의 불경기 속에서도 최고의 축복을 꿈꾸며 나아갔습니다. 그랬을 때 하나님께서는 바로 이삭에게 믿음의 날개를 달아 주셨습니다. 형통과 축복의 날개를 달아 주셨습니다. 그래서 그해에 이삭은 백 배의 축복을 받고 마침내 축복의 웅대한 날갯짓을 하게 된 것입니다. 최악의 불경기 속에서도 최고의 축복을 받고 더 높은 축복의 세계로 비상하고 웅비한 것입니다.

오늘날도 하나님은 우리에게 신실하신 하나님입니다. 선하신 하나님입니다. 우리 하나님은 당신의 언약을 반드시 이루시는 전능하신 분입니다. 그러므로 우리도 이삭처럼 하나님의 약속을 굳게 붙잡읍시다. 그 약속을 붙잡으며 우리도 최고의 축복을 꿈꿉시다. 오히려 오늘처럼 어려운 때에, 아니 오늘 같은 최악의 불경기 상황에서 최고의 축복을 꿈꾸는 성도가 되어야 합니다.

어떤 어려움과 역경이 와도 절대로 우리는 흔들리지 말고 하나님의 약속을 붙잡고 나아갑시다. 무슨 일이 있어도 하나님을 원망하거나 불평하지 말고 약속 붙잡고 나아갑시다. 어떤 경우에도 절망하지 말고 하나님의 말씀을 붙잡고 나아갑시다. 그럴 때 하나님께서 우리에게도 최고의 축복을 선물로 주실 것입니다. 최고의 은혜를 공급해 주실 것입니다.

> ♪ 주님 약속하신 말씀 위에서
> 영원토록 주를 찬송하리라

소리 높여 주께 영광 돌리며
약속 믿고 굳게 서리라

주님 약속하신 말씀 위에서
세상 염려 내게 엄습할 때에
용감하게 힘써 싸워 이기며
약속 믿고 굳게 서리라

〔후렴〕 굳게 서리 영원하신 말씀 위에 굳게 서리
  굳게 서리 그 말씀 위에 굳게 서리라

둘째, 그는 최고의 축복을 꿈꾸면서 하나님께 온전히 순종하였습니다.

이삭은 하나님의 약속을 붙잡기만 한 것이 아니라 하나님 말씀에 온전히 순종하였습니다. 하나님이 애굽으로 가지 말라고 하시니까 정말 안 갔습니다. 그는 하나님의 약속을 붙잡고 블레셋 땅에 거하면서 하나님의 말씀대로 농사를 지었습니다. 그럴 때 백 배의 축복을 받게 된 것입니다.

창 26:12 이삭이 그 땅에서 농사하여 그해에 백 배나 얻었고 여호와께서 복을 주시므로

이삭은 절대로 애굽 땅에 가지 않고 하나님 말씀에 순종하여 그

랄 땅에 거하며 농사를 지었습니다. 그랬을 때 그해에 백 배의 축복을 받은 것이 아닙니까? 이삭은 왜 이렇게 큰 복을 받았습니까? 그는 최악의 불경기 속에서도 어떻게 그렇게 최고의 축복을 받았습니까? 한마디로 이삭이 하나님 말씀에 순종하였기 때문입니다. 만약 그때 이삭이 하나님 말씀에 불순종했다면 어떻게 되었겠습니까? 당연히 그런 축복을 받을 수가 없었을 것입니다. 물론 이삭도 사람인지라 인간적으로는 하나님 말씀이 이치에 안 맞게 들렸을지도 모릅니다. 현실적으로는 안 맞는 말씀으로 들렸을지도 모릅니다.

"아, 도대체 이 땅에 머물러서 무슨 먹고 살 대책이 있단 말인가! 애굽으로 가야 살 길이 보이는 거지, 이 땅에 있다고 뾰족한 수라도 있단 말이야. 그리고 하나님이 이곳에만 계셔? 하나님의 종이라면 아무데서나 믿음으로 가서 살 수도 있지 않아?"

이삭도 얼마든지 이런 생각이 들 수 있었을 것입니다. 이런 생각을 따르면 그는 당연히 불순종할 수밖에 없었습니다. 그러나 이삭은 하나님 말씀에 무조건 순종했습니다. 그랬을 때 이삭은 그해에 백 배의 축복을 받은 것이 아닙니까? 오늘 우리도 하나님의 생각보다 내 생각이 더 낫게 느껴질 때가 있습니다. 그러나 우리도 이삭처럼 백 배의 축복을 꿈꾸며 하나님을 말씀을 더 붙잡아야 합니다. 그럴 때 이삭처럼 최고의 축복을 받을 것입니다. 아무리 우리가 인간적으로 이해가 안 되고 힘든 것처럼 보여도 성령님이 감동을 주시면 순종해야 합니다. 희생하라고 하면 희생하고 순종하라고 하면 순종하고 당연히 축복의 씨를 뿌리라고 하면 뿌려야 합니다. 저는 여러 가지 단점과 약점이 있고 부족한 점이 많이 있지만 그래도 주님 명령에 순종을 잘하는 장점이 있습니다. 우리도 이삭처럼 순종해서 복 받고 살아야 합니다. 아니, 이삭처럼 순종함으로써 최악의 불경기 속에서도 최고의 축복을 받아야 합니다.

셋째, 최고의 축복을 꿈꾸면서 제단 우선주의의 삶을 살았습니다.

창 26:25 이삭이 그 곳에 제단을 쌓고, 여호와의 이름을 부르며 거기 장막을 쳤더니 이삭의 종들이 거기서도 우물을 팠더라

이 구절이야말로 평소 이삭의 라이프스타일이 어떤가를 설명해 주는 말씀입니다. 이삭은 언제나 가는 곳마다 먼저 예배를 드렸습니다. 제단부터 쌓고 하나님 중심의 예배를 드리며 살았습니다. 그다음에 장막을 쳤습니다. 그리고 우물을 팠습니다. 얼마나 중요한 말씀입니까? 제단은 오늘날로 말하면 예배 생활, 교회 생활을 의미합니다. 장막은 내 집이나 아파트로 적용할 수 있고, 우물은 사업이나 생업장, 직장으로 설명할 수 있습니다. 따라서 이삭은 무엇보다 예배 생활, 교회 생활에 우선순위를 두는 삶을 살았다고 설명할 수가 있습니다. 그 다음으로 내 집 마련을 위해서 수고했고, 그 후에야 사업에 투자하고 사업 확장을 했다는 말로 이야기할 수 있습니다.

이삭은 가정보다 중요한 게 제단이었습니다. 내 장막이나 가정보다 중요한 것이 교회였습니다. 그뿐입니까? 사업을 확장하고 사업에 투자하고 사업에 온갖 정신을 쏟아내는 것보다 예배 생활에 올인하고 먼저 교회를 섬기는 것이 우선순위였습니다. 예배와 교회와 하나

님의 복음 사업에 투자하는 것을 최우선순위로 삼았다는 말입니다. 그랬을 때 하나님은 이삭에게 축복을 안 주시려야 안 주실 수가 없었습니다. 은혜를 안 주려야 안 줄 수가 없습니다. 한마디로 최악의 불경기 속에서도 최고의 축복을 내려 주셨습니다.

오늘날 많은 사람들이 어느 정도 복을 받아 놓고 실수하고 착각하는 경우가 참 많습니다. 조금 복을 받아서 사업이 일어나고 사업장의 지경이 조금 넓어지면 하나님께 투자하기보다는 자꾸 사업에 투자를 합니다. 먼저 하나님께 봉사를 잘하고 축복의 씨도 뿌려야 하는데 욕심을 따라 먼저 사업에만 투자하다가 폭삭 망해버리는 사람, 너무나 너무나 많이 보았습니다.

제단 우선주의 삶을 산 이삭

이삭은 어디를 가든지 목숨을 걸고 제단부터 쌓았습니다. 하나님을 먼저 섬겼습니다. 어디를 가든지 먼저 제단을 쌓고 하나님의 이름을 불렀습니다.

"하나님, 오늘도 블레셋 사람들이 버리고 간 불모지, 황무지에 농사를 짓습니다. 남이 포기하고 부도난 사업을 인수하여 사업을 합니다. 그러니 하나님이 복을 주시옵소서. 제가 먼저 제단부터 쌓고 하나님 앞에 축복의 씨를 뿌렸사오니 하나님이 복을 주시옵소서……."

이러니 하나님이 어떻게 복을 주시지 않겠습니까? 백 배, 천 배로 복을 주셨습니다. 한마디로 이삭이 상상할 수도 없었던 최고의 축복을 주신 것입니다. 최악의 불경기 속에서 최고의 축복을 주셨습니다. 그가 얼마나 복을 많이 받았으면 블레셋 왕 아비멜렉이 이삭에게 찾아왔겠습니까? 그들은 원래 이삭을 무척 핍박했습니다. 이삭이 잘되니까 시기가 나서 이삭의 우물을 메워버리고, 또 여러 번이나 우물을 뺏았습니다. 그러나 하나님이 이삭과 함께하시고 워낙 이삭이 크게 복을 받으니까 아비멜렉이 이삭에게 찾아와서 화친 조약을 맺자고 합니다.

> 창 26:28-29 그들이 이르되 여호와께서 너와 함께 계심을 우리가 분명히 보았으므로 우리의 사이 곧 우리와 너 사이에 맹세하여 너와 계약을 맺으리라 말하였노라 너는 우리를 해하지 말라 이는 우리가 너를 범하지 아니하고 선한 일만 네게 행하여 네가 평안히 가게 하였음이니라 이제 너는 여호와께 복을 받은 자니라

얼마나 소설 같은 이야기입니까? 얼마나 하나님이 위대하게 보이고, 이삭이 얼마나 부러웠으면 그렇게 했겠습니까? 요즘으로 말하면 믿지 않는 안티 크리스천이 감동을 받고 찾아와서 함께 예수를 믿겠다는 것입니다. 무슨 일이 있어도 이삭이 제단 우선주의 삶을 살았더니 이런 일이 일어난 것입니다.

우리도 제단 우선주의 삶을 살아야 합니다. 그래야 이삭처럼 백 배의 축복을 누릴 수 있고 최고의 축복을 누릴 수 있습니다. 하나님께서는 항상 우리에게 제단 우선주의 삶을 살라고 하십니다. 그런데 우리는 맨날 우물부터 파고 장막부터 지으려고만 합니다. 왜 그런 줄 아십니까? 항상 우리가 욕망의 포로가 되어 살기 때문입니다.

그러나 성령의 감동을 붙잡으면 지금부터, 오늘 당장부터 제단 우선주의 삶을 살 수가 있습니다. 아니 힘들고 어려워도 정말 고난 속에서도 제단 우선주의 삶을 살아야 합니다. 먼저 내가 편하게만 살고, 안일하게만 살려고 하지 말고, 십자가를 지고 살아야 합니다. 주의 제단과 사명을 위해 십자가를 지고 나아가야 합니다. 주님께서 우리에게 이렇게 물어 보시지 않겠습니까?

"사랑하는 성도들아! 너희는 십자가를 얼마나 어떻게 지고 살아가겠느냐?"

♪ 십자가를 질 수 있나 주가 물어 보실 때
  죽기까지 따르오리 성도 대답하였다
  우리의 심령 주의 것이니 주님의 형상 만드소서
  주 인도 따라 살아갈 동안 사랑과 충성 늘 바치오리라

"교회를 갈래, 학교를 선택할래?"

제 삶은 예배에 목숨을 건 인생이었습니다. 고등학교 기숙사 생활을 할 때 교장 선생님께서 대학 입시를 준비하는 학생들은 주일에도 교회에 못 나가도록 특명을 내렸습니다. 그러나 저는 학교의 특명을 어기고 주일이면 꼭 교회에 가서 예배를 드렸습니다. 담임선생님께는 평일에 공부를 열심히 할 테니 주일날은 교회에 가서 예배를 드리겠다고 말씀드렸습니다. 담임선생님은 교장선생님의 특명이니 나갈 수 없다고 하면서, 학교에서 하는 보충수업을 잘 받고 좋은 대학에 가라고 했습니다.

　주일날이면 사감 선생님이 1층 현관에서 야구방망이를 들고 어떤 놈이 아침 일찍 교회에 나가는지 지키고 서 있었습니다. 저는 유리 창문을 열고 밖으로 나와 성경책과 찬송가를 들고 교회로 줄행랑을 쳤습니다. 그러자 사감 선생님은 저를 기숙사 3층 방으로 옮겨버렸습니다. 그래서 더 이상 유리 창문을 통해서 교회를 나가기는 어렵게 되었습니다. 제가 낙법을 연마한 것도 아니고 잘못 뛰어내렸다가는 다리가 부러져 휠체어를 타게 될 수도 있었기 때문입니다.

　가을이 오고 있었습니다. 답답한 마음에 가슴이 터질 것만 같았습니다. 교회에 가서 예배드리고 싶은 마음이 간절했습니다. 그런데 하루는 유리창문 너머로 겨울에 톱밥 난로에 피울 톱밥을 트럭으로 몇 차나 실어서 기숙사 앞 운동장에 모아놓은 것이 보였습니다. '바로, 이거다!' 제 마음속에서는 어느덧 소리 없는 탄성이 터져나왔습니다. 그리고 주일 아침에 산더미처럼 쌓아놓은 톱밥 위로 뛰어내려 교회에 갔습니다. 그날의 가을 하늘은 얼마나 눈이 부시게 푸르렀는지 모릅니다.

　그런데 문제는 예배를 마치고 다시 학교로 돌아왔을 때였습니다. 기숙사로 돌아오니 사감선생님이 방망이로 저를 얼마나 두들겨 팼는지 지금 생각해도 정신이 아찔합니다. 이튿날 교장실까지 끌려갔습니다. 교장선생님께서 눈을 부릅뜨고, "넌 교회에 갈래? 학교를 선택할래?"라고 말씀하셨습니다. 저는 분명히 이렇게 대답했습니다.

　"저는 평일에는 열심히 학교 공부를 할 것이고 주일날은 교회에 나가 예배드리고 오겠습니다."

그러자 제 말이 끝나기도 전에 사감 선생님이 오공산 바둑방망이로 뒤통수를 후려쳤습니다.

"이런 싸가지 없는 자식, 싹수도 하나 없는 자식, 니가 학생이냐? 그러고도 기숙사에 있을 자격이 있어? 이 자식아, 너 당장 기숙사에서 나가."

그리고 방망이로 배를 푹 찌르면서 이렇게 말씀하셨습니다.

"너, 아예 목사가 되려나 본데. 너 같은 놈은 목사 하면 잘하겠다. 이 자식아."

저는 그때부터 이미 학교에서 목사 소리를 들었습니다. 목사도 그냥 목사가 아니라 위대한 목사가 될 것이라고 선생님들이 말씀해 주셨습니다. 저는 울면서 교장선생님께 말씀을 드렸습니다.

"교장 선생님! 공부는 열심히 하겠습니다. 저 이래봬도 모범생이지 않습니까? 주일날 교회에서 예배만 드리게 해주십시오."

그랬더니 당장 옆에 있던 사감 선생님께서 저에게 찬송을 하나 불러 보라고 했습니다. 저는 주저하지 않고 찬송을 불렀습니다.

♪ 환난과 핍박 중에도 성도는 신앙 지켰네
　이 신앙 생각할 때에 기쁨이 충만하도다
　성도의 신앙 따라서 죽도록 충성하겠네

그해 5월의 금남로에서

제가 광주신학교에 입학한 해에 5·18 광주민주화운동이 일어났습니다. 광주항쟁이 발생하자 광주 시내는 파리 새끼 한 마리 날아다니지 않을 정도로 적막했습니다. 수요일 날 교회는 텅텅 비었고 사람 하나 다니지 않았습니다. 버스도 택시도 다니지 않았습니다. 그래도 수요일이 되면 저는 담담하게 예배를 드리러 교회로 향했습니다. 운암동 골짜기에서 조선대 앞에 있는 서광교회까지 걸어가야 했습니다. 그런데 그곳에 가려면 반드시 금남로를 거쳐서 가야 했습니다.

당시는 금남로의 전일빌딩과 광주은행 빌딩, 도청 건물 안에 공수단들이 M16 총을 장전하고 젊은 사람이 나타나서 길을 걸어가면 언제든지 쏘아버릴 수 있는 때였습니다. 그래도 저는 얇은 잠바를 걸쳐 입고 성경 찬송가를 들고 금남로를 걸어갔습니다. 지금 생각해 보면 무척 겁 없는 행동이었습니다. 누구든지 저를 보고 총을 한 방이라도 쏘면 그 순간 인생은 끝납니다. 그러나 저는 무슨 용기와 배짱이 있었는지 그 사선의 거리를 걸어서 교회로 향했습니다. 그것도 큰 목소리로 찬송을 부르면서 말입니다. 그때 부른 찬송은 그냥 찬송이 아니었습니다. 주기철 목사님이 순교할 당시 못자국 위를 걸어가면서 부르던 찬송이었습니다.

아마 누가 보면 미친 사람이었다고 할지도 모릅니다. 아니, 죽고 싶어서 환장한 사람이라고 할지 모릅니다. 저는 그렇게 5월의 금남로 거리를 찬송하며 걸어갔습니다.

♪ 저 높은 곳을 향하여 날마다 나아갑니다
　내 뜻과 정성 모아서 날마다 기도합니다

> 내 주여 내 발 붙드사 그곳에 서게 하소서
> 그곳은 빛과 사랑이 언제나 넘치옵니다

그때 금남로 길을 걸어가는 사람은 저 혼자뿐이었습니다. 제 발자국 소리와 함께 찬송 소리가 금남로 길 위에 메아리쳤습니다.

"그곳은 빛과 사랑이 언제나 넘치옵니다."

찬송 소리가 건물과 건물 사이를 메아리치며 울릴 때 영혼의 전율을 느꼈습니다. 이윽고 교회에 가보니 700명이 넘게 모이던 교인들이었는데 열두어 명이 출석을 했습니다. 주위에 사는 장로님 한두 분과 교역자들뿐이었습니다. 담임목사님이 금남로를 걸어온 저를 보시더니, 그 얌전하던 목사님이 화를 내면서 이렇게 말씀하시는 것이 아닙니까?

"소강석, 너 죽으려고 환장했어?"

그러나 저는 "목사님, 저 예배드리러 왔어요. 오늘 은혜 받고 갑니다"라고 말씀드리고 다시 찬송을 부르며 기숙사로 돌아왔습니다. 지금 생각해보면 정말 위험한 모험이었습니다. 어디에서 그렇게 죽음을 두려워하지 않는 용기와 담대함이 생겨나는지 알 수 없었습니다.

저는 지금도 가끔 곰곰이 생각해 봅니다. '그때 왜 공수단 중의 한 사람이 나를 쏘지 않았을까?' 저는 분명하게 확신합니다. 그때 제가 너무도 당당하게 찬송을 부르고 걸어가니까 공수단마저도 쉽사리 총을 쏠 수 없었을 거라고 말입니다. 무엇보다 예배에 목숨을 건 저의 생명을 하나님이 지켜 주셨다고 말입니다. 이처럼 저는 삶의 모든 순간마다 제단 우선주의의 삶을 살았습니다.

시류에 편승하지 않는 박순애 전도사의 간증 집회

우리 교회에서 박순애 전도사님의 간증 집회를 한 적이 있습니다. 이미 전에 한 번 한 적이 있었지만 두 번째로 초청해서 하게 되었습니다. 처음 집회를 할 때 매우 신선하고 충격적이었습니다. '정말 저분의 간증이 사실일까? 물론 사실이겠지만 얼마나 포장을 하고 아름답고 은혜스럽게 재구성을 했을까?' 하는 궁금증을 주면서까지 우리 교인들에게 큰 은혜와 충격과 도전을 주었습니다.

주로 간증 집회는 한 번으로 끝납니다. 그런데 그분을 초청한 교회는 대부분 두세 번 이상을 초청한다는 것입니다. 부산 세계로교회 같은 경우는 여섯 번이나 초청을 했다고 합니다. 저는 생각해 봤습니다. '어떻게 말씀 집회가 아닌 간증 집회를 여섯 번이나 초청을 할 수 있단 말인가. 또 다른 간증이 있단 말인가. 우리가 듣지 못한 새로운 간증이나 새로운 차원의 감동 스토리가 있단 말인가.'

그래서 제가 박순애 전도사님에게 전화로 물어 보았습니다.

"갔던 교회에 가고 또 가시는데 만약에 우리 교회로 두 번째 집회를 오시면 어떻게 하실 겁니까?"

그러니까 하는 말이 '두 번째 집회는 말씀 중심으로 한다'는 것입니다. 그런데 그분은 첫날 저녁부터 간증으로 시작해서 간증으로 끝나는 것입니다. 둘째 날도 마찬가지였습니다. 더구나 둘째 날은 보통 길게 한 것이 아닙니다. 10시 반이 지나고 11시가 되어서도 도대체 끝날 기미가 보이지 않았습니다. 그러니까 몇 분의 장로님과 교역자들로부터 메시지가 왔습니다.

"목사님, 대부분 지난번에 들은 이야기네요. 그리고 너무 길게 느껴집니다."

게다가 배영수 집사한테는 계속해서 메시지가 오는 것입니다. 지금 지입 차량 기사들이 항의와 원성이 빗발치고 있다고 빨리 좀 끝내 달라고 말입니다. 그러나 저는 도저히 쪽지를 올릴 수가 없었습니다. 왜냐면 박순애 전도사님에게 자칫하면 어떤 부담이나 큰 누를 끼칠 수 있기 때문입니다. 저는 하나님께 모든 것을 맡기고 기도하고 있었습니다. 그때 제 마음 속에 하나님이 이런 감동을 주셨습니다.

"소 목사야, 걱정하지 마라. 그래도 끝까지 은혜 받는 사람이 많이 있다. 그리고 기신자보다 새가족과 마음이 단순한 사람들이 여전히 은혜를 받고 있다."

저는 아무 소리도 안 하고 성령님께 맡긴 채 가만히 있었습니다. 그런데 집회가 끝나자 아니나다를까 여러 사람들로부터 문자를 받았습니다. 시간 가는 줄 모르고 은혜를 받았다고 말입니다. 여러 사람에게 전화를 해 봤더니 기신자보다는 새가족이나 마음이 단순한 사람들이 그대로 은혜를 받은 것입니다. 아니, 늦게 끝나도 은혜 받은 사람이 훨씬 더 많았습니다.

그리고 헌신을 하는 사람들 역시 기신자나 중직자보다는 새가족이나 어린애 같은 마음을 가진 성도들이었습니다. 이런 것을 보면서 저 역시 더 어린애 같고 단순한 마음으로 은혜 받으려고 했습니다. 저도 솔직히 그렇게 길게 하고 거의 같은 간증을 하는데 왜 다른 생각이 없었겠습니까? 그러나 성령님의 감동을 받고 교인들에게 문자를 돌리고 또 수요 오전예배 때 교인들에게 이해를 시키고 독려를 하였습니다.

"성도 여러분, 이 시대에 박순애 전도사님 같은 분이 없습니다. 비록 그분이 하는 간증이 지난번에 한 메시지와 중복되는 부분이 있다 할지라도 저렇게 빡세게 사자후의 메시지를 토한 강사가 없습니다. 그분의 메시지는 매우 강렬할 뿐만 아니라 본질적이고 역설적입니다. 비록 중복된 내용이라 할지라도 얼마나 강렬하고 살아 꿈틀거리는 이야기입니까? 우리가 단순하고 겸손한 마음으로 그 말씀을 들으면 얼마나 우리에게 은혜가 되고 도전이 되는 말씀입니까? 그러므로 우리가 더 겸손한 마음과 단순한 마음을 갖고 이 집회에 참석합시다."

제가 보기에도 그분은 보통 분이 아닙니다. 사실 그분의 메시지는 이 시대의 트렌드나 코드에 맞지 않습니다. 아니 아무리 전할 내용이 많다 하더라도 어떻게 11시 반까지나 집회를 할 수가 있느냐 말입니다. 또 그냥 시종일관 순종, 헌신, 희생만을 강조할 수 있느냐 말입니다. 그리고 항상 결론은 마음의 헌신과 물질 헌신으로 귀결시키지 않습니까? 그러나 그분은 적어도 시류에 편승한 분이 아닙니다. 현대 교인의 코드에 맞추고 입맛에 맞추는 그런 메시지를 전한 것이 아닙니다. 그야말로 본질에 충실하고 역설에 역설을 강조하는 감동의 메시지였습니다.

사실 그래야 합니다. 이 시대가 잘못 흘러가는 거지, 박순애 전도사님이 잘못한 게 아닙니다. 저는 그분의 메시지를 들으면서 저조차도 시류에 편승하고 트렌드와 코드에 야합해 가고 있는 모습을 볼 수 있었습니다. 그분이 옳았습니다. 그래서 저는 더 큰 도전을 받고 더 큰 은혜를 받았습니다. 털고 털고 또 털어 그리 많진 않지만 옥합 예물을 드렸습니다. 그리고 집회 마지막 날 일천 번제를 드리기로 서원했습니다.

우리 모두 최악의 불경기 속에서도 이삭처럼 최고의 축복을 꿈꾸며 살아야 합니다. 지금 상황적으로 1250℃의 최악의 날을 통과하고 있다고 생각되십니까? 그럴수록 이삭처럼 하나님이 예비하신 최고의 날을 떠올리면서 하나님의 약속을 따라 살아야 합니다. 최악의 불경기에서도 최고의 축복을 꿈꾸며 제단 우선주의의 삶을 살아야 합니다. 그래서 최악의 불경기에서도 최고의 축복을 누리며 사는 성도들이 되어야 합니다.

아브라함, 차선을 넘어 최선으로

창세기 16장 1-6절

"아브람의 아내 사래는 출산하지 못하였고 그에게 한 여종이 있으니 애굽 사람이요 이름은 하갈이라 사래가 아브람에게 이르되 여호와께서 내 출산을 허락하지 아니하셨으니 원하건대 내 여종에게 들어가라 내가 혹 그로 말미암아 자녀를 얻을까 하노라 하매 아브람이 사래의 말을 들으니라 아브람의 아내 사래가 그 여종 애굽 사람 하갈을 데려다가 그 남편 아브람에게 첩으로 준 때는 아브람이 가나안 땅에 거주한 지 십 년 후였더라 아브람이 하갈과 동침하였더니 하갈이 임신하매 그가 자기의 임신함을 알고 그의 여주인을 멸시한지라 사래가 아브람에게 이르되 내가 받는 모욕은 당신이 받아야 옳도다 내가 나의 여종을 당신의 품에 두었거늘 그가 자기의 임신함을 알고 나를 멸시하니 당신과 나 사이에 여호와께서 판단하시기를 원하노라 아브람이 사래에게 이르되 당신의 여종은 당신의 수중에 있으니 당신의 눈에 좋을 대로 그에게 행하라 하매 사래가 하갈을 학대하였더니 하갈이 사래 앞에서 도망하였더라"

아브라함의 승리 후에 찾아온 두려움

어느 교민이 미국에 이민을 가서 아주 좋은 승용차를 타고 하이웨이를 고속으로 질주하다가 속도 위반으로 경찰에 잡혔습니다. 경찰이 딱지를 떼는데 최고로 비싼 딱지를 끊으려고 했습니다. 그러자 교민이 "존경하는 경찰관님, 한 번만 봐 주세요. 정말 한 번만 부탁드립니다" 이렇게 말해야 하겠는데 도무지 영어가 생각이 안 나는 것입니다. 그래서 엉겁결에 이렇게 말했습니다.

"Dear my police, look at Me, 존경하는 경찰관님, 한 번만 봐 주세요."

그랬더니 경찰관이 허허 웃으면서 뭐라고 말한 줄 아십니까?

"No soup, 국물도 없어."

얼마나 웃기는 이야기입니까?

창세기 16장에 나오는 아브라함이 바로 이런 상황에 처할 때가 있었습니다. 아브라함이 헤브론 땅에 있을 때 조카인 롯이 잡혀 갔다는 소식을 들었습니다. 그것도 당시 엘람 왕 그돌라오멜이 중심이 되어 있는 북방의 연합군에 잡혀 갔습니다. 당시 엘람은 북방의 여러 나라 가운데서도 가장 강한 나라였습니다. 그런데 아브라함은 하나님의 감동과 인도로 용기를 내어 집에서 훈련한 318명을 데리고 연합군을 추격하여 기습 공격을 했습니다. 아마 그돌라오멜 연합군들이 그날 저녁에 승리에 도취하여 술을 진탕 마시고 곯아 떨어져 있을 때, 아브라함이 급습을 했던 것 같습니다.

아브라함은 그들을 완전히 격파한 후 롯과 포로들을 되찾아 왔습니다. 아브라함은 하나님께 감사하고 찬양하며 돌아왔습니다. 그런데 이런 영광과 감격도 며칠 지나고 나니 아브라함 자기도 모르게 겁이 나기 시작했던 것 같습니다. 아브라함이 가만히 생각해 보니까, 자기가 그돌라오멜을 치고 기습 공격을 해서 롯을 구출해 왔다는 것이 꿈만 같습니다. 참으로 어처구니없는 승리였습니다. 어떻게 자기같이 겁이 많고 연약한 사람이, 그것도 318명을 거느리고 가서 저들을 물리치고 승리를 했느냐는 말입니다. 이것은 아무리 생각해 봐도 자기 힘으로는 도저히 불가능한 일이었습니다. 그러므로 만에 하나 그돌라오멜 왕이 다시 연합군을 조직해서 아브라함을 공격해 온다면 아브라함은 국물도 없게 될 것입니다.

이런저런 생각을 하자 아브라함은 두려움에 떨기 시작했습니다. 이때 하나님이 아브라함에게 찾아 오셨습니다.

"아브라함아, 두려워 말라. 나는 너의 지극히 큰 방패요 상급이니라."

> **창 15:1** 이후에 여호와의 말씀이 환상 중에 아브람에게 임하여 이르시되 아브람아 두려워하지 말라 나는 네 방패요 너의 지극히 큰 상급이니라

이렇게 하나님께서 아브라함의 전천후 방패가 되어 주시고 상급이 되어 주신다는 말입니다. 만에 하나 그돌라오멜이 아브라함을 공격해 와도 반드시 하나님이 막아 주실 것이며 승리하게 해주시겠다는 것입니다.

별 헤는 밤의 축복

이렇게 말씀하시는데도 아브라함은 금방 확신을 가지지 못했습니다. 아니, 오히려 그는 하나님께 원망 섞인 볼멘소리로 항변하였습니다.

"하나님, 저는 자식이 없습니다. 하나님께서 저에게 아들을 주신다고 해놓고 안 주시니 저는 다메섹의 엘리에셀에게 모든 상속권과 유산을 물려줄까 합니다. 하나님께서 저에게 자식을 주신다고 해놓고 안 주셨잖아요? 준다고 했으면 주셔야지, 약속도 안 지키시면서 저에게 무슨 방패와 상급이 된다고 하십니까?"

그러자 하나님께서 이렇게 말씀하셨습니다.

"아브라함아, 너는 왜 나를 의심하느냐? 내가 준다면 주는 거지. 엘리에셀은 너의 상속자가 아니야. 내가 네 몸에서 난 아들을 준다고 했잖아. 네 몸에서 나올 그가 너의 진정한 상속자가 될 거야. 아브라함아, 밖으로 나가 하늘의 별들을 바라보거라. 얼마나 별들이 많으냐. 나는 너에게 반드시 아들을 주어서 너의 자손이 하늘의 별처럼 되게 할 거야."

> **창 15:4-5** 여호와의 말씀이 그에게 임하여 이르시되 그 사람이 네 상속자가 아니라 네 몸에서 날 자가 네 상속자가 되리라 하시고 그를 이끌고 밖으로 나가 이르시되 하늘을 우러러 뭇별을 셀 수 있나 보라 또 그에게 이르시되 네 자손이 이와 같으리라

그때 아브라함은 유난히도 반짝이는 별들을 바라보았습니다. 요즘은 공해 때문에 저녁에도 하늘의 별이 잘 안 보입니다만, 우리가 어렸을 때는 시골에서 마당에 평상을 깔아놓고 모깃불을 피우며 밤하늘을 바라보았지 않습니까? 그때 하늘에 얼마나 많은 별들이 반짝였습니까? 북두칠성, 북극성, 카시오페이아, 안드로메다, 견우와 직녀 등등……

그런데 새에덴구국기도원에 가면 하늘의 별들이 얼마나 반짝이는지 모릅니다. 밤하늘이 얼마나 깨끗한지 별들이 반짝반짝 빛납니다. 거기다가 여름에는 개똥벌레, 곧 반딧불이 암놈 수놈 함께 쌍쌍이 반짝이며 다닙니다. 기도원에서 하룻밤을 지내고 나면 마음이 얼마나 청명해지고 거룩한 낭만주의자가 되는지 모릅니다. 그 개똥벌레를 바라보노라면 나도 모르게 이런 노래가 나올 때가 있습니다.

♪ 나는 개똥벌레 어쩔 수 없네
　밤하늘의 별을 보며 아브라함 생각해요
　의심 마라 믿어라 끝까지 믿어라

쪼갠 고기 사이를 지나가신 하나님

아브라함은 그 별들을 바라보면서 하나님의 말씀을 믿었습니다. 그러자 하나님께서 아브라함의 믿음을 의로 여기시고 아브라함과 언약을 체결해 주셨습니다. 언약을 체결하시기 위하여 하나님은 아브라함에게 고기를 잡아서 쪼개 놓으라고 명령하셨습니다. 왜 그랬습니까? 마리 문서라는 자료를 보면, 당시 고대 근동 지역에서는 언약 체결을 할 때 아주 특이한 의식을 행하였습니다. 그들이 계약서를 쓸 때는 반드시 짐승을 잡아서 둘로 쪼개어 놓았습니다. 그리고 계약의 당사자 '갑'과 '을'이 쪼갠 고기 사이를 지나갑니다. 쪼갠 고기 사이를 지나가는 것이 바로 도장을 찍고 사인을 하는 것이었습니다.

왜 쪼갠 고기 사이를 지나가는 줄 아십니까? 만약에 둘 중의 어느 하나라도 이 계약을 파기할 때는, 이 쪼갠 고기처럼 도끼로 그 몸을 두 동강이 내도 좋다는 고백에서 그렇게 한 것입니다. 만약에 이 계약을 어기면, 계약 파기 보상법에 의해서 내 몸을 도끼로 자르든지 작두로 자르든지 몇 동강을 내어서 죽여도 좋다는 의미에서, 그 쪼갠 고기 사이를 지나가게 한 것입니다. 그만큼 고대 근동에서는 계약을 중요하게 생각하고, 생명처럼 여겼습니다.

바로 이런 역사적 배경 속에서 하나님이 자기 자신을 계시하시고, 성경이 기록되었습니다. 그리고 하나님은 자신을 약속의 하나님으로, 언약의 하나님으로 소개하셨습니다. 하나님이 스스로를 언약의 하나님, 약속의 하나님으로 소개하셨으니까, 그분의 말씀은 당연히 약속의 말씀, 언약의 말씀이 아니겠습니까? 그래서 성경이 구약과 신약으로 불리는 것입니다.

하나님의 뻥튀기 작전

하나님은 아브라함이 고기를 쪼개 놓자 아브라함의 후손이, 애굽에서 400년 동안 종노릇 한 후에 출애굽할 것을 이야기하십니다. 이스라엘 백성들이 430년 동안 애굽에서 종노릇하는 것은 잠시 고달프지만, 이스라엘 백성들을 큰 민족으로 만드는 뻥튀기 작전이라는 것입니다. 그래서 430년 후에 가나안 땅으로 돌아오게 할 것을 말씀하시며 언약으로 세우셨습니다.

> **창 15:13-14** 여호와께서 아브람에게 이르시되 너는 반드시 알라 네 자손이 이방에서 객이 되어 그들을 섬기겠고 그들은 사백년 동안 네 자손을 괴롭히리니 그들이 섬기는 나라를 내가 징벌할지며 그 후에 네 자손이 큰 재물을 이끌고 나오리라

이렇게 말씀하시고 나서 하나님이 쪼갠 고기 사이로 지나가셨습니다. 이것은 하나님이 아브라함과 말로만 언약을 맺으신 것이 아니라 행동으로 계약서를 쓰셨음을 보여줍니다. 하나님은 그런 행동 계약서를 통해 이렇게 말씀하신 것입니다.

"아브라함아, 나는 어떠한 경우에도 이 언약을 지킬 것이다. 하늘이 두 조각 나도 나는 반드시 언약을 지킨다. 아브라함아, 너는 이래도 나를 못 믿겠느냐? 이렇게 타는 횃불로 쪼갠 고기 사이를 지나가는 나를 못 믿겠느냐? 천지는 없어져도 내 말은 없어지지 않는다. 하늘이 무너지고 땅이 꺼진다고 하여도, 내 말은 일점일획도 떨어지지 않는단 말이다. 그러니 내가 너에게 약속한 모든 말을, 너에게 다 이루어 줄 것이다. 그러나 만에 하나라도 내가 이 약속을 이루어 주지 않는다면, 너는 나를 이 짐승처럼 도끼로 찍어 죽여도 좋다. 네가 도끼로 이 짐승을 두 동강이 낸 것처럼, 네가 나의 몸

을 두 동강이 내렴. 어찌 사람이 나 여호와 하나님을 죽일 수 있겠느냐고? 영으로 존재하는 하나님을 어떻게 두 동강이로 낼 수 있느냐고? 그러면 네가 내 이름이라도 써 놓고, 내 이름을 두 동강이 낼 수 있잖아. 그러나 아브라함아, 나는 나의 이름을 위해서라도 너에게 한 약속을 반드시 이룰 것이다. 나의 자존심과 내 명예, 내 언약의 신실함을 자랑하기 위해서라도 반드시 너에게 한 약속을 이루어 줄 것이다."

하나님은 아브라함에게 이런 깊고 가슴 절절한 메시지를 주시기 위하여, 타는 횃불로 쪼갠 고기 사이를 지나가신 것입니다. 바로 이런 눈물나고 감격스럽고 울렁거리는 영혼의 메시지를 주시기 위하여, 하나님께서 쪼갠 고기 사이를 지나가셨던 것입니다.

타는 횃불의 언약과 은혜

아브라함은 바로 이런 언약의 증표를 바라보며 어떤 마음이 들었을까요? 자기 앞에서 쪼갠 고기 사이로 지나가시는 하나님, 타는 횃불로 오셔서 쪼갠 고기 사이를 지나가시는 하나님을 바라보며 얼마나 감격하고 눈물 흘리며 동시에 통회 자복하는 마음을 가졌을까요?

"하나님, 제가 믿음이 없었습니다. 하나님께서 이렇게까지 하셔야 했겠습니까? 어떻게 하나님께서 타는 횃불로 오셔서, 쪼갠 고기 사이로 지나가셨단 말입니까? 어떻게 하나님께서 제 앞에 오셔서, 타는 횃불로 비천하고 불민한 모습으로, 쪼갠 고기 사이를 지나가실 수 있단 말입니까? 그리고 어떻게 제가 하나님을 두 동강이 낼 수 있단 말입니까? 말도 안 되는 소리입니다. 이것은 있을 수 없는 일입니다. 그러니 저의 믿음 없었던 것을 용서해 주옵소서. 하나님을 의심하고 하나님께 항변하는 것을 용서해 주시옵소서. 그렇습니다. 하나님, 과연 당신은 언약의 하나님이십니다. 당신은 단 한 번도 저에게 실수가 없으셨고, 모순이 없으셨으며, 단 한 번도 저를 섭섭하게 한 적이 없으셨습니다. 하나님, 그러므로 저는 이제 당신의 언약만 붙잡고 오직 신실하신 하나님만 따라 살겠습니다. 그리고 이제 그런 하나님을 찬양하겠습니다. 그런 하나님이신 바로 당신께 나의 전 존재와 전 인격을 다하여 향기 나는 찬양을 드리겠습니다. 목 메이는 노래를 드리겠습니다."

♪ 하나님 한 번도 나를 실망시킨 적 없으시고
  언제나 공평과 은혜로 나를 지키셨네
  오 신실하신 주 오 신실하신 주
  내 너를 떠나지도 않으리라 내 너를 버리지도 않으리라
  약속하셨던 주님 그 약속을 지키사
  이후로도 영원토록 나를 지키시리라 확신하네

이때 아브라함이 얼마나 확신에 차고 성령이 충만했겠습니까? 얼마나 하나님께 감사하며 행복했겠습니까? 그는 이런 확신에 차고 기쁨이 넘치는 마음으로 집으로 달려갔을 것입니다. 그리고 사라에게 말했을 것입니다.

"여보, 하나님이 응답하셨어. 하나님이 우리에게 아들을 주신대. 그리고 그 아들을 통하여 저 하늘의 별과 같이 땅의 모래와 같이 우리 자손을 번성하게 해주신다는 거야. 그러니 여보, 우리 다시 희망을 가지고 살아갑시다. 다시 하나님을 믿고 아들을 기다려 봅시다."

그때 사라는 그 말을 듣고 이렇게 이야기를 하였습니다.

"여보, 난 너무 늙었습니다. 난 이미 경수도 마르고 자궁도 생산 능력을 잃었으니 틀렸습니다. 아무리 하나님께서 말씀하시고 약속하셨다고 해도 어떻게 나 같은 것을 통해서 자식이 생산되겠습니까? 아마 하나님의 계획과 의도는 나를 통해서가 아니라 나의 여종 하갈을 통해서 자식을 생산하는 것일 것입니다. 내가 당신에게 내 여종을 아내로 주어서 자식을 낳는다면 그 자식이 우리 자식이지 않겠습니까. 그러니 그 여자와 동침하여 아들을 낳으십시오."

창 16:2 사래가 아브람에게 이르되 여호와께서 내 출산을 허락하지 아니하셨으니 원하건대 내 여종에게 들어가라 내가 혹 그로 말미암아 자녀를 얻을까 하노라 하매 아브람이 사래의 말을 들으니라

이것은 당시 문화에서 생각해 볼 때 정말 현실적이고 합리적인 제안이 아닐 수 없습니다. 아니, 얼마나 감동적인 이야기인지 모릅니다.

첩 하갈을 내어준 사라

당시 고대 근동에서는 한 남자가 자식을 얻기 위해서 첩을 얻는 것은 일반적인 문화였습니다. 그리고 지금도 중동 지역에서는 한 남자가 네 명까지 첩을 얻을 수 있습니다. 물론 본부인의 동의가 있어야 하겠습니다만.

그러나 여자가 먼저 제안하는 경우는 없습니다. 남자가 얻고 싶어서 얻는 것이지 여자가 첩을 권하는 경우는 없습니다. 그런데 지금 아브라함의 경우는 먼저 사라가 남편에게 첩을 얻으라고 제안합니다. 어느 여자가 자기 남편의 애정이 다른 곳으로 돌아가는 것을 좋아하겠습니까? 우리말에도 남편이 첩을 얻으면 돌부처도 돌아앉는다는 이야기가 있지 않습니까?

그러나 사라는 기꺼이 자기가 먼저 아브라함에게 자기 여종을 첩으로 내어주었습니다. 이 얼마나 감동적인 제안입니까? 왜 그런 줄 아세요? 사라는 자기 깐에 하나님의 뜻을 이루고 하나님의 일을 돕기 위해서였던 것입니다. 당시 고대 근동의 법에서는 여주인과 여종은 하나였습니다. 그래서 여주인이 아이를 낳지 못하면 여종이 대신 아들을 낳아 주어야 했습니다. 그러면 그 아들은 여종의 아들이 아니라 여주인의 아들이 되었습니다.

이런 사회적 배경 속에서, 사라는 그렇게라도 해서 아브라함에게 자식을 낳게 해주고 싶었습니다. 그러니 얼마나 갸륵한 마음이요, 아름다운 마음입니까? 아브라함도 가만히 듣고 보니까 그럴 듯하였습니다. 사래에게는 조금 미안하긴 하지만 응큼하게 좋았습니다. 그

길이 하나님의 뜻을 이루고, 자기도 재미를 보며, 하나님의 약속 성취를 도와주는 것 같았습니다. 꿩 먹고 알 먹고 남자로서 얼마나 수지맞는 일입니까? 아브라함과 사라는 하나님의 뜻을 이루어 드리고 하나님의 일을 돕는답시고 그 일에 동의를 하고 말았습니다. 그래서 아브라함이 하갈에게 정식으로 새 장가를 가서 결혼을 합니다.

> **창 16:3** 아브람의 아내 사래가 그 여종 애굽 사람 하갈을 데려다가 그 남편 아브람에게 첩으로 준 때는 아브람이 가나안 땅에 거주한 지 십 년 후였더라

여기 우리말 성경에는 사라가 하갈을 아브라함의 첩으로 주었다고 표현하고 있는데 사실은 첩이 아닙니다. 히브리어로 '이샤'라고 기록되어 있는데 이것은 정식 아내를 말합니다. 다시 말하면 아브라함과 하갈은 정식으로 결혼한 사이였다는 말입니다. 그렇게 해서 아브라함과 하갈이 동침하여 이스마엘이라는 아들을 임신했습니다.

사라와 하갈의 불화, 비극의 시작

그때부터 가정불화가 생겨나기 시작했습니다. 하갈이 임신을 하더니 갑자기 사라를 멸시하고 온갖 구박을 다합니다. 세상에, 사라의 여종이었던 여자가 갑자기 주인 노릇을 하고 사라를 여종 취급한단 말입니다. 이런 꼴을 사라가 어떻게 보겠습니까? 그러니까 사라는 사라대로 아브라함을 막 원망하고 볶아댑니다.

창 16:4-5 아브람이 하갈과 동침하였더니 하갈이 임신하매 그가 자기의 임신함을 알고 그의 여주인을 멸시한지라 사래가 아브람에게 이르되 내가 받는 모욕은 당신이 받아야 옳도다 내가 나의 여종을 당신의 품에 두었거늘 그가 자기의 임신함을 알고 나를 멸시하니 당신과 나 사이에 여호와께서 판단하시기를 원하노라

결국 하갈이 광야로 도망가야 하는 아픔이 있었고 다시 돌아오는 해프닝도 있었습니다. 이것이 창세기 16장 내용입니다. 그런데 창세기 16장과 17장 사이에는 13년의 세월이 흘렀습니다.

창 16:16 하갈이 아브람에게 이스마엘을 낳았을 때에 아브람이 팔십육 세였더라

창 17:1(상) 아브람이 구십구 세 때에 여호와께서 아브람에게 나타나서 그에게 이르시되

아브라함이 이스마엘을 낳을 때가 86세라면 아브라함이 하갈과 결혼할 때는 85세쯤 되지 않았겠습니까? 그런데 창세기 17장 1절을 보면 하나님이 아브라함에게 나타나실 때에는 99세라고 했습니다. 그러므로 창세기 16장과 17장 사이에 13년의 간격이 있었습니다. 이 13년 동안에 있었던 일은 아무것도 기록되지 않고 하나님이 아무 말씀도 안 하셨다는 것입니다. 한마디로 13년 동안 하나님께서 아브라함에게 침묵만 지키고 계셨다는 말입니다.

그렇다면 이때 침묵은 좋은 것일까요, 나쁜 것일까요? 성경을 보면 좋은 침묵도 있고 나쁜 침묵도 있습니다. 이 13년 동안의 침묵은 절대로 좋은 침묵이 아니었습니다. 안 좋은 침묵이고 나쁜 침묵이었습니다. 하나님께서 아브라함을 향하여 매우 섭섭해 하고 서운해 하셨다는 뜻입니다. 하나님께서 아브라함의 행위를 보시고 너무 속상해 하고 못마땅해 하셨다는 말입니다.

아브라함이 정말로 믿음이 있었다면 하나님의 방법을 따라야지, 왜 자기 방법을 따르느냐는 말입니다. 정말 하나님의 약속을 믿었다면 최선의 믿음으로 하나님의 방법을 따르고 끝까지 인내하면서 하나님의 뜻을 기다렸어야 할 것이 아니겠습니까? 그러나 아브라함은 최선의 믿음과 방법을 따른 것이 아니라 차선을 선택했습니다. 하지만 우리 신앙에서는 차선이 가장 큰 악이 될 수도 있다는 사실을 알아야 합니다.

"하나님, 제가 형편상 이것을 못하니까 대신 이것을 하겠습니다. 이것은 현실적으로 어려우니까 이거라도 하겠습니다."

이런 차선이 우리의 속 중심을 보시는 하나님 앞에 통할 때도 있지만 때로는 그런 차선이 가장 큰 악이 될 수도 있다는 사실을 알아야 합니다.

이스마엘로 인하여 고개를 돌리신 하나님

아브라함의 경우가 그랬습니다. 하갈이 이스마엘을 임신한 그날부터 하나님은 아브라함의 가정에 등을 돌리고 고개를 젓기 시작했습니다. 그 후로부터 아브라함의 가정은 영적으로 얼마나 풍비박산이 났습니까? 그리고 아브라함이 하갈을 통하여 이스마엘을 낳은 결과로, 오고 오는 세대에 자기의 후손들이 이스마엘의 후손들로 인하여 얼마나 많은 고통과 아픔을 당해야 했습니까?

더 중요한 것은 하갈이 이스마엘을 낳는 그 순간, 하나님은 고개를 흔드셨다는 것입니다.

"아브라함아, 이건 아니야, 이건 내 뜻이 아니었어. 이스마엘은 절대로 너의 상속자가 될 수가 없단 말이야."

그리고 나서 13년 동안 하나님은 아브라함에게 한 말씀도 하지 않으셨던 것입니다. 물론 몇 말씀이야 하셨을 수도 있겠습니다만, 옛날처럼 아브라함과 하나님과의 영적인 소통이 원활하지 못했단 말입니다.

이때 아브라함은 얼마나 갈등하며 괴로웠겠습니까? 얼마나 하나님께 죄송하고 송구한 마음으로 가득했겠습니까? 아니 얼마나 답답하고 괴로웠겠습니까? 그것도 하갈과 이스마엘을 볼 때는 더 그리고도 남았을 것입니다. 인간적으로는 하갈이 자기 아내이고 이스마엘도 자기 피붙이 아들입니다. 그러니 그들을 사랑하지 않을 수가 없습니다.

그러나 그들의 존재 때문에 가정은 풍비박산나고 말았습니다. 아니, 하갈과 이스마엘 때문에 하나님과의 관계는 완전히 박살나고 말았습니다. 아무리 하나님께 기도하고 몸부림을 치고 매달려도 단 한 번도 하나님께서 아브라함을 향하여 미소 짓는 얼굴로 나타나지 않으셨습니다. 아브라함에게 임재하신 하나님의 현현은 언제나 자기를 향하여 섭섭해 하시고 서운해 하시는 모습이었을 것입니다.

13년 만에 나타나신 하나님

마침내 13년 만에 하나님이 아브라함에게 나타나셨습니다. 그리고 그에게 얼마나 감동적인 말씀을 하십니까?

"나는 전능한 하나님이라. 너는 내 앞에서 행하여 완전하라. 그리고 내가 너에게 다시 언약을 하노니 너를 크게 번성하여 너를 열국의 아버지가 되게 할 것이다."

그리고는 하나님이 아브라함의 이름까지 바꾸어 주시지 않겠습니까?

> 창 17:1(하)-2 나는 전능한 하나님이라 너는 내 앞에서 행하여 완전하라 내가 내 언약을 나와 너 사이에 두어 너를 크게 번성하게 하리라 하시니

> 창 17:4-5 보라 내 언약이 너와 함께 있으니 너는 여러 민족의 아버지가 될지라 이제 후로는 네 이름을 아브람이라 하지 아니하고 아브라함이라 하리니 이는 내가 너를 여러 민족의 아버지가 되게 함이니라

계속해서 하나님이 말씀하시기를, 아브라함에게 선민의 조상이 되기 위하여 할례를 행하라고 명령하셨습니다. 또한 사라의 이름까

지 고쳐 주시며 사라를 열국의 어머니가 되게 하겠다고 말씀하셨습니다. 아브라함, 사라는 사실 이때 비로소 하나님이 주신 이름이고 그 전에는 아브람, 사래였습니다. 뿐만 아니라 사라를 통하여 아브라함의 아들이 태어날 것이며, 그를 통하여 그의 자손이 하늘의 별과 같이 번성하고 땅의 모래같이 번성하게 하시겠다는 것입니다. 이 얼마나 눈물나고 감격스러운 말씀입니까?

> **창 17:15-16** 하나님이 또 아브라함에게 이르시되 네 아내 사래는 이름을 사래라 하지 말고 사라라 하라 내가 그에게 복을 주어 그가 네게 아들을 낳아 주게 하며 내가 그에게 복을 주어 그를 여러 민족의 어머니가 되게 하리니 민족의 여러 왕이 그에게서 나리라

이런 사건의 흐름을 통해서 우리는 무엇을 깨달을 수 있습니까? 그 13년 동안의 갈등과 암흑 속에서 아브라함이 새사람으로 변화되기 위해 몸부림을 쳤다는 것입니다. 하나님 임재와 관계를 위해 정말로 절규하고 갈망했다는 말입니다. 한마디로 하나님의 사람이 되고 언약의 사람이 되려고 처절한 몸부림을 쳤다는 말입니다.

사람이 언제 변하는 줄 아십니까? 인간은 누구나 갈등과 시련 속에서 변하게 되어 있습니다. 그런데 우리 목회자와 교인들에게 누가 가장 갈등을 많이 일으키는 줄 아십니까? 가장 못 믿을 양반이 누군 줄 아십니까? 교인이 아닙니다. 사람이 아닙니다. 하나님일 때가 많습니다. 어느 때는 하나님이 너무하시는 것 같습니다. 그렇게 은혜

주시고 복 주신다고 약속해 놓고 왜 이렇게 안 이루어 주시느냐는 말입니다. 그러니 목사나 성도나 못 믿을 분이 하나님입니다. 그래서 우리가 하나님을 의지하지 않고 자기 마음대로 행동을 해버립니다. 자기 멋대로 일을 처리해버리려고 합니다.

하나님을 믿으려면 끝까지 믿어야 하는데 도중에 하나님을 못 믿고 우리는 하갈을 선택해 버릴 때가 있습니다. 왜냐면 가장 못 믿을 분이 하나님이기 때문입니다. 그래서 우리는 최선의 믿음을 따르지 않고 차선의 믿음을 선택해버립니다. 그러나 그 한 번의 실수로 말미암아 사람에 따라서 하나님께서 3년을 침묵하시기도 하고 5년, 10년을 침묵하시기도 합니다. 아브라함에게는 그 기간이 13년이나 되었습니다.

최선인가, 차선인가?

아브라함은 그런 갈등의 기간에 다시 하나님을 만나려고 몸부림을 쳤습니다. 최선의 믿음을 따르려고 절규하고 몸부림을 쳤습니다. 마침내 그는 다시 하나님을 만나 이제부터는 최선의 믿음의 길을 걸어갔습니다. 드디어 사라를 통해 이삭이라는 아들을 낳은 후 위대한 믿음의 조상이 되고 축복의 조상이 되었을 뿐만 아니라 최고의 자신의 모습을 이루었습니다.

오늘 우리는 최선의 믿음으로 하나님을 섬기고 있습니까, 아니면 아브라함처럼 잠시 현실이 힘들다고 차선을 선택하고 있습니까? 아니 그 차선의 선택으로 아브라함처럼 흑암 중에 방황하고 갈등하고 있지는 않습니까? 이유야 어쨌든 오늘 여러분의 삶이 아브라함의 13년의 삶과 동일하지는 않습니까?

　왜 이렇게 우리의 삶이 답답하고 불통하며 꼬이기만 하는 것입니까? 그런데도 왜 하나님은 우리에게 나타나지도 않으시고 구원의 손길을 뻗치지도 않는단 말입니까? 하나님은 왜 이처럼 당신의 약속을 더디 이루어 주시는지 아십니까? 당신의 절대주권과 신실하심을 보여주기 위해서입니다. 그리고 우리의 믿음의 인내와 간절함을 길러 주시기 위해서입니다.

　이때가 하나님 앞에 우리의 최고의 모습을 이룰 기회라는 사실을 알아야 합니다. 이럴 때일수록 우리는 최선의 믿음을 회복해야 합니다. 아브라함처럼 더 절규하고 몸부림쳐야 합니다. 힘들더라도 더 인내하며 하나님의 뜻을 따르고 하나님의 길을 따라야 합니다. 그럴 때 우리는 하나님을 만나 다시 최고의 모습을 이룰 수 있습니다. 최고의 축복을 소유할 수 있습니다. 그래서 성경은 이렇게 말합니다.

> **히 10:36**　너희에게 인내가 필요함은 너희가 하나님의 뜻을 행한 후에 약속하신 것을 받기 위함이라

　차선이 아닌 최선의 믿음을 가지고 조금만 더 인내해야 합니다. 최악의 조건과 상황 속에서도 최선의 믿음으로 최고의 나를 만들어야 합니다. 그럴 때 우리는 최고의 은혜와 축복을 받는 최고의 나를 이룰 것입니다.

하나님의 어음

하나님의 축복은 단 한 번도 현찰로 임한 적이 없습니다. 약속과 어음으로 주어졌습니다. 먼저 하나님이 말씀하고 약속하신 후에 기다리게 하십니다. 그리고 정하신 때가 되면 약속이 반드시 성취됩니다. 그래서 하나님의 사람들은 언약에 기초해서 꿈을 꾸며 기다려야 했습니다. 인간의 어음은 아무리 날짜를 정하고 이서를 하더라도 부도가 많이 납니다. 그러나 하나님의 어음은 날짜가 기록되어 있지 않지만 단 한 번도 부도난 적이 없습니다.

성경의 위인들은 끝까지 인내하면서 하나님의 약속을 기다렸습니다. 그래서 성경은 "믿음은 바라는 것들의 실상이요 보이지 않는 것들의 증거"라고 말하지 않습니까?

> 히 11:1 믿음은 바라는 것들의 실상이요 보이지 않는 것들의 증거니

그러므로 아무리 상황이 좋지 않고 하나님의 축복이 속히 이루어지지 않는다 해도 우리는 최선의 믿음으로 기다려야 합니다. 오늘날도 하나님의 약속을 믿고 기다리는 자는 결코 무너지지 않습니다. 단 조건이 하나 있습니다. 그것은 도중에 하나님의 어음을 '와리깡'(어음 할인)하지 않는 것입니다. 끝까지 하나님의 어음을 붙잡고 있는 한 최고의 축복을 받습니다.

우리는 하나님의 종으로 부름을 받을 때 하나님의 어음을 받고

출발하였습니다. 그 어음 때문에 가슴이 뜨거워졌고, 밤이슬을 맞고 눈물을 흘리며 소명을 불태웠습니다. 그런데 어려운 시련의 터널을 통과하면서 대부분 와리깡을 하기 때문에 그 꿈을 이루지 못할 때가 많습니다. 그러므로 다시 하나님의 어음을 붙잡아야 합니다. 다시 신발끈을 동여매고 소명의 첫 새벽, 갈릴리의 첫사랑을 향하여 걸어가야 합니다. 그 숱한 절망과 어둠의 밤길을 지나 찬란한 축복의 아침이 밝아올 때까지, 최고의 나로 빚어질 때까지.

갈릴리 첫사랑, 붉은 모닥불이여

요한복음 21장 15-18절

"그들이 조반 먹은 후에 예수께서 시몬 베드로에게 이르시되 요한의 아들 시몬아 네가 이 사람들보다 나를 더 사랑하느냐 하시니 이르되 주님 그러하나이다 내가 주님을 사랑하는 줄 주님께서 아시나이다 이르시되 내 어린 양을 먹이라 하시고 또 두 번째 이르시되 요한의 아들 시몬아 네가 나를 사랑하느냐 하시니 이르되 주님 그러하나이다 내가 주님을 사랑하는 줄 주님께서 아시나이다 이르시되 내 양을 치라 하시고 세 번째 이르시되 요한의 아들 시몬아 네가 나를 사랑하느냐 하시니 주께서 세 번째 네가 나를 사랑하느냐 하시므로 베드로가 근심하여 이르되 주님 모든 것을 아시오매 내가 주님을 사랑하는 줄을 주님께서 아시나이다 예수께서 이르시되 내 양을 먹이라 내가 진실로 진실로 네게 이르노니 네가 젊어서는 스스로 띠 띠고 원하는 곳으로 다녔거니와 늙어서는 네 팔을 벌리리니 남이 네게 띠 띠우고 원하지 아니하는 곳으로 데려가리라"

베드로의 거짓말과 절망

혹시 신앙생활을 하다가 너무 큰 시험에 들어서 교회를 잠시 떠난 적이 있습니까? 다른 것도 아닌 나 자신에 대한 실망이 너무 커서 하나님을 떠나고 사명의 자리를 떠난 적이 있습니까?

"에라이, 나 같은 것이 무슨 교회를 다닌다고, 나 같은 것이 무슨 주의 일을 한다고……."

베드로가 그런 사람이었습니다. 베드로는 예수님을 세 번이나 부인했던 사람입니다. 처음에는 엉겁결에 예수님을 부인하고 말았습니다. 대제사장 가야바의 궁전에서 잔뜩 쫄아 있는 베드로에게 한 계집종이 다가오더니 이렇게 물어 보지 않겠습니까?

"여보시오, 당신도 예수를 따라 다녔지요? 당신도 저 예수 당원 맞지요?"

그때 베드로는 엉겁결에 오리발을 내밀고 말았습니다.

"난, 아니야. 난 예수라는 사람은 절대 모르는 사람인데 도대체 당신이 무슨 말을 하는지 난 모르겠어."

> 마 26:69-70 베드로가 바깥 뜰에 앉았더니 한 여종이 나아와 이르되 너도 갈릴리 사람 예수와 함께 있었도다 하거늘 베드로가 모든 사람 앞에서 부인하여 이르되 나는 네가 무슨 말을 하는지 알지 못하겠노라 하며

그런데 또 다른 여자가 베드로를 찾아와서 많은 사람들 앞에 이

렇게 말합니다.

"여러분, 이 사람도 저 나사렛 예수와 함께 있었습니다. 그러니 이 사람도 틀림없이 예수 당원일 것입니다."

그러자 베드로가 많은 사람들 앞에서 맹세하여 예수님을 부인해 버리고 맙니다.

"여보시오, 생사람 잡지 마시오. 난 그 사람을 전혀 모르오. 내가 예수를 모른다는데 왜 당신들은 이런 식으로 자꾸 생사람을 잡으려 한단 말이오."

> 마 26:71-72 앞문까지 나아가니 다른 여종이 그를 보고 거기 있는 사람들에게 말하되 이 사람은 나사렛 예수와 함께 있었도다 하매 베드로가 맹세하고 또 부인하여 이르되 나는 그 사람을 알지 못하노라 하더라

이렇게 베드로는 많은 사람들 앞에 예수님을 맹세하여 부인하고 말았습니다. 처음에는 뭣 모르고 엉겁결에 주님을 부인했지만 두 번째는 아주 작심을 하고 예수님을 부인하고 말았습니다. 예수를 전혀 모른다고 수많은 사람들 앞에 거짓말을 한 것입니다.

그런데 이것으로 끝난 것이 아니었습니다. 조금 있다가 베드로의 주변에 있었던 여러 사람들이 베드로를 향하여 이렇게 말합니다.

"맞아, 당신 진짜 저 예수를 따라 다닌 것이 맞다니까. 당신이 지금 갈릴리 사투리를 쓰고 있잖아. 바로 그 말투가 예수 당원이라는 증거가 아니고 무엇이겠어. 왜 예수 당원이 되어 가지고 지금 예수

를 부인하고 있는 거야?"

그러자 베드로는 예수님을 저주하면서까지 부인을 합니다.

> 마 26:73-74 조금 후에 곁에 섰던 사람들이 나아와 베드로에게 이르되 너도 진실로 그 도당이라 네 말소리가 너를 표명한다 하거늘 그가 저주하며 맹세하여 이르되 나는 그 사람을 알지 못하노라

여기서 베드로가 예수님을 저주했다는 말은, 쉽게 말하면 예수님을 욕했다는 말입니다.

"여보시오, 난 진짜 예수를 모른다니까, 그 예수 XX가 뭔데, 그 XX 자식이 뭔데, 왜 나를 그 XX 제자라고 하는 거야! 내가 그 XX의 제자라면 내가 백 번 죽어도 싸."

우리 그리스도인은 절대로 거짓말을 하면 안 됩니다. 요즘 세간에 정직이라는 게 얼마나 중요한가를 실감하고 있지 않습니까? 더구나 그리스도인이 되어서 말입니다. 예수를 모른다고 거짓말을 하고, 자기 신앙을 부인한다는 게 얼마나 불행하고 저주스런 일입니까?

만우절 주지스님(?)

어느 여자 집사님이 길을 가다가 지갑을 주웠습니다. 지갑에 주민등록증이 있는데 완전히 조폭 두목같이 생겼습니다. 지갑 주인이 머리를 빡빡 깎고 험상궂게 생겼습니다. 그래서 덜컥 겁이 나서 당장

파출소에 갖다주었습니다. 가서 보니까, 그 지갑에 천만 원짜리 수표가 20장이나 들어 있었습니다. 그걸 나중에 알고 무척 후회가 되었습니다. 더구나 그 지갑 주인은 조폭이 아니라 큰 절의 주지 스님이었습니다.

그런데 그 여자가 교회를 다닌다는 것을 알고 다행히 스님께서 십일조를 하겠다며 지갑에서 2천만 원을 빼 주었습니다. 얼마나 양심적이고, 믿음이 좋은 스님입니까? 그러자 여집사님이 스님에게 물어보았습니다.

"스님이 되어 가지고 지갑에 무슨 돈을 그렇게 많이 가지고 다니십니까?"

이에 스님이 '어제 어느 한 사람한테 시주받은 돈'이라고 하였습니다. 그 여집사님이 깜짝 놀라 물었습니다. 자기는 평생 교회 다니면서 2천만 원도 헌금해 본 적이 없는데, 어떻게 절에 다니는 사람은 한꺼번에 2억 원을 시주할 수 있느냐고 말입니다. 그런데 그 스님이 어느 절의 주지인 줄 아십니까? 아주 유명한 절입니다. 그 절은 바로 만우절이었습니다. 그래도 이런 거짓말은 괜찮습니다. 그것도 딱 만우절에 한 번은 말입니다.

베드로와 예수님의 눈빛이 마주쳤을 때

주님을 믿고 주님을 사랑한다고 3년이나 따라다녔던 베드로가 어떻게 주님을 모른다고 할 수 있단 말입니까? 그렇게 옥에 갇히고, 심지어는 주님 때문에 죽는 한이 있다 하더라도 끝까지 주님을 따르겠다고 호언장담했던 베드로가 어떻게 주님을 세 번이나 부인한단 말입니까? 베드로가 주님을 세 번째 부인하는 순간, 바로 닭 우는 소리가 들렸습니다. '꼬끼오~' 그때 주님은 베드로를 보고 계셨습니다. 주님은 이 모든 일을 다 보고 지켜보고 계셨던 것입니다.

그걸 어떻게 알았습니까? 베드로가 주님을 보았기 때문입니다. 베드로의 눈빛과 주님의 눈빛이 서로 마주쳤습니다. 주님의 눈빛과 베드로의 눈빛이 마주쳤을 때 베드로는 얼마나 죄송하고 송구하고 쪽팔렸겠습니까? 얼마나 큰 영적인 수치와 부끄러움과 패배감을 느꼈겠습니까? 아니, 영적인 깊은 자괴감을 느꼈을 것입니다.

그는 바깥으로 나가 통곡했습니다. 눈물이 도랑을 이루도록 통곡하며 울고 또 울었습니다.

"예수님! 세상에, 제가 이럴 수가 있단 말입니까? 아니 어떻게 제가 이렇게 무너질 수 있단 말입니까? 다른 사람도 아닌 이 베드로가……주님을 가장 사랑한다고 고백하며, 감옥에 가고 죽을지언정 끝까지 주님을 따르겠다고 호언장담하던 제가 어떻게 주님을 세 번이나 부인할 수 있단 말입니까? 제가 이렇게 무너지다니요……. 그러니 제가 어떻게 주님 앞에 용서를 받을 수 있단 말입니까? 어떻게 제가 일어설 수 있겠습니까? 주님, 저 같은 놈도 다시 주님의 손을 붙잡고 일어날 수 있단 말입니까?"

♪ 예수여 이 죄인도 용서 받을 수 있나요
　벌레만도 못한 내가 용서 받을 수 있나요

베드로는 하염없이 눈물을 흘렸습니다. 얼마나 통곡하며 울었던지 전설에 의하면 그 눈물이 도랑을 이루었다고 하지 않습니까? 그러나 아무리 아무리 울어도 베드로는 용서의 확신이 오지 않았던 것 같습니다. 자기도 자기를 용서할 수 없었습니다. 그러니 어떻게 자기가 주님 앞에 다시 설 수 있겠습니까? 한없는 좌절감과 절망감만 생겼습니다. 스스로 자학하는 마음만 생기고 자기를 저주하고 싶은 마음만 가득했습니다. 이런 좌절감과 자학감은 이미 부활하신 주님을 두 번이나 목격하였음에도 불구하고 마찬가지였습니다.

> 요 21:14 이것은 예수께서 죽은 자 가운데서 살아나신 후에 세 번째로 제자들에게 나타나신 것이라

그는 다시 고기잡이 어부로 돌아가버렸습니다.
"에라이, 나 같은 놈이 무슨 주님의 제자라고……주님을 세 번이나 부인한 놈이, 그것도 주님을 저주하면서까지 부인한 놈이 무슨 주님의 일을 한다고……내가 무슨 예수님의 수제자라고……차라리 갈릴리 바다로 가서 고기잡이 어부나 하고 말지……."

절망에 빠진 베드로를 찾아오신 예수님

모든 배와 그물을 버리고 주님을 좇았던 베드로가 다시 고기잡이 어부로 돌아가버렸습니다. 그만큼 베드로가 절망의 심연 속에 빠져 있었다는 증거가 아니겠습니까? 그런데 바로 이런 베드로에게 부활

하신 주님께서 다시 찾아오셨습니다. 그리고는 다시 불러 주셨습니다. 얼마나 아름다운 사랑 이야기입니까? 우리 주님은 죄인이 돌아오고 찾아오기를 기다리실 뿐만 아니라 상처받고 실망하고 주저앉아 있는 자들에게 다시 찾아오시는 분입니다.

찾아오신 예수님……. 그 말 한마디만 들어도 얼마나 우리 마음에 힘이 되고, 위로가 됩니까? 그런 경험을 해 보셨습니까? 정말 너무 힘들어서 나도 모르게 주님을 원망하고 부인해버렸습니다. 주님이 내게 이럴 수가 있느냐고, 주님은 더 이상 능력이 없고 나를 도와주시지 않는 분이라고, 원망하며 부인한 적이 있습니다.

그러다가 스스로 좌절감과 자학감에 빠져버렸습니다. 그래서 이제는 내 힘으로는 도저히 주님께 나아갈 수가 없습니다. 내 얼굴로는 주님을 찾을 수도 없었습니다. 절망의 나락으로 떨어져 있고 절망의 골짜기에 주저앉아 있는데 어떻게 내 힘으로 주님을 찾아간단 말입니까? 그런데 바로 그때 주님이 찾아오시지 않았습니까? 찾아오셔서, 우리에게 따뜻한 손을 내밀고 그 부드러운 음성으로 우리를 달래 주시고 일으켜 주셨습니다.

부족한 이 종도 그런 경험을 얼마나 많이 했는지 모릅니다. 많은 사람들이 저를 불도저라고 생각하고 강력한 썬파워맨이라고 이야기를 합니다. 그러나 아닙니다. 저는 정말 연약합니다. 제가 너무나 연약해서 넘어지고 쓰러지고 주저앉아 눈물을 흘린 적이 얼마나 많은지 모릅니다. 그러나 그때마다 주님이 찾아오셔서 제 손을 붙잡아 주셨기 때문에 제가 이 자리에 서 있는 것이 아닙니까? 우리도 그 주님을 만나야 합니다. 기다리시는 주님이 아니라 찾아오시는 주님을 만나야 합니다. 그리고 그분의 손을 붙잡고 그분의 따뜻한 음성을 들어야 합니다.

> ♪ 나를 위해 오신 주님 나의 죄를 위하여서
> 유대 병정들에게 잡히시던 그날 밤에
> 아무런 말도 없이 우리에게 사랑을
> 보여주신 주님 예수 십자가를 지셨네
> 그러나 언젠가 주님을 부인하며 원망하고 있을 때에
> 나에게 오셔서 사랑의 손길로 어루만지셨네
> 거절할 수 없어 외면할 수 없어 주님의 그 손을 잡았었네
> 주님의 사랑에 뜨거운 눈물을 흘리고야 말았다네

갈릴리 새벽, 모닥불가의 사랑

바로 그 주님께서 베드로를 찾아오셨습니다. 그리고 다시 불러서 그를 수사도로 세워 주셨습니다. 때는 갈릴리 새벽입니다. 부활하신 예수님이 새벽에 갈릴리로 가서 나무를 모아 모닥불을 피우신 후 그 모닥불 위에 빵과 고기를 굽고 계셨습니다. 그날 아침, 안개가 꽉 끼어 있는 갈릴리 호수의 모습은 참으로 아름답기 그지없었습니다. 그런데 저 호수 멀찍이 베드로와 요한의 고깃배가 있었습니다. 그 고깃배를 향해 부활하신 주님이 큰 소리로 외치셨습니다.
"여보시오, 고기를 많이 잡았소?"
아마 그들은 예수님을 고기나 사러 온 사람인 줄 알았던 것 같습

니다. 그래서 제자들은 이렇게 대답을 했습니다.

"아직 한 마리도 못 잡았소."

"그러면 그물을 배 오른편에 던져 보시오."

제자들이 무심코 오른쪽으로 그물을 던졌을 때 고기가 어마어마하게 잡혔습니다. 세상에, 한 번 던져서 153마리나 잡았습니다. 제가 성지순례를 가서 갈릴리 선상예배를 드리고 난 후 그물을 한 번 던져 보았는데 조그마한 물고기 한 마리밖에 안 잡혔습니다. 그런데 한 번 던져서 153마리가 잡혔습니다. 바로 그때 요한은 직감적으로 그분이 주님이라는 것을 알았습니다. 그래서 소리를 쳤습니다.

"아, 예수님이 오셨나봐! 부활하신 예수님이 우리를 찾아오셨어."

이 소리를 듣자 베드로는 겉옷을 두른 채 물에 첨벙 뛰어들어 헤엄을 치며 예수님께 왔습니다. 다른 제자들은 무거운 그물을 들어 올리느라 진땀을 흘리는데 베드로는 겉옷을 두른 채 헤엄쳐 예수님께 갔다는 말입니다.

> 요 21:7 예수께서 사랑하시는 그 제자가 베드로에게 이르되 주님이시라 하니 시몬 베드로가 벗고 있다가 주님이라 하는 말을 듣고 겉옷을 두른 후에 바다로 뛰어내리더라

여기서 우리는 베드로의 숨은 마음을 짐작할 수 있습니다. 베드로가 마음속으로 얼마나 주님을 사모하고 있었는가 하고 말입니다. 겉으로는 나 같은 놈이 무슨 주의 일을 하느냐고 주님을 떠난 척하였지만 마음속으로는 얼마나 애타게 주님을 기다리고 사모하고 있었는가

갈릴리 첫사랑, 붉은 모닥불이여

를 보여주고 있지 않습니까? 그래서 지금 베드로와 예수님이 단 둘이 있습니다. 예수님께서 미리 숯불을 피워서 그 위에 떡과 물고기를 올려놓고 기다리고 계셨습니다. 베드로로 하여금 그것을 보며 지난날의 잘못을 회상하도록 하기 위해서였습니다. 그때 무슨 대화를 나누었을까요? 가벼운 인사만 하고 나서 어쩌면 예수님께서 침묵의 시간을 주셨을 것입니다. 생각할 기회를 주기 위해서 말입니다.

예수님의 눈빛이 들려 준 이야기

그때 베드로는 적어도 예수님의 그 인자한 사랑의 눈빛을 다시 한 번 느꼈을 것입니다. 예수님의 사랑의 눈빛 하면 베드로에게 어떤 것이 생각났을까요? 가야바 궁정에서의 예수님의 눈빛이 생각 났을 것입니다. 베드로가 세 번째 주님을 부인하였을 때 닭 우는 소리가 들렸고, 그때 주님께서 베드로를 보고 계시지 않았습니까?

> **눅 22:61** 주께서 돌이켜 베드로를 보시니 베드로가 주의 말씀 곧 오늘 닭 울기 전에 네가 세 번 나를 부인하리라 하심이 생각나서

주님께서는 베드로가 세 번이나 자신을 부인하였던 일을 다 지켜보고 계셨던 것입니다. 그리고 베드로도 자기를 지켜보시던 주님을 보았습니다. 그렇게 해서 베드로와 주님의 눈빛이 서로 마주쳤습니다. 그때 주님의 눈빛은 어땠을까요?
"베드로야, 사람은 그럴 수 있느니라. 사람이니까 그런 거야. 그래

서 내가 말했잖아, 네가 나를 세 번이나 부인할 수도 있다고. 그러나 베드로야, 난 널 버리지 않아. 네가 나를 세 번이나 부인해도 난 널 똑같이 사랑할 거야."

바로 그 주님의 눈빛과 마주쳤을 때, 베드로는 얼마나 죄송하고 송구하였겠습니까? 얼마나 큰 수치와 부끄러움과 깊은 자괴감을 느꼈겠습니까? 그래서 눈물이 도랑을 이루도록 통곡하며 울고 또 울었던 것입니다. 지금 베드로는 그 주님의 눈빛을 바라보며 울고 있는 것입니다.

얼마간의 시간이 흘렀습니다. 드디어 제자들이 왔습니다. 예수님은 제자들에게 조반을 베풀었습니다. 숯불에 빵과 물고기가 구워지고 있습니다. 식사 시간인데도 아마 아무 말이 없었을지도 모릅니다. 이때 베드로는 그 숯불을 보면서 무슨 생각이 났을까요? 아마도 가야바 궁전에서 모닥불을 쬐며 예수님을 부인했던 일이 생각 났을 것입니다(눅 22:54-57). 얼마나 기가 막힌 순간이었겠습니까?

또 숯불 위에 구워지는 빵을 바라보며 무슨 생각을 했을까요? 유월절 전날 떡을 떼어 주시던 밤에 주님께서 베드로에게 말씀하시지 않았습니까? 네가 나를 세 번이나 부인할 것이라고 말입니다. 그때 주님 앞에서 장담하고 또 장담던 일들이 생각났을 것입니다(마 26:26-27, 34-35). 또 물고기를 바라보면서 베드로는 어떤 생각이 들었을까요? 누가복음 5장의 사건이 생각났을 것입니다(눅 5:6-7). 주님께서 베드로를 처음 부르셨을 때, 그때에도 주님 말씀에 순종함으로써 그물이 찢어지는 축복을 받았지 않습니까? 아마 그때의 사건이 기억 났을 것입니다.

그러므로 베드로 앞에 있는 모닥불은 그냥 숯불이 아닙니다. 베드로 앞에 구워지고 있는 물고기와 빵은 그냥 물고기가 아니고 그냥 빵이 아니란 말입니다. 그러니 그 모닥불을 바라보며 베드로가 어찌 울지 않았겠습니까? 어찌 눈물이 흘러내리지 않았겠습니까? '아, 내가 이런 예수님을 세 번이나 부인하다니……아 내가 이런 예수님을 저주하면서까지 부인하였다니…….' 아마도 그는 밥을 먹는 둥 마는 둥 하며, 닭똥 같은 눈물이 주르륵주르륵 흘러내렸을 것입니다.

"요한의 아들 시몬아, 네가 나를 사랑하느냐?"

이런 베드로에게 주님이 물어 보셨습니다. "요한의 아들 시몬아, 네가 이 사람들보다 나를 더 사랑하느냐"고 말입니다. 예수님은 끝까지 베드로에게 책망하지 않고 사랑의 질문을 하셨습니다. 지금 이 질문은 베드로에게 회개를 촉구하는 질문이 아닙니다. 사랑을 확인하고 사랑을 촉구하는 대화입니다. 베드로가 지난 날 주님을 세 번이나 부인했던 것은 주님을 향한 사랑이 부족했다는 의미였습니다. 베드로가 정말로 주님을 사랑했더라면 주님을 그렇게 세 번이나 부인하지 않았을 것이란 말입니다. 그래서 예수님은 베드로에게 사랑을 확인하는 말씀을 하고 계신 것입니다.

> **요 21:15(상)** 그들이 조반 먹은 후에 예수께서 시몬 베드로에게 이르시되 요한의 아들 시몬아 네가 이 사람들보다 나를 더 사랑하느냐

우리말 성경으로는 구별이 안 되지만, 헬라어 원어로 보면 주님께서 베드로에게 아가페 사랑을 하느냐고 물어 보셨습니다.

"아가파스메 플레이온 투 톤?"

헬라어에서 아가페의 사랑은 일방적이고 무조건적인 희생적 사랑을 의미합니다. 그래서 영어 성경에서도 '아가파오'를 'truly love'라고 번역했습니다.

주님의 질문은 이런 말입니다.

"베드로야, 네가 지금도 이 사람들보다 나를 더 사랑하느냐? 넌 나를 끝까지 사랑한다고 했잖아. 비록 나 때문에 옥에 갇히고 죽는 일이 있다 하더라도 나를 끝까지 따르겠다고 했잖아. 날 위하여 목숨까지도 바칠 수 있다고 했잖아. 그런데 지금도 날 그런 아가페의 사랑으로 사랑하고 있느냐?"

그러자 베드로가 대답합니다.

요 21:15(하) 이르되 주님 그러하나이다 내가 주님을 사랑하는 줄 주님께서 아시나이다

이 말씀이 헬라어로는 이렇게 기록되어 있습니다.

"나이, 큐리에 수 오이다스 호티 필로세"

"예, 주님, 저는 주님께 아가페의 사랑이 아니라 필레오 사랑밖에 못합니다."

여기서 말하는 필레오의 사랑은 인간적인 친밀감의 사랑을 말합니다. 물론 학자들에 따라서 필레오와 아가페는 구별하지 않기도 합

갈릴리 첫사랑, 붉은 모닥불이여

니다마는 전통적인 견해는 구별을 합니다. 저는 전통적인 해석을 따릅니다.

성경 다른 곳을 보면 성부 하나님께서 성자를 사랑하신다는 표현을 필레오로 사용한 곳이 있습니다(요 5:20). 그러나 거기선 성부 하나님께서 성자 예수님과 동등한 인격으로 그와는 떼려야 뗄 수 없는 자애롭고 친밀한 사랑을 하신다는 것을 설명하기 위한 것입니다. 그러니까 베드로의 대답은 이런 말입니다.

"주님, 제가 옛날에는, 주님을 가장 사랑하는 줄 알았습니다. 옥에 갇힐지언정, 죽을지언정, 주님께 아가페적 사랑을 끝까지 할 줄 알았습니다. 그러나 주님을 세 번이나 부인하고 보니 그렇지 못하다는 사실을 깨달았습니다. 저는 그저 주님께 필레오 사랑밖에 못한다는 사실을 깨달았습니다. 그걸 주님께서도 잘 알고 계시지 않습니까?"

주님께서 두 번째도 똑같은 질문을 하셨습니다. 그러자 베드로가 똑같이 대답을 했습니다. 글자 하나 틀리지 않는 질문과 대답을 합니다. 그러자 주님께서 세 번째는 완전히 반대로 물어 보셨습니다.

> 요 21:17 세 번째 이르시되 요한의 아들 시몬아 네가 나를 사랑하느냐

우리말 성경에는 구분이 안 되어 있지만, 헬라어 원문을 보면 확연하게 구분되어 있습니다.

"시몬, 필레이스메?"

영어 성경에는 truly love가 아니라 그냥 love라고 했습니다. 무슨

말입니까?

"그러면 베드로야, 네가 정말로 나를 인간적으로밖에 사랑할 수 없단 말이냐. 네가 정말 나에게 아가페 사랑을 못 하고 필레오 사랑밖에 못 한단 말이냐?"

그러자 베드로가 근심하면서 이렇게 대답합니다.

> 요 21:17 베드로가 근심하여 이르되 주님 모든 것을 아시오매 내가 주님을 사랑하는 줄을 주님께서 아시나이다 예수께서 이르시되 내 양을 먹이라

이 말씀이 헬라어에서는 이렇게 표현되어 있습니다.

"큐리에, 수 판타 오이다스, 수 기노스케이스 호티 필로세."

"모든 것을 아시는 주님께서는 내가 인간적인 사랑밖에 못한다는 사실도 다 알고 계십니다."

베드로는 이처럼 죽었다 깨도 감히 예수님께 아가페 사랑을 고백하지 못했습니다. 그는 이런 고백을 한 것입니다.

"주님, 당신은 모든 것을 아십니다. 특별히 개인적으로는 저 자신의 모든 것도 알고 계십니다. 저의 앉고 서는 것, 단점과 약점, 그리고 제 마음 속의 깊은 은밀한 소원까지 다 알고 계십니다. 이미 주님께서는 제가 얼마나 실망한 마음으로 갈릴리 호수에 와서 고기를 잡고 있는지도 다 알고 계셨고, 제가 지금 무엇을 원하는지도 알고 계십니다. 그런 주님께서 제가 세 번이나 주님을 부인했던 일을 통해서 필레오 사랑밖에 못 한다고 고백할 수밖에 없는 것도 주님은 더

잘 알고 계십니다. 그런데 왜 자꾸 저를 이처럼 비참하게 물어 보십니까? 저의 모든 것을 다 알고 계시면서 말입니다."

"아가페 사랑을 부어 주소서."

지금 베드로는 겉으로는 이렇게 대답하고 있지만 마음으로는 엉엉 울면서 주님께 통사정하고 싶은 이야기가 있습니다. 말로는 도저히 표현할 수 없지만 주님께 애원하면서 하고 싶은, 깊은 내면의 고백이 있습니다. 베드로가 겉옷을 두르고 헤엄쳐서 왔던 행동을 보더라도 베드로의 마음속에 있는 고백과 절규를 능히 짐작할 수 있는 일입니다.

"주님, 주님께서는 제가 주님을 세 번이나 부인할 것도 미리 아셨습니다. 제가 너무나 큰 상처와 좌절감을 가지고 바닷가에 와 있는 것도 알고 계셨습니다. 아니, 저의 힘으로는 어쩔 수 없이 필레오 사랑밖에 할 수 없다는 사실을 누구보다 잘 아셨습니다. 저도 주님께 아가페 사랑을 고백하고 싶습니다. 그러나 염치가 없어서 그럴 수가 없습니다. 그런 저에게 주님께서 다시 한 번 은혜를 주시면 제가 진정으로 주님을 사랑할 수 있을 것입니다. 제 힘으로는 아무것도 못하고 저 혼자서는 언제나 필레오 사랑밖에 못하지만, 지금 제 마음의 깊은 소원을 너무나 잘 아시는 주님께서 다시 한 번만 붙잡아 주시고 당신의 사랑과 은혜를 부어 주신다면 이제 주님의 그 사랑으로 아가페 사랑을 할 수 있을 것입니다. 저인들 주님을 사랑하고 싶지 않겠습니까? 그러나 제 힘으로는 안 됩니다. 저의 사랑으로는 안 됩니다. 주님의 아가페적 사랑이 부어질 때만 당신을 사랑할 수 있습니다. 그러니 주님, 저에게 다시 한 번 은혜를 주십시오. 다시 한 번만 붙잡아 주십시오. 다시 한 번만 당신의 그 넘치는 사랑을 저에게 부어 주십시오. 그래서 이제는 내 사랑이 아닌 주님의 사랑으로, 내 신념과 의지가 아닌 주님의 그 넘치는 사랑과 은혜의 힘으로 당신을 진정으로 사랑하게 도와 주시옵소서."

얼마나 간절한 애원이요 처절한 간구입니까? 바로 그런 베드로에게 주님은 먼저 수사도의 권위와 영광을 회복시켜 주셨습니다. 그리고 양을 치고 먹이는 사명뿐만 아니라 주님을 위해 순교까지 할 수 있는 영광의 사명을 허락해 주셨습니다.

주님께서 그처럼 처절하고 쓰라린 실패를 경험한 베드로를 어떻게 쓰신 줄 아십니까? 한 번만 설교를 해도 3천 명, 5천 명이 회개하는 역사를 이루게 하셨습니다. 그리고 주님의 교회를 세우는 반석으로 쓰임 받게 해주셨습니다. 베드로는 주님의 사랑으로 인하여 주님 앞에 최고의 베드로가 될 수 있었습니다. 그분의 사랑으로 인하여 주님 보시기에 최고의 모습을 드릴 수 있었습니다.

실패한 자를 쓰시는 하나님

하나님은 어떤 자를 쓰신 줄 아십니까? 실패한 자를 쓰십니다. 자기를 향해 절망하고 좌절해 본 자를 쓰신단 말입니다. 하나님은 어떤 경우에도 자기가 잘나고 똑똑하다고 으스대고 까부는 사람을 절대로 쓰시지 않습니다. 오히려 실패한 자 그리고 좌절해 본 자를 쓰신단 말입니다.

그러나 딱 한 가지 과정을 거치십니다. 그것은 주님께서 우리에게 한 가지 질문을 하시는 겁니다. "네가 얼마나 나를 사랑하느냐." 주님은 우리에게 얼마나 충성할 것인가를 물어 보시지 않습니다. 우리에게 얼마나 헌신하고 희생할 것인가를 물어 보시지 않습니다. 단 하나, 사랑을 물어 보고 사랑을 확인하십니다. '너는 얼마나 나를 사랑하느냐'고 말입니다. 왜냐하면 그 사랑 속에 모든 것이 다 들어 있기 때문입니다. 사랑하면 충성할 수 있고, 사랑하면 헌신할 수 있고, 사랑하면 순종하고 희생할 수 있기 때문입니다. 이처럼 예수님은 실패하고 좌절했던 베드로를 외면치 않고 다시 사랑으로 품어서 위대한 사도로 쓰셨습니다.

중국의 대표적인 병법서 중 《손자병법》과 《오자병법》이 있습니다. 그 병법서들의 대부분은 부국강병의 꿈 때문에 생겨난 것입니다. 그런데 오기가 쓴 《오자병법》은 오늘날까지 대중적으로 사용되어 오지 않았습니다. 왜냐하면 그 병법서에는 사랑의 정신이 없을 뿐만 아니라 군사들을 인격적으로 대우하지 않으며 이용하고 쓰고 버리는 면이 있기 때문입니다.

그러나 손무가 쓴 《손자병법》은 다릅니다. 《손자병법》에는 군사를 인격적으로 대우할 뿐만 아니라 사랑의 정신이 담겨 있습니다. 그래서 지금까지도 중국뿐만 아니라 일본과 미국, 또한 유럽의 경영자들에게까지 경영 지침서가 되고 있습니다.

그러나 《손자병법》을 똑같이 사용했는데도 어떤 사람은 성공을 하고 또 어떤 사람은 실패합니다. 왜냐하면 한 사람은 이기적인 목적으로 썼고 또 한 사람은 사랑의 정신으로 행했기 때문입니다. 사랑은 결코 이기적인 야망일 수도 없고 그렇게 되어서도 안 됩니다. 그런 타락한 야망과 이기적인 욕망 때문에 지금 한국 교회는 몸살을 앓고 있지 않습니까? 우리는 다시 사랑을 회복해야 합니다. 실패한 자를 찾아 다시 들어 쓰시는 예수님의 사랑을 가슴에 간직해야 합니다.

오늘 우리에게 찾아오신 예수님이 정말 나를 사랑하느냐고 물어보신다면 뭐라고 대답하겠습니까? 그럴 때 오히려 주님의 사랑을 구해야 합니다. 내가 주님을 사랑한다고 말하기 전에 오히려 주님의 넘치는 사랑을 구해야 합니다. 그 사랑이 있어야 내가 진정으로 주님을 사랑하고 끝까지 사랑하겠다고 고백할 수 있습니다.

"주님, 나에게도 당신의 사랑을 부어 주십시오. 아가페의 그 무한한 사랑의 능력을 덧입혀 주십시오. 그럴 때 내가 주님을 사랑할 수 있습니다. 그럴 때 나도 목숨까지 드릴 수 있습니다. 최고의 사랑, 최고의 헌신, 최고의 희생을 드릴 수 있습니다. 주님의 그 사랑으로 비로소 최고의 나를 이룰 수 있단 말입니다."

♪ 갈릴리 호숫가에서 주님은 시몬에게 물으셨네
   사랑하는 시몬아 넌 날 사랑하느냐
   오 주님 당신만이 아십니다
   사랑하는 ○○야, 넌 날 사랑하느냐
   오 주님 당신 사랑 부으소서

남을 의식하지 말고
나의 나 됨을 이루라

요한복음 21장 20-23절

"베드로가 돌이켜 예수께서 사랑하시는 그 제자가 따르는 것을 보니 그는 만찬석에서 예수의 품에 의지하여 주님 주님을 파는 자가 누구오니이까 묻던 자더라 이에 베드로가 그를 보고 예수께 여짜오되 주님 이 사람은 어떻게 되겠사옵나이까 예수께서 이르시되 내가 올 때까지 그를 머물게 하고자 할지라도 네게 무슨 상관이냐 너는 나를 따르라 하시더라 이 말씀이 형제들에게 나가서 그 제자는 죽지 아니하겠다 하였으나 예수의 말씀은 그가 죽지 않겠다 하신 것이 아니라 내가 올 때까지 그를 머물게 하고자 할지라도 네게 무슨 상관이냐 하신 것이러라"

필레오를 넘어서 아가페로

주님은 베드로에게 아가페 사랑을 하느냐고 두 번이나 연속해서 물어 보셨습니다. 그때 베드로는 주님께 필레오 사랑밖에 못한다고 대답했습니다. 그러자 주님은 베드로에게 "그렇다면 네가 정말로 나를 필레오 사랑밖에 못하느냐"고 물어 보셨습니다. 물론 베드로도 아가페 사랑을 한다고 고백하고 싶었을 것입니다. 또 정말 그러기를 아주 간절하게 원했을 것입니다. 그러나 베드로는 너무나 염치가 없어서 그렇게 고백하지 못했습니다. 그래서 "주님, 제가 필레오 사랑을 하는 것뿐만 아니라 모든 것을 아십니다"라고 고백했습니다. 그 모든 것을 아신다는 것 중에는 베드로가 말로 할 수는 없지만 마음 깊은 곳에 있는 자신의 소원과 바람까지 포함하고 있었습니다.

그러나 그렇게 할 수 없는 마음까지 주님이 알고 계실 것이라고 고백했습니다. 이제는 내 힘, 내 사랑의 능력으로는 안 되지만 주님께서 내게 다시 한 번 아가페적인 은혜를 주시고 사랑을 주시면 나도 그렇게 주님을 사랑할 수 있다고 베드로가 마음속으로 부르짖고 절규했던 것입니다. 다시 말하면 베드로는 마음 깊은 곳에서 주님께 다시 한 번만 기회를 달라고 절규하고 있는 것입니다. 다시 한 번만 주님의 그 넘치는 사랑을 부어 달라는 것입니다. 이제는 자신의 사랑이 아닌 주님의 사랑으로, 자신의 신념과 의지가 아닌 주님의 그 넘치는 사랑과 은혜의 힘으로 주님을 진정으로 사랑할 수 있게, 한 번만 더 자신을 붙잡아 달라고 아뢰고 또 아뢰고 있었습니다. 이 얼마나 간절한 애원이요, 처절한 간구입니까?

물론 요즘 학자들 간에 아가페와 필레오의 구분을 잘 안 하는 학자들도 있습니다. 성경에서 아가페와 필레오가 동일하게 혼용이 되었다고 주장하기도 합니다. 그러나 전통적으로는 아가페와 필레오를 구별합니다. 더구나 이 본문은 단어적으로만 볼 것이 아니라 수사학적인 차원에서 보아야 합니다. 내러티브적이고 수사학적인 관점에서 이 본문을 보면 당연히 구분될 수밖에 없고 구분이 되어야 합니다. 그렇게 구분하여 주님과 베드로의 대화를 보면 주님의 마음이 보이고 베드로의 마음이 보입니다. 문학에서는 상징이 있고 암시적 표현이 많이 있지 않습니까? 수사학적인 면으로 보면 그런 상징적이고 암시적인 흐름이 훤히 보입니다.

수위권 교회의 바위를 적신 눈물의 찬송

지금도 이스라엘에 가면 갈릴리 호수 옆에 베드로의 수위권 교회가 있습니다. 교회 안을 보면 강단 있는 쪽에 큰 바위가 하나 있습니다. 그 바위에서 부활하신 주님이 서서 베드로에게 "네가 나를 사랑하느냐"고 세 번 물어 보셨다는 것입니다. 그때 주님께서 아가페의 사랑을 두 번 물어 보니까 베드로가 필레오 사랑을 할 수밖에 없다고 대답했다는 것입니다. 특별히 마지막에는 베드로가 그 주님의 발을 붙잡고 엎드려서 그렇게 고백을 했다는 것입니다.

저는 베드로의 수위권 교회를 방문할 때마다 항상 교인들에게 그 상황을 설명하면서 주님의 사랑의 메시지를 전합니다. 그러면서 함께 찬송을 부릅니다.

♪ 내 구주 예수를 더욱 사랑 엎드려 비는 말 들으소서
　내 진정 소원이 내 구주 예수를 더욱 사랑 더욱 사랑

　이전엔 세상 낙 기뻤어도 지금 내 기쁨은 오직 예수
　다만 내 비는 말 내 구주 예수를 더욱 사랑 더욱 사랑

그러고 나서 조용히 묵상하면서 기도를 하게 합니다. 우리 교인들은 하도 열성 신자라 통성으로 기도를 해버렸습니다. 그러자 관리하는 성직자가 가톨릭 신부인데 조용히 하라고 소리를 질러서 쫓겨났습니다. 그래도 얼마나 감사하던지 우리는 눈물을 흘리며 나왔습니다. 그러면서 마음속으로 뭐라 한지 아십니까?

"에라이 바보 신부야, 우리가 왜 이렇게 와서 눈물 흘리며 기도하는 줄 알아? 무엇 때문에 눈물을 흘리며 찬양하고 우리의 사랑을 고백하는 줄 알아? 주님을 더 사랑하고 싶기 때문이야. 우리의 사랑을 더 주님께 간절히 고백하고 싶은 마음 하나 때문이야, 이 뚱뚱한 신부야."

우리가 그렇게 쫓겨나는 모습을 천국에서 베드로가 보았다면, 그 뚱뚱한 신부를 향하여 가슴을 치며 통곡했을 것입니다. 예수님은 더 그러셨을 것입니다. 어쨌든 주님께 진정으로 사랑하기를 원하는 마음을 표현했던 베드로에게 주님은 어린 양들을 먹이고 키우는 목양의 사명을 부여해 주셨습니다. 목양이 무엇입니까? 주님의 양들을 먹이고 키우는 사명이 아닙니까? 그리고 이 사명이야말로 주님을 사랑하지 않고는 할 수 없다는 사실을 교훈해 주고 있습니다. 그래서

베드로는 사역의 현장으로 떠날 때마다 깨달음을 얻고 이런 고백을 했을 것입니다.

"아, 나는 주님만 사랑하면 된다. 주님만 사랑하면 나는 무엇이든지 할 수 있다. 주님만 사랑하면 전도도 잘하고 설교도 잘하고 목양의 모든 일들을 잘 해낼 수 있을 것이다. 그러므로 나는 주님만을 사랑하리라, 주님만을 사랑하며 살리라."

사명보다 중요한 주님 사랑

오늘 우리도 어떤 사명을 감당하든지 간에 사명 자체보다 중요한 것이 주님을 사랑하는 것입니다. 사명보다 우선적인 것이 먼저 주님을 사랑하는 것입니다. 그러므로 우리는 먼저 주님을 사랑해야 합니다. 이전보다 더 주님을 사랑하고, 남보다 더 주님을 사랑해야 합니다.

그런데 주님은 베드로에게 목양의 사명만 주신 것이 아닙니다. 주님을 위해서 순교할 영광과 특권도 허락해 주셨습니다.

> **요 21:18-19** 내가 진실로 진실로 네게 이르노니 네가 젊어서는 스스로 띠 띠고 원하는 곳으로 다녔거니와 늙어서는 네 팔을 벌리리니 남이 네게 띠 띠우고 원하지 아니하는 곳으로 데려가리라 이 말씀을 하심은 베드로가 어떠한 죽음으로 하나님께 영광을 돌릴 것을 가리키심이러라 이 말씀을 하시고 베드로에게 이르시되 나를 따르라 하시니

베드로가 젊었을 때는 마음대로 다니며 능력껏 복음을 전하고 다닐 것이지만 노년에는 원치 않는 곳으로 끌려가 순교할 것을 말씀하고 있지 않습니까? 그리고 그 순교야말로 베드로에게 있어서 최고의 영광과 특권임을 말씀해 주고 있지 않습니까? 사실 우리 그리스도인에게 있어서 주님을 위한 순교보다 더 영광스러운 일이 어디 있겠습니까? 순수하게 믿음으로만 생각한다면 순교보다 영광스러운 일이 어디에 있단 말입니까? 아무나 할 수가 없는 일인 것은 분명하지만, 이 땅의 성도들에게 주님을 위해 죽는 것보다 영광스러운 일은 그 어떤 것도 없습니다.

그런데 베드로는 그런 영광을 차지하게 된 것입니다. 그러니 얼마나 복을 받은 사람입니까? 주님께서 이러한 목양의 축복과 영광스러운 순교의 사명을 말씀하시고 나서 베드로에게 '나를 따르라'고 말씀하셨습니다. 그런데 베드로 뒤에 요한도 따라오는 것이 아닙니까? 그래서 베드로가 주님께 물어 보았습니다.

"예수님, 요한 저 친구는 따라오라고 하지도 않았는데 따라오네요. 제가 주님께 순교로 영광을 돌린다면 저 요한은 어떻게 되겠습니까? 요한도 저와 함께 순교를 합니까, 안 합니까?"

> **요 21:20-21** 베드로가 돌이켜 예수께서 사랑하시는 그 제자가 따르는 것을 보니 그는 만찬석에서 예수의 품에 의지하여 주님 주님을 파는 자가 누구오니이까 묻던 자더라 이에 베드로가 그를 보고 예수께 여짜오되 주님 이 사람은 어떻게 되겠사옵나이까

이런 걸로 보아 베드로는 3년 동안 예수님을 따라다니면서 요한을 경쟁자로 삼았던 것 같습니다. 그를 경쟁자로 생각했기 때문에 부활하신 예수님을 따라가면서부터 비교하고 있습니다. 그러자 예수님께서 매우 중요한 말씀을 하십니다.

"베드로야, 너는 요한을 의식하지 말고 네 사명이나 잘 감당하면 좋겠어. 내가 다시 올 때까지 요한을 이 땅에 머물게 한다 할지라도 너하고 무슨 상관이냐. 제발 요한은 상관 말고 너나 나를 잘 따르고 네 사명이나 잘 감당하거라."

> 요 21:22-23 예수께서 이르시되 내가 올 때까지 그를 머물게 하고자 할지라도 네게 무슨 상관이냐 너는 나를 따르라 하시더라 이 말씀이 형제들에게 나가서 그 제자는 죽지 아니하겠다 하였으나 예수의 말씀은 그가 죽지 않겠다 하신 것이 아니라 내가 올 때까지 그를 머물게 하고자 할지라도 네게 무슨 상관이냐 하신 것이러라

베드로는 요한을 경쟁자로 삼았기 때문에 요한을 볼 때마다 한없는 경쟁의식과 비교의식이 있었습니다. 어쩌면 이 비교의식은 베드로에게 또 다른 열등의식을 가져다 주었는지도 모릅니다. 그래서 요한을 이렇게 의식하고 자기와 비교하고 있는 것입니다.

요한과의 비교의식에 빠졌던 베드로

사실 베드로는 그럴 수밖에 없었을 것입니다. 저 같아도 요한과 비교를 할 수밖에 없었겠습니다. 베드로와 요한의 성격이 매우 비슷했습니다. 베드로도 성질이 급하고 다혈질이었지만 요한도 마찬가지였습니다. 요한의 별명이 뭔 줄 아십니까? 보아너게, 즉 우레의 아들이었습니다. 천둥의 아들이요, 벼락의 아들이라는 말입니다.

> 막 3:17 또 세베대의 아들 야고보와 야고보의 형제 요한이니 이 둘에게는 보아너게 곧 우레의 아들이란 이름을 더하셨으며

그러므로 우리 말로 말하면 요한의 성질은 뚜껑 한번 열렸다고 하면 잡히는 대로 박살을 내고 던져버립니다. 부부싸움을 하다가 밥상을 차버릴 사람입니다. 그래서 이런 일도 있었습니다. 예수님이 사마리아를 지나가는 길에 어느 한 동네에서 유숙하려고 했습니다. 그런데 그 사마리아 사람들이 예수님을 유다 사람이라고 받아주지 않았습니다. 당시는 사마리아와 유다는 아주 상종도 안 하는 원수 관계였습니다. 그러자 요한이 성질을 버럭 내면서 이렇게 말했습니다.

"주님, 저놈들 아주 벼락 맞아 죽을 놈들입니다. 그러니 우리가 하늘에서 벼락을 내려서 번갯불로 태워 죽여버릴까요?"

> 눅 9:53-54 예수께서 예루살렘을 향하여 가시기 때문에 그들이

받아들이지 아니하는지라 제자 야고보와 요한이 이를 보고 이르
되 주여 우리가 불을 명하여 하늘로부터 내려 저들을 멸하라 하
기를 원하시나이까

요한도 얼마나 성질이 더러웠습니까? 그런데도 이런 요한이 예수님께 얼마나 사랑받았는지 모릅니다. 언제나 요한은 예수님 우편에 앉아 있었고 끄덕하면 주님의 품에 기대어 앉아 있었습니다. 예수님도 요한을 품에 안을 정도로 사랑했습니다. 하지만 누가 봐도 주님을 가장 사랑하는 사람은 베드로였습니다. 누구보다도 주님을 열정적으로 사랑하고 주님을 위한 의협심과 의분도 가장 컸습니다. 또한 베드로는 누구보다도 주님을 주도적으로 사랑했고 앞장서서 사랑한 것이 분명합니다.

그런데 주님에게 항상 더 가까이 있고 주님의 사랑을 받은 자는 요한이었습니다. 그러니 베드로가 은근히 질투심이 발동하지 않았겠습니까? 비교의식이 안 생기려야 안 생길 수가 없었습니다. 경쟁하는 마음이 안 생기려야 안 생길 수가 없었습니다.

최후의 만찬 때에 베드로가 앉았던 자리

특별히 유월절 만찬 때 요한은 어디에 앉았고 베드로는 어디에 앉았는지 아십니까? 레오나르도 다빈치의 '최후의 만찬'을 보면 얼른 알 수 있다고 판단할지도 모르겠습니다. 그러나 당시 예수님 시대에는 로마의 식탁 문화가 예루살렘까지 들어와서 ㄷ자 모양의 식탁을

사용했습니다. 그것은 신분과 서열에 따라 자리가 배열된 식탁이었습니다. 그래서 예수님도 잔치에 청함을 받았을 때 먼저 높은 자리에 앉지 말라고 하지 않았습니까? 자기보다 더 높은 사람이 청함을 받으면 나중에 말단 자리로 쫓겨날 수 있기 때문이라고 했습니다.

> **눅 14:8-10** 네가 누구에게나 혼인 잔치에 청함을 받았을 때에 높은 자리에 앉지 말라 그렇지 않으면 너보다 더 높은 사람이 청함을 받은 경우에 너와 그를 청한 자가 와서 너더러 이 사람에게 자리를 내주라 하리니 그때에 네가 부끄러워 끝자리로 가게 되리라 청함을 받았을 때에 차라리 가서 끝자리에 앉으라 그러면 너를 청한 자가 와서 너더러 벗이여 올라 앉으라 하리니 그 때에야 함께 앉은 모든 사람 앞에서 영광이 있으리라

이때에도 제자들은 누가 그 식탁에서 상석에 앉을 것인가가 초미의 관심사였고 그 일로 인하여 제자들 가운데 실랑이가 벌어졌습니다.

> **눅 22:24** 또 그들 사이에 그 중 누가 크냐 하는 다툼이 난지라

ㄷ자 모양의 식탁의 상석은 왼쪽 날개 부분이었다고 합니다. 일반적으로 세 명이 거기에 앉았다고 합니다. 그리고 세 명 중에 잔치의 주빈이 앉고 좌우에 주빈의 오른팔과 왼팔이 앉게 됩니다. 그러니 예수님이 왼쪽 날개의 중앙에 주빈으로 앉으셨을 것이 아니겠습니까?

그러자 그 좌우에 누가 앉을 것인가가 제자들에게는 민감한 쟁점이 아닐 수 없었을 것입니다. 그 두 자리는 베드로와 요한과 야고보가 틀림없이 차지할 게 뻔한 일이었습니다. 당시의 풍습을 통해서 본다면 분명히 요한이 예수님의 오른쪽에 앉아서 왼쪽으로 기대어 예수님의 품에 안겼을 것입니다.

요 13:23 예수의 제자 중 하나 곧 그가 사랑하시는 자가 예수의 품에 의지하여 누웠는지라

요 21:20 베드로가 돌이켜 예수께서 사랑하시는 그 제자가 따르는 것을 보니 그는 만찬석에서 예수의 품에 의지하여 주님 주님을 파는 자가 누구오니이까 묻던 자더라

그러면 예수님의 왼편에는 누가 앉았을까요? 그것은 보나마나 가룟 유다였습니다. 예수님은 유월절 전날 바로 옆에 있는 가룟 유다에게 떡을 한 조각 적셔서 주시지 않았습니까?

요 13:26 예수께서 대답하시되 내가 떡 한 조각을 적셔다 주는 자가 그니라 하시고 곧 한 조각을 적셔서 가룟 시몬의 아들 유다에게 주시니

예수님께서는 세상에 있는 자기 사람들을 사랑하시되, 끝까지 사랑하신다는 사실을 보여주기 위해서 가룟 유다가 자기를 배신할 것

을 뻔히 알면서도 그를 옆에 앉히신 것입니다.

> 요 13:1 유월절 전에 예수께서 자기가 세상을 떠나 아버지께로 돌아가실 때가 이른 줄 아시고 세상에 있는 자기 사람들을 사랑하시되 끝까지 사랑하시니라

이렇게 예수님의 좌우에 앉은 사람은 요한과 가룟 유다였습니다. 베드로는 상석의 경쟁에서 밀려나고 말았습니다. 그러면 베드로의 자리는 어디였을까요? 아마 베드로의 성격상 상석을 차지하지 못할 바에 가장 말석으로 직행했을 것입니다. 베드로가 기분 나쁘게 가룟 유다 옆에 앉겠습니까, 야고보 옆에 앉겠습니까? 차라리 맨 말석인 요한의 맞은편에 앉아 버렸을 것입니다.

이것은 예수님이 누군가가 자기를 배반하고 팔 것을 말씀하셨을 때 베드로가 요한에게 보여준 반응에서도 엿볼 수가 있습니다. 베드로는 맞은편에 있는 요한에게 머릿짓과 눈치질을 해서 배반자가 과연 누구인지 예수님께 묻도록 사인을 보냈습니다. 그러자 예수님의 품에 의지하여 있던 요한이 물어 봅니다.

"주여, 누가 예수님을 팔까요?"

> 요 13:24-25 시몬 베드로가 머릿짓을 하여 말하되 말씀하신 자가 누구인지 말하라 하니 그가 예수의 가슴에 그대로 의지하여 말하되 주여 누구니이까

이것을 그림으로 그리면 다음과 같습니다.

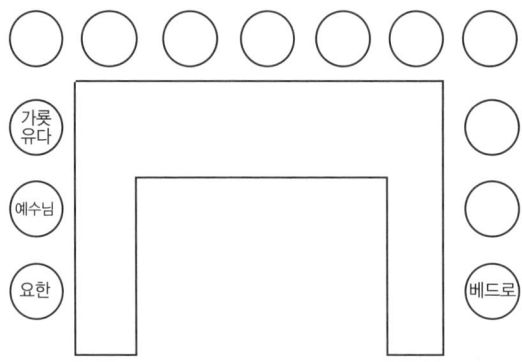

이 식탁의 그림은 우리 교회 협동목사님이신 장재일 목사님이 그려 준 것입니다. 이분은 이스라엘에서 근 10년 동안 유대 배경만을 연구한 분입니다.

주님이 유월절 만찬을 행하신 다음에 제자들의 발을 다 씻어 주자 베드로는 절대로 자기 발은 안 씻겠다고 거절했습니다. 당시는 식탁에서 가장 말석에 앉은 자가 발을 씻어 주게 되어 있습니다. 그러나 베드로는 기분이 나빴는지 꿈쩍도 안 하고 있었습니다.

그래서 주님이 일어나서 발을 씻어 주셨습니다. 원래부터 주님이 발을 씻어 주시려고 했지만 베드로가 립서비스라도 자기가 제자들의 발을 씻겠다고 해야 하지 않겠습니까? 어쨌든 베드로가 예수님께 너무 죄송하고 송구해서 발을 안 씻겠다고 말을 한 것 같습니다. 그러자 주님께서 베드로에게 "내가 발을 씻어 주지 않으면 너는 나와 상관이 없다"라고 하셨습니다. 그러니까 베드로가 "아이고, 주님,

제 몸 전부를 씻어 주세요"라고 했습니다.

정반대 스타일이 된 베드로와 요한

이와 같이 베드로와 요한은 경쟁을 안 하려야 안 할 수가 없고 비교를 안 하려야 안 할 수가 없는 관계였습니다. 더구나 베드로와 요한의 스타일은 정반대가 되어버렸습니다. 원래는 같은 과였는데 나중에 스타일이 완전히 달라졌습니다. 베드로도 그 누구 못지않게 주님을 사랑했습니다. 자기 딴에는 가장 주님을 사랑한다고 생각했습니다. 그래서 베드로는 주님께 이렇게 고백한 적도 있습니다.

"주님, 저는요 옥에 갇힐지언정, 아니 죽을지언정 주님을 끝까지 따르겠습니다. 저는 주님을 누구보다 사랑합니다. 이렇게 주님을 사랑하는데 주님은 왜 내 사랑을 몰라 주십니까?"

> 마 26:33 베드로가 대답하여 이르되 모두 주를 버릴지라도 나는 결코 버리지 않겠나이다

> 눅 22:33 그가 말하되 주여 내가 주와 함께 옥에도, 죽는 데에도 가기를 각오하였나이다

그러나 훗날 드러나서 알게 된 일이지만 베드로는 자기중심적으로 주님을 사랑했던 것입니다. 주님을 사랑하긴 사랑하는데 베드로 안에 제왕적 자아가 군림하고 왕 노릇했던 게 분명합니다. 그래서

주님은 베드로에게 주님의 제자가 되려거든 먼저 자기 십자가를 지라고 하신 것이 아닙니까?

그러나 요한은 달랐습니다. 주님을 인격적으로 만나고 주님의 사랑을 온전히 체험한 후에는 주님 중심의 진정한 사랑을 했습니다. 내 중심이 아닌 주님 중심인 사랑, 주님을 배려하고 주님을 우선하고 주님을 먼저 생각하는 사랑을 했습니다. 그 사랑이 비록 베드로처럼 앞서거나 열정적이거나 주도적이지는 않았지만 먼저 주님의 의중을 알고 주님의 마음을 헤아리는, 주님 중심적이고 상대방 중심적인 사랑을 드렸습니다. 그러니까 주님도 그를 누구보다 사랑하였고 요한도 늘 주님 옆에 앉고 주님 품에 안기는 일이 빈번했습니다.

그러니 제가 베드로라도 얼마든지 요한과 비교하고 의식할 수밖에 없지 않겠습니까? 저도 베드로 같은 사람이었습니다. 저와 영 스타일이 다른 요한 같은 사람을 어찌 의식하지 않을 수 있겠습니까? 베드로는 설교도 웅변적이고 변사적으로 선포를 하는데, 요한은 그렇지 않습니다. 굉장히 감성적이고 에세이스트와 같은 잔잔한 설교를 한단 말입니다. 그러니 베드로가 더 큰일을 하고 더 위대한 역사를 이뤄냈지만 자기 스타일과 영 다른 요한을 의식하지 않으려야 않을 수가 없었습니다. 베드로도 나름 강남 스타일인 줄 알았는데 요한은 또다른 젠틀맨이었습니다. 이런 베드로의 마음을 저는 백번 이해할 것 같습니다.

부정적인 자아상 혹은 창조적인 자아상

저의 경우 저와는 정반대 스타일의 사역자들이 있습니다. 물론 저에게도 감성이 있고 부드러움이 있고 글을 쓰는 에세이스트적 면모가 많은 것이 사실입니다. 또 누구보다도 이야기를 잘 만들어내는 이야기꾼의 기질도 있습니다. 그런데 정작 스피치 스타일은 웅변적이고 변사적일 때가 있습니다. 그러나 저와 반대로 여성적이고 감성적이고 부드러운 스피치를 하는 사람들이 있습니다. 그런 스타일이 좋아서 사람들이 모여드는 것을 보면 '참 달라도 너무 다르구나' 하는 생각이 듭니다. 그런 사람과 어찌 비교를 안 하고 의식을 안 할 수가 있겠습니까?

그러나 반대로 그런 사람들은 저 같은 사람을 향하여 은근하게 비교의식을 갖고 부러워할지 모릅니다. 저에게는 저만의 독특한 카리스마가 있지 않습니까? 사람들을 끌어당기고 몰입하게 하고 꼼짝 못하게 하는 리더십이 있습니다. 제가 집회를 가면 얼마나 사람들을 들었다 놓았다 울렸다, 웃겼다 하는지 모릅니다. 게다가 또 저만의 독특한 끼가 있습니다. 그래서 저 같은 스타일을 부러워하는 사람도 있을 겁니다. 사람은 어차피 완전하지 못하고 자신의 부족한 부분 때문에 남과 비교하고 경쟁할 수밖에 없기 때문입니다.

베드로가 주님을 따라가면서 요한에 대한 비교의식을 가지고, 주님께 요한에 대해서 물어 보았습니다. 주님은 아주 단호하게 말씀하셨습니다.

"베드로야, 너는 뭘 그렇게 요한과 비교를 하느냐. 내가 다시 올 때까지 요한을 남겨놓는다 할지라도 너와 무슨 상관이 있느냐. 요한에게는 요한이 할 일이 있고 너는 너의 할 일이 있지 않느냐. 너는 요한과 비교할 필요가 없어. 너에게는 너만의 자아상이 있고 너만의 정체성이 있으며, 너만의 사명이 있어. 부디, 요한을 의식하지 말고 너만의 너를 이루고 너만의 사명을 감당하며 너만의 최고의 네가 되기를 바란다."

예수님은 베드로의 부정적인 자아상과 정체성을 꿰뚫어보고 계셨습니다. 베드로는 요한과의 비교의식 때문에 스스로 열등의식에 빠져 있습니다. 그리고 그 열등의식은 베드로 안에 부정적인 자아상을 키워 줬습니다. 더구나 그 부정적인 자아상은 주님을 세 번이나 부인하고 난 다음에 더 깊어졌을 것입니다. 그래서 스스로 자기 체념을 하고 자기 증오를 하는 마음으로 그 옛날 갈릴리 어부로 돌아가버린 것입니다. 그런 베드로가 부활하신 주님을 다시 만나 사랑을 고백하였지만 아직도 베드로 안에는 부정적인 자아상이 뿌리 뽑히지 않고 있었습니다.

그런 베드로가 예수님께 요한에 대하여 물어 보았던 것이고, 주님은 베드로에게 창조적인 자아상을 세워 주셨습니다. 창조적인 자아상을 세우도록 하기 위해서 주님은 베드로에게 먼저 요한을 의식하지 말고 비교하지 말라고 하신 것입니다. 그리고 베드로만의 창조적인 자아상을 회복하여 그만의 정체성을 소유하고 그만의 사명을 잘 감당하도록 했던 것입니다.

베드로답게, 요한답게

베드로는 누구보다 단순 무식한 사람이었습니다. 때로는 우직하기도 하지만 때로는 용기와 의협심이 누구보다 앞선 사람이었습니다. 그래서 예수님은 베드로를 3천 명, 5천 명을 회개시키는 능력의 사자, 불의 사자로 세워 주신 것입니다. 아니, 그를 수사도로 삼으셨고 1인자로 세워 주셨으며, 교회의 반석이요 초대 교회의 총지도자가 되게 하셨습니다.

거기에 비해 요한은 항상 2인자였습니다. 단 한 번도 베드로를 능가하거나 1인자로 서 본 적이 없습니다. 누가 뭐라 해도 베드로가 1인자이고 요한은 2인자였습니다. 그러나 예수님은 요한을 순교의 제물로 쓰지 않고 오래오래 남겨 두셨습니다. 요한으로 하여금 요한복음을 기록하게 하고 요한 1,2,3서를 기록하게 했을 뿐만 아니라 요한계시록을 쓰게 하셨습니다.

요한계시록은 묵시문학의 절정이 아닙니까? 이런 서신은 아무나 기록할 수가 없습니다. 요한처럼 세심하고 자상한 사람만이 가능합니다. 예수님은 요한을 오래까지 남겨 두며 성경을 기록하게 하고 사랑의 사도로 남게 하셨습니다. 예수님은 베드로는 베드로답게 쓰셨고 요한은 요한답게 쓰셨습니다. 그러므로 베드로는 베드로다워야 하고 요한은 요한다워야 합니다.

오늘 우리도 우리다워야 합니다. 아니, 나는 예수 그리스도 안에서 나다워야 합니다. 나만의 창조적 자아상을 이루고 나만의 정체성을 소유하고 주님으로부터 받은 나만의 사명을 감당해야 합니다. 절대로 나와 남을 비교할 필요가 없습니다. 하나님 앞에서 나처럼 생긴 작품은 나 하나밖에 없지 않습니까? 나야말로 하나님 앞에 가장 위대한 걸작품이 아닙니까? 이 세상에 나 같은 사람이 어디 있습니까? 단 한 사람도 없습니다.

그런데 누구를 모방하려고 합니까? 누구와 비교하고 경쟁하며 질투하고 있습니까? 주의 일을 하면서도 왜 자꾸 남을 의식하고 비교를 합니까? 비교하니까 열등의식에 빠지게 됩니다. 그리스도 안에서 과연 나답게 생긴 나, 아무도 나를 흉내낼 수 없고 모방할 수 없는 나다운 나, 이 신비하고 위대하게 지음 받은 하나님의 걸작품인 내가 얼마나 아름답습니까? 얼마나 위대합니까?

은혜 받고 하나님의 사랑 안에 거하면 창조적인 자아상이 자연스럽게 형성됩니다. 까짓것 환경이 안 좋으면 어떻습니까? 외모가 밉상이면 어떻습니까? 키 좀 작으면 어떻습니까? 하나님의 사랑 안에 거하고 은혜 안에 살며 나만의 사명을 감당하면 그것으로 족하지 않겠습니까? 그것이 바로 나만의 나를 이루는 것입니다. 최고의 나를 이루는 것입니다.

"당신은 서울 스타일(?)이 아니에요."

저도 누구보다 비교의식과 경쟁의식이 많았던 사람입니다. 더구나 우리 집사람을 만나고 나서 더 그랬습니다. 자꾸 집사람이 저를 남과 비교하니까 더 그럴 수밖에 없었습니다. 저는 죽을 때까지 집사람이 한 말 두 가지를 잊을 수가 없습니다. 제가 개척을 준비하기 위해서 자동차 1종 보통 운전면허증을 따 왔습니다. 이래봬도 제가 그날 가서 오전에 필기 시험에 합격하고 오후에 코스와 주행을 내리 합격해 온 사람 아닙니까? 단번에 합격하여 집에 갔더니 집사람이 돌도 안 지난 아들을 보듬고 나와서 이런 이야기를 하잖아요.

"성군아, 너네 아빠 이제 택시 운전이라도 해서 너 먹여 살리기는 하겠구나."

제가 택시 운전 하려고 운전면허 땄겠습니까? 어떻게 말을 해도 그런 말만 골라서 할 수 있단 말입니까? 그래서 제가 무등산기도원에 가서 얼마나 하나님께 무릎 꿇고 기도한 줄 아십니까?

"하나님, 제발 저 택시 운전하지 않게 해주세요. 능력 있는 목사가 되어서 목회를 잘하게 해주세요. 그러기 위해서 제발 저에게 개척의 길을 열어 주시기 바랍니다."

그렇게 기도하고 이 사람 저 사람의 도움을 얻어서 서울로 올라왔습니다. 그때 제일 많이 도와주신 분이 문정남 장로님과 김현숙 권사님입니다. 그다음으로 김양님 권사님과 임정선 권사님이 개척헌금을 해주셨습니다. 그때 제가 교회를 가락동에서 시작했습니다. 서울 시내를 다 돌아보았는데 가락동에 교회가 제일 적었습니다. 그래서 가락동 187-1번지 지하상가를 계약했는데 중도금과 잔금이 없어서 오랫동안 계약만 해 놓고 올라오지를 못했습니다.

그러다가 몇 달 만에 그분들의 도움을 받아서 이사를 오게 되었습니다. 그때 집사람은 처음 왔습니다. 그런데 그 몇 달 사이에 교회가 줄줄이 서 있는 것입니다. 집사람이 왜 이렇게 교회가 많은 곳에 개척했느냐고, 막 푸념을 합니다. 그러더니 여기저기 다 다니면서 이웃 교회 주보를 가져왔습니다. 그 주보에 목사님들의 약력이 쓰여 있었습니다. 세상에, 연세대 나온 목사님, 고려대 나온 목사님, 서울대 나온 목사님, 감신대, 총신대, 고신대 나온 목사님……. 다 쟁쟁한 목사님들이었습니다.

그러나 저는 내세울 만한 스펙이 전혀 없었습니다. 오히려 제 학력과 약력을 쓰면 교인들이 오려다가도 안 와버립니다. 게다가 저는 아직 목사 안수도 못 받았습니다. 그러니까 집사람이 이렇게 말합니다.

"소 전도사님, 차라리 내려갑시다. 당신은 서울 목사 수준이 아닙니다. 내가 아무리 봐도 당신은 지방 목사 수준이란 말입니다. 그러니 지방으로 내려가요."

그 말을 듣고 제가 얼마나 많이 울었는지 모릅니다. 지하 예배실로 가서 엉엉 울었습니다.

"하나님, 제 아내의 말을 들으셨습니까? 하나님, 제가요, 서울 목사 수준이 아니래요. 지방 목사 수준이래요. 왜 저를 저렇게 다른 사람들과 비교를 한단 말입니까? 하나님, 제발 도와주세요. 우리 마누라가 저렇게 무시하는데 마누라를 부끄럽게 하기 위해서라도 제가 목회에 성공해야 합니다. 제발 도와주세요."

그때 하나님께서 저에게 뭐라고 감동을 주신 줄 아십니까?

"사랑하는 종아, 네 마누라 말이 전혀 틀린 말이 아니다. 사실 네가 지방 목사 스타일인 건 맞지 않느냐. 그러나 내가 그런 너에게 은혜 위에 은혜를 주고 복 위에 복을 주리라."

이 사건을 저는 죽을 때까지 잊을 수가 없습니다.

그래서 비교의식, 경쟁의식을 다 때려치우기로 했습니다. 그런 것은 모두 백해무익합니다. 아니, 나를 죽이는 독소요 독초일 뿐입니다. 다만 내가 더 하나님을 사랑하는 것을 최우선으로 삼고 좌우명으로 삼았습니다. 그리고 나만의 창조적인 자아상을 세우고 정체성을 소유하며 나만의 사명을 감당해 나갔습니다. 그리하여 오늘의 목회 자리까지 오게 되었습니다.

저는 앞으로도 제가 잘하는 것, 그리고 하나님이 저에게 주신 장점을 가지고 하나님을 더 사랑하고 사명을 감당하려고 합니다. 그럴 때 제 자신이 얼마나 아름답게 보이고 대견스럽게 보이는지 모릅니다. 그렇다고 제가 교만한 것은 아닙니다. 잘난 체한단 말이 아닙니다. 그럴수록 더 주님을 의지하고 사랑하게 됩니다. 그리스도 안에서 나만의 나를 이루며 나만이 누리는 최고의 사명의 삶을 살게 됩니다.

우리도 나만의 나를 이루어야 합니다. 옆 사람 의식하지 말고 다른 사람 부러워하지 말고 나만이 누리는 최고의 삶을 살아야 합니다.

약할수록 그 약함으로
최고를 만들라

고린도후서 12장 7-10절

"여러 계시를 받은 것이 지극히 크므로 너무 자만하지 않게 하시려고 내 육체에 가시 곧 사탄의 사자를 주셨으니 이는 나를 쳐서 너무 자만하지 않게 하려 하심이라 이것이 내게서 떠나가게 하기 위하여 내가 세 번 주께 간구하였더니 나에게 이르시기를 내 은혜가 네게 족하도다 이는 내 능력이 약한 데서 온전하여짐이라 하신지라 그러므로 도리어 크게 기뻐함으로 나의 여러 약한 것들에 대하여 자랑하리니 이는 그리스도의 능력이 내게 머물게 하려 함이라 그러므로 내가 그리스도를 위하여 약한 것들과 능욕과 궁핍과 박해와 곤고를 기뻐하노니 이는 내가 약한 그때에 강함이라"

희망 전도사가 된 닉 부이치치

닉 부이치치 이야기를 아십니까? 그는 태어날 때부터 팔다리가 없었습니다. 어릴 때부터 불구의 몸으로 살아야 했으니 그 인생이 얼마나 고통스럽고 절망스러웠겠습니까? 그는 학교에서도 친구들에게 조롱을 당하고 왕따를 당해야 했습니다. 어릴 때부터 고통과 고독이라는 가시가 그를 얼마나 콕콕 찌르며 괴롭혔는지 모릅니다. 그래서 그는 그것을 참지 못하고 여덟 살이라는 어린 나이 때부터 여러 번 자살을 기도하기도 했습니다.

그러던 어느 날, 성경을 읽다가 큰 은혜를 받았습니다. 자신과 같은 불구의 몸으로도 얼마든지 하나님께 영광을 돌릴 수 있다는 확신을 얻었습니다. 그는 팔다리가 없었음에도 불구하고 학교에서 학생회장을 했고, 보통 사람들처럼 축구·수영을 비롯한 운동도 할 수 있게 됐습니다. 그리고 대학에 진학해 경영학과 회계학을 전공했습니다. 뿐만 아니라 지금은 전 세계를 다니면서 희망 전도사와 감사 전도사로 쓰임 받고 있습니다.

그의 간증을 듣노라면 누구도 그 앞에서 절망할 수가 없습니다. 누구도 그 앞에서 감사하지 않을 수가 없습니다. 참으로 그는 인생의 고통스러운 가시 때문에 오히려 능력 있는 사람이 되었고, 자신의 약점과 약함 때문에 오히려 하나님께 큰 영광을 돌리는 사람이 되었습니다.

약점으로 인하여 갈등했던 바울

성경에서도 자신의 약점 때문에 무던히도 고민하고 갈등하던 사람이 있었습니다. 그것도 치명적인 약점 때문에 얼마나 많이 괴로워하고 고뇌하였는지 모릅니다. 그는 그 약점 때문에 기도도 많이 했습니다. 그 약점을 물리쳐 달라고 얼마나 많이 울고 주님께 매달렸는지 모릅니다. 그가 바로 누구입니까? 사도 바울입니다. 유명한 주석가인 헨드릭슨은 사도 바울에 대해서 말하기를 "그는 뛰어난 지성의 사람이요, 강철 같은 의지의 사람이요, 온유한 마음이 가득한 사람"이라고 했습니다.

그뿐입니까? 그는 능력의 사람이요 기적의 사람이었습니다. 가지가지 하나님의 은사와 능력을 소유하였기 때문에 그는 어떤 병이든지 남에게 손을 얹고 기도하면 다 치유가 되었습니다. 심지어는 그의 손수건만 가져다가 만져도 병이 낫는 역사가 일어나기도 했습니다. 그래서 그는 간증거리가 많고 누구보다도 복음을 힘있게 증거했던 사람입니다.

그러나 이런 바울에게도 한 가지 말 못할 약점이 있었습니다. 그것을 고린도후서 12장에서는 '사탄의 가시'라고 표현하고 있습니다. 이 사탄의 가시는 바울의 인간적인 약점을 넘어서 사탄이 가져다 준 치명적 약점이라고 말할 수 있습니다. 그것은 곧 바울의 몸 안에 있는 불치병이었습니다. 이 질병은 사도 바울의 몸이 약해서 얻은 질병이 아니라 사탄이 가져다 준 질병이라는 말입니다. 이 사탄의 가시, 곧 몸 안에 있는 질병이 바울을 가시처럼 콕콕 찌르며 괴롭히고 있었습니다. 그것은 자기만 아는 질병이 아니었습니다. 온 교인들이 다 알고 있었습니다.

바울을 괴롭혔던 사탄의 가시

사탄의 가시, 곧 바울의 몸 안에 있었던 질병은 구체적으로 어떤 질병이었을까요? 성경에서는 직접적으로 말하고 있지 않습니다만, 대부분의 성경학자들은 안질이라고 추측하고 있습니다. 그는 다메섹 도상에서 하나님의 영광을 바라본 뒤 완전히 봉사가 되어 버렸습니다. 그후 아나니아라고 하는 사람에게 안수를 받고 눈의 비늘이 벗겨지고 나서야 다시 보게 되었습니다.

그러나 시력이 회복된 것은 사실이지만 아마도 하나님의 간섭으로 말미암아 완전히는 회복되지 않았다는 것입니다. 이 약한 시신경과 시력을 통해 사탄의 사자가 바울에게 가시로 역사했을 것이라고 추측합니다. 성경을 보면 사도 바울이 시력이 굉장히 안 좋은 것을 표현하고 있는 곳이 있지 않습니까?

갈 6:11 내 손으로 너희에게 이렇게 큰 글자로 쓴 것을 보라

그리고 또 갈라디아 교인들한테 시력이 좋지 않은 것을 간접적으로 시사하는 곳도 있지 않습니까?

갈 4:15 너희의 복이 지금 어디 있느냐 내가 너희에게 증언하노니

너희가 할 수만 있었더라면 너희의 눈이라도 빼어 나에게 주었
으리라

왜 바울이 이런 이야기를 했을까요? 바울은 당시에 안질병이 자주 생겼다는 것입니다. 요즘 말로 말하면 눈에 결막염이나 다래끼 같은 것이 자주 났는지 모릅니다. 그렇다면 이것 때문에 사역하는데 얼마나 불편했겠습니까? 그런 때에 안구 이식 수술이 가능했다면 당장이라도 갈라디아 교인들이 바울에게 눈을 기증해 주었을 것입니다. 그랬기 때문에 바울은 더 괴로웠을지 모릅니다. 그래서 바울은 하나님 앞에 "제발 이 가시를 물리쳐 달라"고 세 번이나 기도했습니다. 이 말은 심각한 작정기도를 세 번이나 했다는 말입니다. 너무너무 괴롭고 귀찮았기 때문입니다.

예나 지금이나 눈은 마음의 창문이 아닙니까? 그럼에도 불구하고 늘 다래끼가 나 있고 두 눈이 붉게 충혈되었다고 생각해 봅시다. 남들은 기도해 주면 별 병이 다 낫고 별의별 기적이 나타나는데 자기 안질병은 낫지 않고 새빨갛게 충혈된 흐리멍텅한 눈으로 설교를 한다면 바울의 체면이 어떻겠습니까?

"여보시오, 바울 사도님, 남의 병 고치고 남에게 기적 행하기 전에 당신 눈병이나 고치고 설교하시오."

아마도 누가 이런 소리를 할까봐 바울은 조마조마하고 자존심도 많이 상했을 것입니다. 그래서 이런 고통을 사탄의 가시라고 한 것 같습니다.

"내 은혜가 네게 족하다."

가시로 살을 쑤시면 얼마나 아픕니까? 그런데 사탄이 날카로운 가시를 가지고 와서 바울의 삶을 콕콕 찌릅니다. 그러니 얼마나 아프고 괴로웠겠습니까? 그래서 바울은 하나님께 세 번이나 기도했습니다. 죽기 아니면 살기로 결단을 내는 작정기도를 세 번이나 했습니다. 그러나 아무리 기도해도 그 가시는 물러나지 않았습니다. 다만 하나님의 음성만 이렇게 들려왔을 뿐입니다.

"바울아, 내 은혜가 네게 족하도다. 내 은혜가 네게 족하도다."

하나님의 말씀인즉, 이 가시도 하나님의 은혜라는 것입니다. 그냥 가시도 아니고 사탄이 준 가시요 사탄의 사자가 준 고통인데 이것마저도 하나님의 은혜라는 것입니다. "내 은혜가 네게 족하도다." 왜 이 가시가 은혜라는 말입니까? 도대체 무엇 때문에 이 사탄의 가시를 족한 은혜라고 말씀하시는 것입니까?

오직 한 가지 이유가 있습니다. 하나님의 은혜는 바울이 약할 때 강해지기 때문이었습니다. 오히려 바울이 약하고 연약할 때 하나님의 능력이 온전해졌기 때문입니다.

> **고후 12:9(상)** 내 능력이 약한 데서 온전하여짐이라

하나님의 능력이 약할 때 강해지고 약할 때 온전해진다고 말씀하지 않습니까? 원래 바울은 약한 사람이 아니었습니다. 교만하고 뼈기고 오만할 정도로 강한 사람이었습니다. 그래서 그렇게 스데반을

죽이고 다메섹의 성도들을 죽이려고 했던 것이 아닙니까? 집안 좋지요, 공부 많이 했지요, 명성도 있었습니다. 그는 못 갖춘 것이 없었습니다. 또한 사도가 되어서 얼마나 능력을 많이 행했습니까? 받은 계시도 많습니다. 그 어떤 제자보다도 받은 계시가 너무 많습니다. 그러니까 수많은 사람들 앞에 영웅이 되고, 스스로 교만할 수도 있었습니다.

바울의 성격과 기질상 교만하지 않으려야 않을 수가 없는 사람입니다. 바울의 성격으로 보아서 어디를 가도 잘난 척하는 사람이지 못난 척하는 사람이 아니었습니다. 그래서 하나님은 바울에게 일부러 사탄의 가시를 허락해 주셨습니다. 왜냐면 교만해서는 진실한 종으로 하나님을 섬길 수가 없기 때문입니다. 오만과 거만 가지고는 하나님의 사역을 진실되게 할 수가 없습니다.

하나님이 제일 싫어하시는 것, 교만

하나님이 제일 싫어하시는 것이 교만입니다. 그래서 하나님은 교만한 자를 대적하시고 겸손한 자에게 은혜를 주신다고 하지 않았습니까? 사울 왕이 망한 이유는 교만과 불순종 때문이었습니다. 반면 다윗이 흥한 이유는 오직 하나님을 왕으로 섬기며 순종했던 데 있지 않았습니까? 왜 하나님이 교만을 싫어하시는지 압니까? 교만하면 하나님을 의지하지 않습니다. 자기 힘이나 능력으로 살아갈 수 있다고 생각합니다. 하나님이 없이도 능히 자기 힘으로 살아갈 수 있다고 생각합니다. 그러다가 스스로 자기를 우상으로 만들어갑니다. 그러니 무슨 하나님과 관계된 삶을 살아가겠습니까? 결국 스스로 하나님께 버림을 받는 사람이 되고 맙니다.

그래서 하나님은 바울에게 사탄의 가시를 허락해 주신 것입니다. 이 가시를 통하여 바울이 더 겸손하게 하나님을 의지하도록 하기 위해서였습니다. 오직 하나님만 붙잡고 하나님을 의지하게 하기 위함이었습니다. 행여 바울이 교만할까봐, 행여 바울이 스스로 자고할까봐 하나님께서는 바울에게 가시를 주신 것입니다.

> **고후 12:7** 여러 계시를 받은 것이 지극히 크므로 너무 자만하지 않게 하시려고 내 육체에 가시 곧 사탄의 사자를 주셨으니 이는 나를 쳐서 너무 자만하지 않게 하려 하심이라

하나님이 바울에게 가시를 준 목적이 행여 바울이 교만할까봐 주신 것이라고 하지 않았습니까? 다시 말하면, 바울로 하여금 하나님 앞에 겸손하고 낮아지고 오직 하나님만 의지하도록 하기 위하여 가시를 주었다는 말입니다.

도대체 겸손이 뭐기에, 그리고 교만이 뭐기에 바로 그것 때문에 가시를 주었다는 말입니까? 교만은 패망의 선봉이요 넘어짐의 앞잡이이기 때문입니다. 그리고 겸손과 낮아짐은 은혜를 가져오는 첩경이었기 때문입니다. 아마도 바울이 순간적으로 우쭐하고 교만하려고 했을 때 하나님은 당장 바울의 몸 안에 있는 가시가 발동되도록 역사하셨을 것입니다. 그럴 때 바울은 자신의 모습이 얼마나 약하고 초라하고 비참한가를 발견했습니다. 그럴 때마다 바울은 아마 이렇

게 고백하였을 것입니다.

"하나님, 제가 조금 괜찮은 사람인 줄 알았더니 정말 별볼일없는 사람이네요. 정말 형편없는 사람이었네요. 그러니 제가 어찌 하나님 없이 살 수가 있겠습니까? 하나님 없이 일할 수도 없습니다. 그러므로 제가 엎드려 굴복하는 마음으로 주님을 의지합니다. 저를 붙잡아 주십시오. 저를 도와주십시오."

약할 때 강하게 하시는 하나님

그런데 이상한 것은, 바울이 우쭐하고 자고할 때는 전혀 능력이 안 나타나더니 바울이 엎드려 하나님을 의지할 때 주님의 은혜가 임합니다. 엎드려 기도할 때 주님의 능력이 폭발적으로 역사합니다. 오히려 약할 때 주님의 은혜가 온전하게 나타납니다. 자기는 치명적인 약점으로 괴로워하는데 주님의 능력과 권세가 더 위대하게 나타납니다. 그때 주님이 말씀하십니다.

"그러니 바울아, 너는 가시 때문에 괴로워하지 마라. 그 가시 때문에 너는 오히려 능력 있는 사역을 할 수 있지 않느냐? 오히려 너의 약함 때문에 너는 내 앞에서 최고의 사도가 되고 최상의 사역자가 되어 있지 않느냐? 이렇게 내 은혜가 네게 족하거늘, 이렇게 내 은혜가 족하거늘……."

이때 바울이 깨달은 사실이 하나 있습니다. 하나님의 능력은 자기가 약할 때 온전하게 나타난다는 사실입니다. 하나님의 은혜는 자기가 약하면 약할수록 그리고 엎드리면 엎드릴수록, 더 최상으로 나타난다는 사실을 깨달았습니다. 아니, 하나님이 주신 가시와 약점 때문에 자신이 최고의 사도가 되고 최고의 일꾼이 된다는 사실을 깨달았습니다. 그래서 바울은 결심하고 결심했습니다.

'아 이제 나는 약함 때문에 괴로워하지 않으리라. 오히려 이 약함을 주시는 하나님께 감사하고 찬양하리라. 그리고 나는 사람들에게 나의 약함과 약점을 자랑하고 살리라. 약점 때문에 하나님의 은혜가 내게 강해지고, 사탄의 가시 때문에 오히려 하나님의 능력이 충만한 사도 중의 사도가 되고 일꾼 중의 일꾼이 된다는 사실을 자랑하며 살리라.'

바울은 하나님 앞에 엎드릴 때마다 아마도 이렇게 고백하며 노래를 불렀을 것입니다.

"그렇습니다. 하나님, 제가 약할 때 당신의 은혜가 강해지고, 제가 연약할 때 하나님의 능력이 온전해진다는 사실을 알았습니다. 그러므로 저는 이제부터 저의 약함을 감사로 바꾸겠습니다. 제 치명적인 약점 때문에 원망하거나 괴로워하지 않고 하나님께 더 엎드리겠습니다. 그리고 이 약함과 약점을 저의 자랑으로 여기며 자랑하며 살겠습니다. 아니 노래하고 살겠습니다."

♪ 약할 때 강함 되시네
　나의 보배가 되신 주 주 나의 모든 것
　주 나의 모든 보물을
　나는 포기할 수 없네 주 나의 모든 것
　예수 어린 양 존귀한 이름

예수 어린 양 존귀한 이름

안면마비 사건의 교훈

저는 안면마비 사건을 평생 잊을 수가 없습니다. 의학적으로 볼 때는 제가 너무 무리해서 안면마비가 생겼다고 할 수 있습니다. 연말에 얼마나 바쁩니까? 교계의 그 많은 조찬 모임과 송년회 모임 등, 제가 무슨 열심과 무슨 사명감으로 참석해서 설교를 하고 순서를 맡았는지 모릅니다. 그런 가운데 저는 틈틈이 신년 축복성회 말씀을 준비해야 했습니다. 그 말씀 준비는 저녁 늦게 해야 합니다. 심지어는 교역자 연말 수련회와 당회 연말 수련회에 가서도 낮에는 내내 그들과 함께 하다가 저녁 늦게 말씀 준비를 해야 했습니다. 그때 이상하게 왼쪽 뒤통수가 돌처럼 굳기 시작하고 왼쪽 눈이 얼마나 쓰렸는지 모릅니다.

그런데도 저는 아무 것도 모르고 왼쪽 눈에 테라마이신 안연고를 바르고 그 눈을 감은 채 오른쪽 눈을 뜨고 설교 준비를 했습니다. 그리고 송구영신예배 때는 TV에서 생중계를 한다고 얼마나 신경을 많이 썼는지 모릅니다. 또한 새벽녘까지 그 많은 사람들을 안수기도 해주었습니다.

1월 1일 주일이 되었습니다. 그날 제가 너무 피곤해서 1부 예배를 부목사님께 맡겼습니다. 그러나 의전을 담당한 강정식 장로님이 너무 충성스러워서 그만 저를 깨운 것입니다. 그래서 그날도 모든 낮 예배를 다 인도하고 저녁 집회까지 했습니다. 그 다음날부터는 계속 새벽 집회와 낮 집회, 저녁 집회를 인도했습니다. 그러면 그때 오후에라도 좀 쉬면 얼마나 좋습니까? 그러나 성도들이 헌금 준비해 놓고 신년 특별 심방을 받는다고 너나 나나 기다리는 것입니다. 그래서 저는 성도들에게 축복기도를 해주는 즐거움과 교회 재정을 풍성히 확보하는 재미로 저녁 집회 전까지 줄줄이 심방을 다녔습니다.

성도들이 연초에 은혜 받고 복 받기 원하여 목돈을 헌금하니까 그런 가정 심방하는 재미로 피곤한지도 모르고 다녔습니다. 아니, 심지어는 저녁 집회 끝나고도 또 심방을 갔습니다. 그리고 그 다음 날 또 새벽 집회를 인도하였습니다. 이러기를 며칠 계속하다가 목요일날 새벽에 세계성령중앙협의회 신년 조찬기도회 모임을 가게 되었습니다. 조용기 목사님께서 설교를 하시고 제가 예배 사회를 맡았기 때문입니다. 그런데 거기 가서 안면마비가 와버렸습니다. 의학적으로 볼 때는 100퍼센트 제가 무리해서 온 것입니다.

그러나 영적으로 볼 때 그것은 하나님이 저에게 주신 가시였습니다. 왜냐면 하나님 보시기에 제가 너무 자고하거나 교만하고 거만할 수 있기 때문이었습니다. 제가 지난 몇 년 동안 한국 교회 연합사업의 한 중앙에 얼마나 많이 섰습니까? 아니 저뿐만 아니라 우리 교회가 연합사업과 부흥운동에 얼마나 많이 앞장섰습니까? 한마디로 새에덴교회가 한국 교회 부흥 운동과 연합사업에 떠오르는 해와 같았습니다. 항간에는 소 목사와 새에덴교회가 없으면 연합집회가 안 될 정도라고 하는 말까지 돌았습니다. 한번에 성가대를 몇천 명씩 동원할 수 있는 교회가 몇 교회나 있겠습니까? 그런데 바로 그때 하나님께서 저에게 안면마비라는 가시를 주었습니다. 저는 옴짝달싹도 못하고 숨어 살아야 했습니다. 그때 제가 얼마나 하나님께 하소연을 했는지 모릅니다.

"하나님, 제가 뭘 잘못했습니까? 제가 무슨 죄를 짓고 도대체 얼마나 교만했다고 저에게 이런 안면마비를 주신단 말입니까? 차라리 저희 집사람이나 장로님들에게 줄 일이지 왜 하필 저에게 안면마비를 주신단 말입니까?"

은밀한 골방에 숨겨 주신 하나님

날뛰다 못해 날아다닐 정도로 바빴던 저를 설교도 못 하게 하고 꼼짝 못하고 숨어 살게 했으니 얼마나 답답하고 속이 터졌겠습니까? 그러나 다시 생각해 보면 그것은 하나님께서 저에게 주신 축복의 가시이고 은혜의 가시였습니다. 그때쯤 한국 교계가 둘로 나누어졌습니다. 마치 어머니와 아버지가 이혼을 하듯이 교계가 둘로 양분되고 말았습니다. 그때 하나님께서 저를 아주 은밀한 골방에 숨겨 두셨습니다. 만약에 그때 저에게 안면마비가 안 왔더라면 제가 이곳저곳을 뛰어다니며 얼마나 먼지를 일으켰겠습니까. 그러다 보면 이쪽에서 오해받고 저쪽에서 오해받을 수 있는 것 아닙니까? 그러다가 정치 목사로 전락해버렸을지도 모릅니다. 아니면 저 혼자 기고만장하게 뛰어 다니며 스타플레이를 하는 목사로 전락했을지도 모릅니다.

하나님은 정치 목사나 스타플레이 하는 목사를 무척 싫어하십니다. 요즘 목회자들 보면, 지나치게 정치를 하다가 수렁에 빠지고 스타플레이를 하다가 절벽으로 곤두박질하는 것을 볼 수 있지 않습니까? 그런데 하나님께서는 안면마비라는 가시를 저에게 주셔서 저를 은밀한 골방에 숨겨 두셨습니다. 모든 것을 미리 아시는 주님께서 행여 제가 자고하거나 교만하여 나도 모르게 우쭐대고 스타플레이를 할지도 모르니 미리 안면마비라는 가시를 주고 예방 접종을 맞게 해주신 것입니다.

안면마비로 인하여 제가 좀더 성숙해지고 그 전보다 더 능력 있는 목사가 되었는 줄 믿습니다. 바울처럼 가시가 저를 약하게 하였고 그 약함이 저를 오히려 강하고 성숙한 사람으로 만들었습니다. 오히려 더 위대하고 능력 있고 하나님이 보시기에 최고의 사역자로 만들어 주셨습니다. 그러니 얼마나 감사합니까?

나의 가시 중의 가시(?)

어느 가정에 집사람과 함께 심방을 갔더니 여집사님이 가시 이야기를 합니다. 자기한테는 남편이 가시라고 말합니다. 그래서 이혼을 몇 번이나 생각해 보고 심지어는 법원까지 갔다는 것입니다. 결국 이혼은 안 했지만 지내놓고 보니까 남편이 자신의 지독한 가시였다는 것입니다. 그렇지만 그 가시 때문에 자신의 신앙이 매우 성숙하고 하나님의 위대한 사명자로 우뚝 서게 되었다고 합니다. 그래서 제가 뭐라고 했는 줄 아십니까?

"집사님, 묻지 마라 갑자생이군요. 저에게도 평생 가시가 하나 있습니다. 그게 바로 제 옆에 있는 집사람입니다."

집사람과 저는 성격이 얼마나 다른지 모릅니다. 저는 스케일이 크고 감성적인 부분이 많은데 아내는 사사건건 계산적이고 아주 치밀하고 논리적입니다. 물건 하나를 살 때도 얼마나 꼼꼼하게 따져 보는지 모릅니다. 저는 어렸을 때부터 그냥 처음 보이는 것부터 사버립니다. 그리고 불쌍한 사람이 있으면 지나치지 못하고 저도 어려운데도 먼저 도와줍니다. 그만큼 호탕하면서도 눈물에 약한 편입니다. 그러나 아내는 지독히도 이성적인 사람입니다. 이치에 안 맞는 행동을 하는 사람을 보면 매우 불편해 하고 무조건 연민으로 도와주는 것을 싫어합니다. 매사에 깐깐하고 비판적인 성격이 강합니다.

거기다가 체질도 다릅니다. 저는 에어컨을 틀어야 한다면 집사람은 히터를 틀어야 합니다. 저는 음식을 싱겁게 먹어야 하는데 집사람은 짜게 먹고, 저는 성격이 낙관적이고 외향적인데, 집사람은 너무 내향적이고 계산적이고 우울한 여자입니다. 또한 아내는 내가 하는 일에 대해서 단 한 번을 찬성한 적이 없습니다. 무슨 일이든지 일단은 비판적인 시각으로 보고 반대부터 합니다. 제가 하는 일에 대해서 자꾸 브레이크를 밟습니다. 그래서 가끔은 저에게 상처를 주고 힘들게 할 때가 많습니다. 아내는 저에게 가시와 같은 존재입니다. 제가 가장 사랑하고 소중하게 여겨야 할 대상이면서 동시에 저를 가장 아프게 하는 존재이기도 합니다.

만약 저에게 이런 가시 같은 아내가 없었다면 제 마음대로 하고 싶은 일을 호탕하게 다하고 살았겠지만 그만큼 실수도 많고 오버하다 넘어지기도 했을 것입니다. 그러나 자꾸 아내가 옆에서 간섭을 하고 가시가 되어 찌르고 브레이크를 밟아 줍니다. 가시로 찌를 때는 아프지만 그 가시 때문에 때로는 더 강해지고 더 아름다운 향기를 발하기도 합니다. 그래서 저는 '사랑'이라는 시를 쓴 적이 있습니다.

사랑

얼마나 고통을 겪어 보아야 / 사랑을 알 수 있겠습니까
얼마나 가슴이 아파 보아야 / 사랑을 느낄 수 있겠습니까
얼마나 눈물을 흘려 보아야 / 사랑을 할 수 있겠습니까
얼마만큼 참고 기다려야 / 사랑을 말할 수 있단 말입니까
사랑은 그냥 달콤함이 아닙니다 / 사랑은 그냥 행복이 아닙니다
애절한 고통을 겪고 나서야 / 나는 사랑을 알 것입니다
가슴 저리는 눈물을 흘리고 나서야 / 사랑을 할 수 있을 것입니다
애잔한 아픔을 경험하고 나서야 / 사랑을 말할 수 있을 것입니다
천국에 가서도 / 부끄럽지 않을 만큼 아름다운 사랑을.

저에게 아내는 목회의 동반자이면서 가시 중의 가시입니다. 이 가시 때문에 제가 얼마나 힘들고 고통스러웠는지 아십니까? 그러나 아내라는 가시 때문에 제가 오늘의 새에덴교회를 이루고 오늘의 소 목사가 되었습니다. 만약에 아내가 애교가 만점이고 천사 같은 사람이었다면 제가 오늘의 목회를 이룰 수가 없었을 것입니다. 제가 아내에게 폭 빠지고 가정에 푹 빠져서 목회에 올인하지 못했을 것입니다. 하나님이 주신 목회 사명에 일사각오로 충성하지 못했을 것입니다.

그러나 하나님이 주신 아내라는 가시 때문에 정말 하나님을 더 의지했습니다. 정말 눈물로 기도했습니다. 그리고 지금까지 사명을 생명처럼, 사명을 눈물로 여기며 달려왔습니다. 그 가시 때문에 제

가 오늘날 하나님의 사람이 되어 있고 부족하지만 제 능력으로 이룰 수 있는 것보다 훨씬 더 큰 은혜와 축복을 누릴 수 있게 되었습니다.

가시가 향기로운 꽃으로 필 때까지

우리에게는 어떤 약점이 있습니까? 어떤 사탄의 가시가 있습니까? 그 가시가 우리의 삶을 얼마나 고통스럽게 쑤시고 있습니까? 우리의 마음을 얼마나 아프게 하고 있습니까? 지독한 가난이 괴롭히고 있습니까? 물질의 고통이 가시가 되어 삶을 쑤시고 있습니까? 육체의 질병 때문에 괴로워하고 있습니까? 자녀가 속을 썩입니까? 아니면 남편입니까? 아내입니까? 직장입니까? 사업입니까? 그것 때문에 괴로워하고 마음 아파하며 홀로 울고 있지는 않습니까?

그러나 그것은 우리에게 기회라는 사실을 알아야 합니다. 오히려 그것 때문에 교만하지 않고 더 겸손하게 엎드려 간절히 하나님을 의지하는 기회로 삼는다면 우리에게 하나님의 능력이 놀랍게 임하게 됩니다. 하나님의 은혜와 능력으로 오히려 우리를 더 위대한 하나님의 사람이 되고 더 성숙한 사명자가 되게 합니다. 아니, 그 가시 때문에 내가 더 하나님을 의지하고 겸손해진다면, 하나님 앞에서 최고의 내가 되고 최상의 사명자가 될 수 있습니다.

그러므로 가시가 있다고 해서 원망하면 안 됩니다. 우리의 그 치명적 약점과 약함 때문에 불평하면 안 됩니다. 그럴수록 더 겸손해야 합니다. 더 하나님을 의지해야 합니다. 더 엎드려 기도해야 합니다.

"하나님, 이제 저는 당신 없이는 살 수가 없습니다. 옛날에는 당신 없이도 잘살았던 저였지만 지금은 주님이 도와주셔야 합니다. 이제 제 인생을 붙들어 주십시오. 제 손을 붙들어 주십시오. 아니 저의 마음을 붙잡아 주십시오."

그럴 때 이 약함 속에서 우리의 약함은 강함으로 바뀌게 됩니다. 우리의 가시는 참으로 향내나는 성숙의 꽃으로 피어납니다. 하나님 앞에 가장 아름다운 축복의 꽃이요 사명의 꽃으로 피어납니다. 그래서 우리의 약함은 우리를 오히려 최고로 아름답고 성숙한 모습으로 만들어 줍니다.

바로 그런 것을 경험한 자들이 부르는 노래가 있습니다. 이 진리를 경험한 자들만이 고백하는 찬양이 있습니다. 그것은 바로 약할 때 강함을 주신다는 역설적인 노래요, 약할수록 최고가 될 수 있다는 역설의 찬양입니다.

♪ 거룩하신 하나님 주께 감사드리세
  날 위해 이 땅에 오신 독생자 예수
  나의 맘과 뜻 다해 주를 사랑합니다
  날 위해 이 땅에 오신 독생자 예수
  내가 약할 때 강함 주고
  가난할 때 우리를 부요케 하신 나의 주 감사

  나의 맘과 뜻 다해 주를 사랑합니다
  날 위해 이 땅에 오신 독생자 예수

내가 약할 때 강함 주고
가난할 때 우리를 부요케 하신 나의 주 감사 감사

오늘 우리의 약함은 무엇입니까? 사탄이 괴롭히는 우리의 가시는 무엇입니까? 이제는 약함 때문에 원망하면 안 됩니다. 사탄의 가시 때문에 울면 안 됩니다. 이제는 그 약함을 강함이 되게 해야 합니다. 그 가시가 향기로운 꽃이 되게 해야 합니다. 사명의 꽃으로 피어나며 사명의 열매를 맺게 해야 합니다. 우리 모두가 그런 성숙한 성도요, 하나님 앞에 최고의 모습으로 서는 사명자들이 되기를 바랍니다.

그대 연약함으로
사람들을 부끄럽게 하라

고린도전서 1장 27-29절

"그러나 하나님께서 세상의 미련한 것들을 택하사 지혜 있는 자들을 부끄럽게 하려 하시고 세상의 약한 것들을 택하사 강한 것들을 부끄럽게 하려 하시며 하나님께서 세상의 천한 것들과 멸시 받는 것들과 없는 것들을 택하사 있는 것들을 폐하려 하시나니 이는 아무 육체도 하나님 앞에서 자랑하지 못하게 하려 하심이라"

"성경이 곰팡이 나는 책이라고?"

미국 사람으로서 하버드 대학교 대학원과 예일 대학교를 졸업한 석학 출신의 승려 현각을 아십니까? 그가 얼마 전 동국대 중강당에서 열린 법회에서 "종교보다는 통찰"이라는 주제로 특강을 했습니다. 하얀 피부와 푸른 눈을 가진 분이 삭발을 한 데다가 하버드, 예일 출신의 석학이었으니 천 석의 강당을 다 채우고도 남았습니다. 그는 강의 시간 내내 과학이 종교인마냥 증명하고 체험하지 못하는 모든 것은 다 부정하라고 했습니다. 특별히 그는 동성애에 관해서는 아주 예찬을 했습니다.

미국도 각 주마다 동성애자의 결혼을 허용하는 법이 생겨나려고 하는데 이를 기독교인들이 반대하고 있다는 것입니다. 더구나 기독교인들이 곰팡이가 핀 옛날 신학책, 곧 성경에 근거해서 반대하고 있다는 것입니다. 사람이란 누구나 자신의 행복 추구를 위해서 동성애 결혼도 할 수 있고 낙태도 할 수 있는데, 그런 권리를 오늘날 기독교가 막고 있다는 것입니다. 무엇에 근거해서요? 바로 "곰팡내 나는 옛날 성경책의 가르침에 근거해서"라고 말입니다. 바로 그런 곰팡내 나는 책을 믿는 것은 미신이고, 그런 미신보다는 과학으로 인간의 행복과 삶의 질을 높일 때라고 강조했습니다.

어떻게 생각하십니까? 얼마나 안타까운 이야기입니까? 이런 특강을 하는 분도 안타깝지만 그런 강의를 듣고 절대 긍정을 하는 사람들도 얼마나 안타까운 모습입니까? 성경이 곰팡이 냄새 나는 책이라면 불경은 분서갱유를 해야 합니까? 창조의 시작과 원리도 모르는 사람은 그런 말을 할 수 있을 것입니다. 우주의 시작도 모르고 역사의 끝도 모르는 사람들은 그렇게 말할 수도 있습니다. 그러나 역사의 시작과 종말을 분명히 알며 역사의 목표를 아는 사람은 그렇게 말할 수가 없습니다.

종교란 사회에 편승하고 시류에 편승하는 것이 아닙니다. 그러면 일시적으로 대중의 인기를 얻을 수 있을지는 모르지만 결국 종교가 역사를 망하게 합니다. 종교가 대중의 인기만 얻으려고 한다면 그것은 이미 종교의 타락을 보여주고 있는 것입니다. 물론 종교는 인간의 행복 추구와 삶의 질을 높여 주어야 합니다. 그러나 사회 흐름과 시류에 편승하는 방법으로 해서는 안 됩니다. 종교란 그 종교가 가지고 있는 가치를 통해 시대정신을 이끌어가고 정신세계를 주도해 가야 합니다.

시류에 편승하는 종교의 타락

이런 사명을 내동댕이쳐버리고 시류에 편승하여 대중적 인기를 얻으려고 하면 도대체 이 사회와 역사가 어디로 가겠습니까? 포스트모던 시대를 살아가는 현대인은 계속 새로운 이야기 듣기를 원합니다. 전통적인 가치나 교리들보다는 새로운 깨달음과 새로운 세계의 이야기를 들으며 자기만의 가치와 세계 속에서 살기를 원합니다. 심지어는 그리스도인들 가운데서도 그런 사람이 생겨나고 있습니다. 케케묵은 고대의 성경 이야기와 가르침보다는 자유롭고 신선한 이야기를 듣기를 원합니다. 왜 그렇습니까? 성경이 말한 대로 사람들이 귀가 가려졌기 때문입니다.

> **딤후 4:3-4** 때가 이르리니 사람이 바른 교훈을 받지 아니하며 귀가 가려워서 자기의 사욕을 따를 스승을 많이 두고 또 그 귀를 진리에서 돌이켜 허탄한 이야기를 따르리라

오늘날 사람들은 귀가 가려졌기 때문에 바른 교훈을 받지 아니하며 자기 사욕을 따를 다른 스승을 많이 둡니다. 그들은 그 귀를 진리에서 돌이켜 망령되고 허탄한 이야기만 듣고 따릅니다. 그것이 바로 새로운 이야기라고 말입니다. 이런 사람들은 대부분 다 성경이 곰팡이 핀 책이고 십자가의 도가 미련한 것이라고 이야기를 합니다. 도대체 언제까지 오직 예수 타령이고 십자가 타령이냐 말입니다. 그래서 성경도 이렇게 말하지 않습니까? 십자가의 도가 멸망하는 자들에게는 미련한 것이라고 말입니다.

> **고전 1:18(상)** 십자가의 도가 멸망하는 자들에게는 미련한 것이요

그러면 왜 이렇게 세상 사람에게는 십자가의 도가 미련하게만 보일까요? 세상 대부분의 종교와 철학이 자꾸 새로운 것만 탐구하고 깨달으려고 하기 때문입니다. 그러므로 세상의 대부분의 종교가 다 사색하고 탐구하며 참선을 합니다. 새로운 것을 깨닫기 위하여 얼마나 많은 탐구를 하고, 수행을 하며 심지어는 고행을 하는지 모릅니다.

공자는 학이지지(學而知之)를 하신 분입니다. 제가 보기에 정말 공자는 하늘이 낸 천재 중의 천재요 도인 중의 도인이라고 할 수 있습니다. 그의 역작인 《논어》가 얼마나 심오한 책입니까? 그리고 그가 집대성한 《주역》이 얼마나 심오하고 신비한지 아십니까? 저는 잠이 안 올 때마다 대산 선생이 풀이한 《주역》을 틈틈이 읽어 봤습니다. 그런데 처음에 책을 볼 때는 이해도 잘 안 갔습니다. 그래도 조금씩 조금씩 보니까 《주역》의 원리를 조금 터득하게 되었습니다.

이것을 완전히 통달하게 되면 미래까지 보게 되는 혜안과 통찰력을 갖게 됩니다. 여기서 명리가 전부 나오고 기문둔갑 등 점치는 역술이 나옵니다. 그러니 공자의 제자들이 볼 때는 공자가 모르는 게 없습니다. 인생의 살아가는 도와 삼라만상의 모든 법칙과 진리를 다 터득하고 있는 것입니다. 그래서 제자들이 공자에게 물어 보았습니다.

"스승님은 생이지지(生而知之) 하셨습니까? 날 때부터 이렇게 모든 것을 터득하셨습니까?"

그러자 공자가 뭐라고 대답을 했습니까?

"나는 '생이지지' 한 것이 아니라 '학이지지' 하였노라."

다시 말하면 열심히 탐구하고 연구해서 도를 깨우치게 되었다는 것입니다. 공자는 이처럼 '학이지지'한 분입니다. '학이지지'해서 다가올 미래의 역사까지 꿰뚫어 볼 수 있는 혜안과 통찰력을 가지게 되었습니다. 그러니까 4대 성인 중의 한 사람으로 뽑히지 않았습니까?

죄와 죽음의 문제를 해결해 주지 못한 종교들

아무리 공자가 공부를 많이 해서 '학이지지'하였다 할지라도 거기에는 하나님의 계시가 없습니다. 죄 용서함과 영생을 얻는 구원의 진리가 없단 말입니다. 어떻게 죄를 용서받으며 죽음의 문제를 해결하는지가 그의 저서에는 단 한 줄도 나와 있지 않습니다. 그는 겨우 이런 이야기를 했습니다.

"획죄어천 무소도야(獲罪於天 無所禱也)라."

내가 지은 죄는 어디서 빌 곳이 없단 말입니다. 특별히 하늘을 향하여 지은 죄는 어디다가 빌 곳이 없다는 것입니다.

그러니 어디 가서 우리 죄를 용서받고 구원을 받을 수 있단 말입니까? 왜 그런 줄 아십니까? 아무리 공자가 발버둥을 치고 몸부림을 치며 구원의 도를 깨달으려고 했지만 하나님께서 그런 구원 계시를 허락해 주시지 않았기 때문입니다. 그러니 그의 제자들도 계속해서 학이지지하려고 했던 것입니다.

석가모니는 어떻습니까? 그는 '도이지지'한 사람입니다. 그는 공부를 해서 깨달은 사람이 아니라 도를 닦음으로써 세상의 이치와 종교의 도를 깨달았습니다. 그의 도의 경지가 하늘의 경지에 다다를 뻔했습니다. 석가모니는 공자보다 더 훌륭하고 탁월한 사람이라고 말할 수 있습니다. 얼마나 구원의 도를 갈망했으면 사랑하는 처자식을 버리고 히말라야 산맥 보리수 밑으로 갔겠습니까? 거기서 얼마나 많은 고행과 참선을 했으면 도이지지한 사람이 되었겠습니까?

그러나 하나님은 석가모니에게도 구원의 계시와 비밀을 가르쳐 주시지 않았습니다. 석가모니의 가르침을 아무리 살펴보고 또 살펴봐도 거기에는 죄 용서받음과 구원의 비밀을 찾아볼 수가 없단 말입니다. 그렇게 많은 고행과 참선을 했음에도 불구하고 그는 죄 용서함에 관한 한 이런 말을 남겼습니다.

"업보중생 제도불능(業報衆生 濟度不能)이라."

풀이한즉 자기가 지은 죄는 반드시 자기가 보응을 받아야 한다는 것입니다. 이것을 어떤 법과 제도로도 막을 수 없다는 것입니다. 자기가 지은 죄를 자기가 보응받아야 한다는 것입니다. 성경에 의하면 죄 값은 사망이라고 하지 않습니까? 그러니까 모든 사람은 다 죽어야 합니다.

그러자 안안자라는 제자가 물어 봅니다.

"우리가 어떻게 죄 용서를 받습니까? 이 세상 후엔 우리가 어디로 어떻게 가는 것입니까?"

그러자 석가모니가 말했습니다.

"나는 모른다, 나는 모른다."

"선생님, 왜 모른다고만 하십니까? 선생님은 다 알고 있지 않습니까?"

그러자 석가모니가 다시 이렇게 말했습니다.

"하시야소래 오도유무지등야(荷時爺蘇來 悟道油蕪之燈也)라."

이 말이 무슨 말인 줄 아십니까?

"언젠가 야소라는 분이 오게 될 것이다. 그러면 그때 내가 알고 있는 진리는 기름 없는 등불에 불과해질 것이다."(라마다경 38:8)

이 야소는 중국말로 예수라고 하는데, 불가에서는 석가모니의 가르침을 더 드러내는 제자라고 말합니다. 어쨌든 석가모니 역시 하늘의 경지에 올라갈 뻔하였지만 결국 하나님이 계시를 주지 않아서 인간의 깨달음과 참선만으로는 한계가 있음을 보여주었습니다.

죄와 죽음의 문제를 해결해 주신 예수님

예수 그리스도는 어떤 분이었습니까? 바로 그분은 '생이지지'한 분이었습니다. 그는 태어날 때부터 하나님의 뜻을 알았습니다. 태어날 때부터 하나님의 계시를 받고 구원의 비밀을 아셨던 분입니다. 그런 의미에서 예수 그리스도는 '생이지지'를 넘어 '신이지지' 하셨던 분이라고 할 수 있습니다. 왜냐면 그분은 원래 하나님이시고 하나님의 아들이셨기 때문입니다. 바로 그분이 하늘의 영광을 버리고 사람으로 오셨습니다. 한마디로 도성인신하시고 성육신하신 분입니다. 그러니까 그분은 태어날 때부터 하나님의 계시를 받고 구원의 진리를 알았던 분입니다. 아니, 원래 신이셨기 때문에 그분의 오심이 구원 자체였고 구원 계시로 오신 것입니다.

'하나님이 사람이 되어 오셨다, 영원한 하나님이 우리와 같은 육신으로 오셨다'는 이 성육신의 사건이 얼마나 신비한 이야기입니까? 더구나 성육신하신 그분이 우리가 받을 죄와 저주로 인하여 십자가에 죽으셨다는 사실이 얼마나 신비스럽고 신묘막측한 이야기입니까? 그러나 이것이 우리를 향한 하나님의 수수께끼 같은 사랑이요, 아이러니한 사랑 이야기가 아닐 수 없습니다. 하나님이 우리를 매우 사랑하셔서 예수 그리스도를 통하여 우리를 구원해 주시기 위해 이루신 사건이기 때문입니다. 이것이 우리에게 복음이요, 하나님의 능력이요, 아니 하나님의 사랑 이야기인 것입니다. 얼마나 아름답고 감동적인 하나님의 사랑 이야기입니까?

지난주에 갑자기 말기암 선고를 받고 중환자실에 입원한 집사님의 남편을 위해 기도해 주러 간 적이 있습니다. 그분은 법 없이도 살 수 있는 아주 착한 분이라 교회에 안 나왔습니다. 죄가 없다고 생각해서 말입니다. 그러다가 말기암이 온몸에 퍼진 뒤에야 발견된 것입니다. 제가 가서 기도해 주고 복음을 전했습니다. 그랬더니 자기가 한 일도 아무것도 없이 십자가의 도만 믿고 구원받는다는 게 너무 미안하고 죄송해서 못 믿겠다고 합니다. 그래서 제가 혼을 내주었습니다. 좋은 말로 할 때 빨리 믿으라고 말입니다.

"선생님, 죄송할 것 전혀 없습니다. 그냥 믿으면 됩니다. 그것이 하나님의 사랑이고 지혜인걸요. 그냥 하나님의 사랑을 받고 십자가의 도를 믿는 것이 하나님의 사랑을 받는 거예요."

그러므로 우리는 더 이상 참선을 하거나 고행을 할 필요가 없습니다. 새로운 이치를 깨달으려고 철학적인 연구를 하거나 탐구를 할 필요가 없습니다. 그저 우리는 하나님의 사랑을 받고 복음을 받으면 됩니다. 그저 우리는 이 하나님의 사랑과 능력의 복음을 감격함으로 받고 눈물로 하나님을 사랑하고 찬양하고 그의 가르침에 순종하며 헌신할 뿐입니다. 바로 이것이 하나님의 말씀이고 십자가의 복음이며 하나님의 사랑 이야기입니다.

♪ 아름다운 이야기가 있네 구세주의 사랑 이야기

영광스런 천국 떠난 사람 나와 같은 죄인 구하려
주님의 그 사랑은 정말 놀랍네 놀랍네 놀랍네
오 주님의 그 사랑은 정말 놀랍네 나를 위한 그 사랑

미련하게 보이는 십자가의 도

여전히 하나님의 사랑을 받지 않고 십자가의 복음을 믿지 않는 자에게는 그것이 미련하게만 보입니다. 복음을 믿지 않고 멸망하는 자들에게는 자꾸 그것이 미련하게 보이고 어리석게만 보입니다. 왜냐면 그들은 하나님이 주신 계시와 사랑의 복음을 받아들이지 않고 끝없이 무언가 새로운 것을 탐구하려는 사람들이기 때문입니다. 자꾸 새로운 것을 깨닫기 위해서 참선을 하고 고행을 하는 사람들이기 때문입니다. 그러니 십자가의 도와 하나님의 사랑이 어리석고 미련해 보일 수밖에 없습니다. 그러나 십자가의 복음을 믿고 구원을 받는 우리에게는 그것이 하나님의 능력이고 지혜입니다.

> 고전 1:18 십자가의 도가 멸망하는 자들에게는 미련한 것이요 구원을 받는 우리에게는 하나님의 능력이라

> 고전 1:23-24 우리는 십자가에 못 박힌 그리스도를 전하니……오직 부르심을 받은 자들에게는 유대인이나 헬라인이나 그리스도는 하나님의 능력이요 하나님의 지혜니라

멸망하는 자들에게는 십자가의 도가 미련한 것으로 보이지만 구원받는 자들에게는 이 십자가의 도가 하나님의 능력이요 지혜요 사랑입니다. 바울도 원래는 하나님의 율법을 지킴으로만 구원을 얻는다고 믿었던 사람입니다. 그러나 바울은 하나님의 사랑과 십자가의 도를 알고 나서부터 죽을 힘을 다해 십자가의 복음을 전하고 다녔습니다. 아니, 자기뿐만 아니라 이 복음을 받은 모든 성도들에게 이 십자가의 도야말로 하나님의 능력이요 지혜라고 말입니다. 그러므로 이러한 하나님의 능력과 지혜를 전하자고 역설하고 또 역설했습니다.

바로 그걸 전하는 것이 세상 사람 보기에는 매우 어리석게 보이고 미련하게 보일지 모르지만, 그것은 분명히 하나님의 능력이요 지혜라는 것입니다. 그러므로 우리는 이 십자가의 복음을 전해야 합니다. 하나님의 능력의 도를 전해야 합니다. 그래서 저는 십자가의 복음을 전하는 사명을 담은 새에덴교회가를 지어서 성도들과 함께 부르곤 합니다.

♪ 십자가의 복음만이 우리의 사명
부활복음 전파하여 충성 다하자
민족 구원 세계 선교 불길 일으켜
하늘나라 확장하는 영광스런 새에덴교회

미련한 것들의 역설적 지혜

하나님은 당신의 복음의 능력과 지혜를 나타내기 위하여 세상의 미련한 사람들을 선택하여 지혜 있는 자들을 부끄럽게 하십니다. 세상의 연약한 사람들을 택하사 강하고 똑똑한 사람들을 부끄럽게 하십니다. 또한 세상의 천하고 멸시받고 천대받고 가난한 사람들을 택하사 존귀하고 부요하고 위대한 사람들을 폐하게 하십니다.

> **고전 1:27-28** 그러나 하나님께서 세상의 미련한 것들을 택하사 지혜 있는 자들을 부끄럽게 하려 하시고 세상의 약한 것들을 택하사 강한 것들을 부끄럽게 하려 하시며 하나님께서 세상의 천한 것들과 멸시 받는 것들과 없는 것들을 택하사 있는 것들을 폐하려 하시나니

왜 그렇습니까? 이유는 하나입니다. 그 잘나고 똑똑한 인간의 육체와 이성을 자랑하지 못하게 하기 위해서였습니다. 인간이 잘나면 얼마나 잘나고 똑똑하면 얼마나 똑똑하단 말입니까? 그 잘나고 똑똑한 사람들을 부끄럽게 하고 무너뜨리기 위해서 약하고 부족한 사람들을 선택하셨다는 것입니다.

> **고전 1:29** 이는 아무 육체도 하나님 앞에서 자랑하지 못하게 하려 하심이라

그러므로 우리가 증명하지 못하고 체험하지 못하는 모든 것을 부정해야 합니까? 이성과 경험이 종교의 자리를 대신해야 합니까? 그렇다면 자기들이 믿는 종교를 다 때려치우고 과학을 종교로 믿어야

하지 않겠습니까? 그런 종교가 무슨 필요가 있단 말입니까? 그런 종교 지도자들은 다 세상에 나가서 노동이라도 하는 것이 나을 것입니다.

물론 18세기에는 계몽주의나 이성주의, 합리주의가 신앙을 대신할 수 있다고 확신했습니다. 그러나 1, 2차 세계 대전을 경험하고 나서 인간의 이성이 모든 것을 해결하리라는 꿈은 철저하게 박살이 나고 말았습니다. 그 잘나고 똑똑한 이성주의와 지성은 다 무너지고 요절나고 말았습니다. 그래서 우리 개혁신학과는 다르지만 몰트만 같은 사람은 그 비참한 2차 세계대전을 경험하고 평화의 사회를 꿈꾸는 소망신학을 만들어내기까지 했습니다. 그만큼 인간의 이성주의와 합리주의가 오히려 인간을 절망케 하고 파괴시켜버렸습니다. 지금도 세상은 똑똑한 사람으로 가득 차 있습니다. 세상은 영웅들이 활극하는 무대요, 똑똑한 사람이 판을 치는 장(場)입니다.

니므롯의 웅대한 바벨 탑, 아브라함의 초라한 제단

아브라함 시대도 마찬가지였습니다. 아브라함과 거의 동시대에 살았던 니므롯이라는 사람은 당대의 영웅이요 호걸이며 용사였습니다. 아니, 고대 바벨론 제국의 초대 왕이었습니다. 니므롯은 영웅답게 거대하고 웅대한 바벨 탑을 하늘 높이 쌓았습니다. 그러나 아브라함은 영웅도 아니고 호걸도 아니었습니다. 그렇다고 용사도 아니었습니다. 얼마나 겁이 많고 거짓말도 잘했는지 모릅니다. 애굽의 바로와 블레셋의 아비멜렉 왕을 두려워하여 자기 마누라를 누이라고 하며 상납해 줄 정도였습니다.

그는 초라한 제단밖에 못 쌓았습니다. 아브라함이 쌓은 제단을 니므롯이 쌓은 제단과 비교하면 매우 초라하고 왜소하기가 그지없었습니다. 그러나 하나님은 그렇게 웅장한 바벨 탑을 쌓았던 니므롯을 심판하셨습니다. 반대로 부족하고 연약한 아브라함을 통해 하나님은 당신의 구속의 역사를 진행해 가시고 하나님의 도성을 건설해 가셨습니다. 아니, 하나님은 아브라함이 쌓은 제단을 받으시고 그 제단을 통하여 니므롯을 심판하셨다고 할 수 있습니다. 왜냐면 아브라함은 하나님의 이름과 영광을 위해 제단을 쌓았지만 니므롯은 자신의 위대함을 과시하고 당시의 음녀신이었던 이쉬타르라는 여신을 위해 바벨 탑을 쌓았기 때문입니다.

모세 때도 마찬가지였습니다. 당시 바로는 얼마나 위대한 영웅이고 호걸이었습니까? 얼마나 권세가 당당한 사람이었습니까? 그러나 모세는 80세 된 꼬부랑 할아버지였습니다. 거기다가 자신감도 없고 확신 하나 없는 할아버지였습니다. 그래서 자기는 절대로 하나님의 종이 될 수 없고 죽어도 동족을 구원할 수 없다고 했습니다. 제발 "보낼 만한 자를 보내소서"라고 하나님의 부르심에 거절하고 또 거절했던 사람입니다. 그런데 하나님은 이런 모세를 통하여 바로를 부끄럽게 하셨습니다. 아니 바로뿐만 아니라 모든 이집트 사람들이 섬기는 신들을 모세의 발 앞에 엎드리게 하고 부끄럽게 하신 것입니다.

못난 자를 주의 종 삼으신 이유

우리도 아브라함 같은 사람이고 모세 같은 사람이 아닙니까? 얼마나 우리가 못나고 부족합니까? 그러나 세상에는 영웅호걸이 숱하게 많습니다. 우리보다 잘나고 똑똑한 그 니므롯 같은 사람이 얼마나 많고 사방 천지에 바로 같은 사람이 얼마나 많습니까? 이런 것을 생각하면 저는 하나님 앞에 얼마나 죄송하고 송구한지 모릅니다. 세상을 보면 이렇게 잘나고 똑똑하고 인물도 좋고 목소리도 좋고 말도 잘하는 사람이 참 많습니다. 거기다가 스펙도 얼마나 화려한지 모릅니다. 하나님이 그런 사람들을 목사로 세우면 얼마나 좋겠습니까? 그런데 왜 저 같은 사람을 하나님이 목사로 세우셨는지 모르겠습니다.

하나님께서 앞에서 말한 현각 승려 같은 사람을 불러서 목사로 세우시면 얼마나 좋겠습니까? 아니 그 양반은 외국 사람이니까 제외한다 해도 우리나라에도 법륜이나 명진이나 혜민 같은 분들이 있지 않습니까? 그분들을 보면 얼마나 인물이 좋습니까? 인물이 저하고는 게임이 안 됩니다. 물론 저도 상당히 잘생긴 편에 속하지만, 그분들과 견주어 볼 때 저는 완전히 3층 옥상에서 떨어진 장메주 같은 사람입니다. 또 먹다 남은 풋사과 같고, 타다 남은 부지깽이 같은 사람입니다.

뿐만 아니라 그분들의 목소리는 또 얼마나 좋습니까? 재치와 유머가 넘치는 스피치, 게다가 스펙은 얼마나 화려합니까? 하나님께서 차라리 저 같은 사람은 땡초가 하게 하시고 그런 분들을 위대한 주의 종으로 불러서 쓰셨다면 얼마나 좋겠습니까? 저는 하나님 앞에 이런 면에서 아쉬운 마음을 갖고 있습니다. 이런 사람들과 비교하면 제가 너무 부족하고 못났나는 생각이 듭니다. 그런데 하나님께서 왜 저같이 못난 사람을 불러서 주의 종으로 쓰시냐 말입니다. 왜 저같이 천하고 연약한 사람을 불러서 주의 복음을 전하게 하시느냐는 말입니다.

이유는 저같이 못난 사람을 통해서라도 세상의 그 잘나고 똑똑한 영웅들을 부끄럽게 하기 위해서입니다. 그런 사람들에게 주의 능력의 복음을 전하고 하나님의 사랑을 나타냄으로써 그들로 하여금 주님의 무릎 앞에 엎드리게 하기 위해서입니다. 뜨거운 목젖과 젖은 눈동자로 주님을 섬기고 찬양하게 하려는 것이 아닙니까? 그래서 부족하지만 소 목사를 통해서 얼마나 많은 세상의 똑똑한 사람들이 예수 그리스도의 복음 앞에 부복하는 역사가 나타났습니까?

"마루 밑의 개가 웃겠다."

가끔 제 중학교, 고등학교 친구들이 모여서 이런 이야기를 한다고 합니다.

"소강석이가 저렇게 큰 교회 목사가 되어서 목회하는 것 보면 마루 밑의 개가 웃겠다. 아니, 그애가 학창 시절에 어떤 애였는데! 얼마나 까불고 부잡했냐? 그런데 쟤가 저렇게 훌륭한 목사가 되어서 우리나라 각계 각층의 지도자와 소통하고 각계 각층을 아우르는 종교 지도자요, 세계를 자기 집 대문 드나들듯이 다니며 영향력을 행사하는 목사가 되었다니, 정말 미치고 팔짝 뛸 일이 아니냐? 그러니 우리가 새에덴교회 가서 옛날 소강석의 학창 시절을 한번 까발려 보

자. 그러면 소강석이 한 방에 날아갈걸?"

그러면서 웃었다는 것입니다. 그래서 제가 뭐라고 이야기한 줄 아십니까?

"그래, 주일날 다 모여라. 와서 다 까발려 봐라. 나 학교 다니면서 애들과 함께 남의 집 토마토 따 먹고 수박 따 먹고 오이 서리한 것 교인들한테 다 이야기했다. 여학생 꼬시러 교회 나간 것도 천 번도 더 이야기했다. 어차피 나는 나를 미리 공개하여 상대를 통제하는 리더십을 행사하는 목사가 아니더냐. 그러니 제발 와라. 와서 십일조만 하고 감사헌금만 하려면 얼마든지 와서 까발려라. 매주마다 와서 까발려라."

우리 친구들 말마따나 저는 그런 사람이었습니다. 그런데 이렇게 못나고 추한 사람을 불러서 세상의 지혜로운 사람을 하나님 앞에 부끄럽게 하고 강한 사람을 하나님 앞에 부복하게 만드셨습니다. 그러니 얼마나 하나님의 은혜가 위대하고 하나님의 복음의 능력이 대단합니까? 하나님의 사랑 이야기가 어쩌면 그렇게 감동적이고 지혜롭게 역사했단 말입니까?

우리도 십자가의 복음을 선포하는 한, 세상의 잘난 사람을 부끄럽게 하는 사람들입니다. 하나님의 사랑과 주님의 복음을 전하는 한, 다 세인들을 부끄럽게 할 수 있는 사람들입니다. 솔직히 우리 가운데 일류대를 나온 사람이 얼마나 있습니까? 세상이 영웅과 호걸로 인정해 주는 사람이 얼마나 있습니까? 물론 많이 있습니다. 그러나 우리 교회보다는 교회 바깥에 훨씬 더 많습니다.

누가 진정한 영웅이요, 강자인가?

고린도 교회도 마찬가지였습니다. 고린도 교회 안에는 문벌이 좋거나 육체를 따라 지혜롭다거나 능한 자가 많지 않았습니다. 한마디로 세상의 영웅과 호걸이 많지 않았단 말입니다. 그러나 세상에서는 연약하고 천대받고 멸시받는 사람들이었지만 그들이 복음을 가지고 세상의 똑똑하고 훌륭한 영웅들에게 복음을 전했을 때, 오히려 고린도 교인들이 더 위대하고 똑똑한 사람들이 되었습니다. 왜냐면 그 복음 앞에 세상 사람들이 부끄러워했고 하나님 앞에 부복하였기 때문입니다.

세상에서 아무리 똑똑한 사람도 문제없는 사람이 없습니다. 아니 아무리 영웅호걸이라 해도 다 죄 문제와 죽음의 고통 앞에 신음하고 갈등하고 있습니다. 그래서 진시황도 안 죽으려고 몸부림을 치며 불로초를 구했고, 한무제 역시 생로병사의 고통을 초극하기 위하여 승로반의 이슬을 마신 것이 아닙니까?

그런 것처럼 오늘 현대인도 본인이 유별나게 이성적이고 잘나고 똑똑한 것처럼 보입니다만, 하나님의 복음 앞에는 반드시 부끄러워하게 되어 있습니다. 하나님의 능력 앞에는 기필코 엎드리게 되어 있습니다. 그렇지 않은 사람들이 오히려 의도적으로 반항하고 안티 성향을 보일 뿐입니다. 그러니까 그들이 교회를 공격하고 기독교를 폄훼하려고 하지만 그들의 영혼과 속사람은 남모르게 고뇌하고 갈등하며 방황하고 있다는 사실을 알아야 합니다.

그러나 언젠가 그들도 복음 앞에 부끄러워할 때가 있습니다. 이 땅에서 부끄러워하지 않으면 저 영원한 심판대 앞에 가서라도 부끄러워할 것입니다. 아니 부끄러움을 넘어서 두려워 떨게 됩니다. 이 땅에서 아무리 안티 성향을 가지고 복음 앞에 반항하고 십자가의 도를 폄훼할지라도 저 영원한 심판대 앞에 가서 반드시 부끄러워하고 두려워 떨게 되는 날이 옵니다.

하나님을 섬기다가 너무 부족하다는 생각이 드십니까? 또 전도를 하면서 너무 연약하다고 느껴지십니까? 물론 우리는 연약하고 부끄럽습니다. 솔직히 성가대 가운데 조수미나 조용필 같은 사람이 있습니까? 주일학교 교사들 가운데 사범대학이나 교육대학을 나온 사람들이 얼마나 있습니까? 우리 교회 안내위원들 가운데 미스코리아 출신이 한 명이라도 있습니까?

노래 잘하고 가르치기를 잘하며 예쁜 사람은 교회보다 세상에 더 많습니다. 전도하는 분들도 마찬가지입니다. 우리보다 노인정 다니며 약 팔아 먹는 약장사가 말도 훨씬 더 잘하고 수완도 좋습니다. 그러나 하나님은 우리같이 부족한 사람을 부르셨습니다. 우리처럼 부족한 사람을 들어서 하나님을 높이고 주의 복음을 전함으로써 세상을 부끄럽게 하고 세인들을 수줍게 하기 위해서였습니다.

그러므로 세상을 두려워하지 마십시오. 세상의 영웅들 앞에 기죽지 마십시오. 많이 못 배웠다고, 스펙이 약하다고 부끄러워하면 안 됩니다. 가진 것이 없다고 약 오르지 마십시오. 우리에게 십자가의 도가 있는 이상, 하나님의 사랑을 믿는 믿음이 있는 한 우리는 진정으로 강자입니다. 아니, 오직 예수의 복음을 전하고, 십자가의 도를 전하는 사람은 위대한 사람입니다. 세상을 부끄럽게 할 수 있는 사람입니다.

> ♪ 두려워 말라 어린 양이여 땅과 하늘의 권세 잡은 이
> 널 찾아내어 안보하시리니 죽음에서 생~명에 이르리라
> 오직 믿음 오직 믿음 능치 못함 없겠네 오직 믿음
> 오직 믿음 오직 믿음 강한 자가 되리라 오직 믿음

루스벨트의 두 다리

한창 정치 활동을 왕성하게 하던 루스벨트는 39세 무렵 갑자기 몸에 마비 증세가 나타났습니다. 더 이상 걷는 것이 어려워 휠체어를 타고 다녀야 했습니다. 그는 절망에 빠져 한동안 방에 틀어박힌 채 문조차 열지도 않았습니다. 그러자 부인인 엘레나 여사가 매우 안타깝게 여겨 남편을 휠체어에 태워 정원으로 산책을 시켰습니다.

"여보, 비가 온 뒤에는 반드시 이렇게 맑은 날이 온 것처럼 당신의 인생도 그렇게 될 거예요."

그러자 루스벨트는 한숨을 쉬며 탄식했습니다.

"하지만 나는 영원히 불구자요. 그래서 당신 고생이 몇 갑절이 더 될 텐데, 그래도 당신은 나를 사랑하겠소?"

그때 엘레나 여사가 뭐라고 대답했는지 아십니까?

"무슨 서운한 말씀을 그렇게 하세요. 그럼 내가 지금까지 당신의 두 다리만을 사랑했단 말인가요?"

루스벨트는 아내의 손을 다시 한 번 굳게 잡으며 희망의 눈물을

흘렸습니다. 그리고 아내의 격려에 큰 용기를 입어, 육신의 두 다리는 장애가 되었지만 마음은 다시 일어날 수 있었습니다. 그의 연약함이 오히려 더 강인한 희망과 꿈을 만들었습니다. 그래서 아지랑이 피는 언덕 위에 하얀 백합화가 피고 연분홍 수선화가 만발한 모습을 보며 꿈의 언덕을 뛰고 또 뛰었습니다. 마침내 루스벨트는 장애인의 몸으로 미국 역사상 두 번이나 대통령에 당선되는 쾌거를 이루었습니다. 불구가 된 루스벨트의 두 다리는 그의 가장 강인한 힘이 되어 주었습니다.

그러므로 연약하다고 생각한 때일수록 주님을 더 잘 섬겨야 합니다. 연약하다고 생각할수록 이웃들에게 더 복음을 전해야 합니다. 우리의 연약함으로 하나님의 능력을 더 드러내야 합니다. 그럴 때 우리가 세인들보다 더 위대한 사람이 될 것이고 세상의 영웅보다 더 능력 있는 사람이 될 것입니다. 오히려 우리를 통하여 세인들을 부끄럽게 하고 세상의 영웅을 하나님께 돌이키며 부복하게 하는 역사가 있게 될 것입니다.

사랑의 묘약을 마셔
최고의 행복자가 되라

아가 2장 5-7절

"너희는 건포도로 내 힘을 돕고 사과로 나를 시원하게 하라 내가 사랑하므로 병이 생겼음이라 그가 왼팔로 내 머리를 고이고 오른팔로 나를 안는구나 예루살렘 딸들아 내가 노루와 들사슴을 두고 너희에게 부탁한다 내 사랑이 원하기 전에는 흔들지 말고 깨우지 말지니라"

사랑의 묘약을 들고 갈구하는 술람미

"사랑의 묘약"이라는 오페라를 아십니까?

한 마을에 사는 네모리노라는 남자가 아디나라는 여자를 짝사랑합니다. 그런데 정말 잘생기고 용감한 군인인 벨 코레라는 상사도 아디나를 사랑합니다. 당연히 아디나는 잘생긴 벨 코레에게 마음이 끌립니다. 그때 떠돌이 약장사인 둘 카마라가 마을에 나타납니다. 그러자 네모리노는 약장사 둘 카마라에게 여자가 자기를 사랑하게 하는 사랑의 묘약이 없느냐고 묻습니다. 허풍쟁이 약장사는 싸구려 포도주를 주며 그것이 사랑의 묘약이라고 사기를 칩니다. 묘약을 마신 네모리노는 아디나를 찾아가지만 아디나는 그의 사랑을 거절합니다.

네모리노는 다시 약장사 둘 카마라를 찾습니다. 사랑의 묘약을 한 병 더 사서 마시기 위해서였습니다. 그러나 그에게는 약을 살 돈이 없었습니다. 그래서 자신의 사랑의 삼각관계 남자였던 벨 코레 상사에게 졸병으로 몸을 팔고 들어갑니다. 그리고는 선금을 받아 사랑의 묘약을 한 병 더 사서 마십니다.

그 후 약장사 둘 카마라는 아디나를 찾아가 네모리노가 그녀의 사랑을 얻기 위해 군대에 몸을 팔고 사랑의 묘약을 사서 마셨다는 이야기를 해줍니다. 아디나는 비로소 네모리노의 사랑의 진정성을 알고 마음을 열게 됩니다. 네모리노는 그때 뜨거운 사랑의 눈물을 흘리며 감동적인 테너로 그 유명한 사랑의 아리아를 부릅니다. 그러자 아디나도 하이 소프라노로 네모리노에게 영원한 사랑을 맹세합니다.

거짓말 같은 사랑의 묘약이 이렇게 효과가 나타난 것입니다.

마찬가지로 여기 사랑의 묘약을 움켜쥐고 더 이상 빼앗기지 않으려고 가슴 절절한 사랑에 빠져 님의 사랑의 노예로만 살아가려는 한 여인이 있습니다. 그녀가 누굽니까? 아가서에 나오는 술람미 여인입니다. 성경은 술람미 여인이 어떻게 솔로몬 왕과 만나고 사랑을 시작했는가는 말해주지 않고 있습니다.

드라마틱한 솔로몬과 술람미의 만남

구약 신학자 아이런 사이더는 유대 랍비의 전통에 근거해서 솔로몬과 술람미 여인의 처음 만남의 동기를 이렇게 설명합니다. 예루살렘에서 북쪽으로 80킬로미터 정도 떨어진 곳에 에브라임 산지가 있는데 거기에 솔로몬의 드넓은 개인 포도원이 있었다고 합니다. 솔로몬은 그 포도원을 한 소작인에게 맡겼습니다. 바로 그 포도원 소작농의 딸이 술람미 여인이었다는 것입니다.

당시 솔로몬 왕은 포도원에 꽃이 피거나 포도 열매가 무르익을 때 그 포도원을 순방하곤 했습니다. 그러던 어느 날 포도원에 가 보니까 한 아가씨가 성실하고 진지하게 일을 하고 있지 않습니까? 솔로몬은 신하들을 통해서 그 여자에 대한 이야기를 운명처럼 듣게 됩니다. 술람미 여인에게는 오빠들이 있었습니다. 그 오빠들이 친오빠라는 견해도 있고 의붓오빠들이었다는 주장도 있습니다.

어쨌든 그 오빠들이 서로 짜고 자기들은 빈둥빈둥 놀면서 여동생인 술람미 여인만 일을 시키고 부려먹었다는 것입니다. 그녀는 그런

오빠들을 절대로 원망하지 않고 주인인 솔로몬 왕의 포도원 경작에 열심을 다해 일했습니다. 얼굴이 햇볕에 완전히 그을리고 타도록 일을 했습니다. 그럼에도 불구하고 더 열심히 하지 못한 미안한 마음으로 가득 차 있었습니다.

> **아 1:6** 내가 햇볕에 쬐어서 거무스름할지라도 흘겨보지 말 것은 내 어머니의 아들들이 나에게 노하여 포도원지기로 삼았음이라 나의 포도원을 내가 지키지 못하였구나

솔로몬은 신하들로부터 이런 여인의 스토리를 운명처럼 들었습니다. 그러자 그 여인에게 시선이 집중되었습니다. 처음에는 그 여인을 불쌍히 여기고 긍휼히 여기는 연민과 애잔한 마음이 생겼습니다. 그러다가 어느 날부턴가 그 여인을 향한 사랑하는 마음이 생기기 시작합니다. 제국의 왕이 천하디천한 포도원 소작농의 딸을 향한 사랑의 열병을 앓기 시작하였습니다.

솔로몬은 당시 절대 권력과 부귀영화를 누린 왕이었습니다. 그리고 천 명에 달하는 비빈들이 있었습니다. 그런데 솔로몬은 술람미 여인을 향한 운명 같은 사랑을 하게 됩니다. 술람미 여인은 솔로몬 왕의 사랑을 처음에는 받아들이지 않고 도망다닙니다. 자기는 포도원에서 일하는 소작농의 딸에 불과한데, 이 불민하고 천박한 여자가 어찌 천하를 다스리는 폐하의 사랑을 받을 수 있겠느냐고 말입니다.

이산과 송연의 애틋한 사랑

몇 년 전에 제가 금요 철야기도회 시간에 아가서를 한창 강의할 때 한 공중파 방송에서 "이산"이라는 드라마를 방영했습니다. 그 드라마에서도 정조가 세손 때부터 다모 출신 송연에게 다가가 구애를 했습니다. 그러면 송연이 이렇게 말하며 도망가고 또 도망갑니다.

"감히 어떻게 제가 세손 전하를 사랑할 수가 있겠습니까? 어떻게 불민한 제가 지존하신 전하를 사랑할 수 있겠습니까?"

그러니 여기 술람미도 당연하지 않겠습니까? 술람미 여인도 솔로몬 왕의 사랑을 거절하고 한 나무 밑으로 가서 잠시 숨어 있었던 것 같습니다. 그때 솔로몬 왕이 찾아갔습니다. 물론 솔로몬은 당시 절대 권력을 가지고 있었기 때문에 군대들을 동원해서 강제로 술람미를 잡아오게 할 수 있습니다. 그러나 솔로몬은 순수한 사랑을 하기 위해서 모든 군사와 경호원들을 다 물리치고 홀로 술람미 여인에게 다가가 구애를 했습니다. 어쩌면 솔로몬은 술람미에게 이렇게 고백했을지도 모릅니다.

"술람미 여인이여, 난 오늘 왕으로서 당신을 찾아온 것이 아니라 한 남자로서 찾아온 거요. 나는 오늘 그대를 데려가지 않고는 결코 왕궁으로 들어갈 수가 없소. 그대가 나를 받아주지 않는 한, 나는 이곳을 결코 떠나지 않을 것이오. 술람미여, 부디 내 사랑을 받아주오."

그랬을 때, 술람미 여인이 이런 진정성이 담겨 있는 왕의 사랑을 어떻게 거역할 수 있단 말입니까? 술람미 여인은 자기도 모르게 이슬에 젖은 샤론의 수선화와 같은 눈동자로, 골짜기의 새벽 백합화 같은 순결한 얼굴빛으로 솔로몬의 사랑을 받아들입니다.

그 순간 솔로몬이 술람미 여인에게 다가가서 포옹을 해 주는 것입니다. 아무리 왕이라 할지라도 이 사랑이 매우 순수하고 순백하였기에 솔로몬도 얼굴이 긴장하고 떨렸을 것입니다. 바로 그때 술람미 여인의 눈에 비친 솔로몬의 모습은 한 그루의 사과나무처럼 보였던 것 같습니다.

제아무리 왕이라 할지라도 한 남자로서 진정한 사랑 앞에서는 초조하고 긴장이 되어 자기도 모르게 얼굴이 사과처럼 붉게 변할 수밖에 없었습니다. 바로 그런 모습이 술람미 여인의 눈에는 한 그루의 사과나무처럼 보였습니다. 아무리 생각해봐도 그 사랑은 사과처럼 달기만 했습니다. 그래서 훗날 술람미 여인은 솔로몬과의 첫 만남의 사랑을 이렇게 추억하고 있습니다.

> 아 2:3 남자들 중에 나의 사랑하는 자는 수풀 가운데 사과나무 같구나 내가 그 그늘에 앉아서 심히 기뻐하였고 그 열매는 내 입에 달았도다

그러나 세상에 어떻게 이런 사랑이 있을 수 있단 말입니까? 어떻게 제국의 황제가 소작농의 딸을 이처럼 사랑할 수 있단 말입니까?

"기억하나요, 가슴 아픈 사연을…"

앞에서 말한 "이산"이라는 드라마에서도 그런 일이 있었습니다. 정조가 다모 출신인 송연에게 끊임없는 구애를 합니다. 송연은 끝없이 도망가고 피합니다. 정조의 어머니도 송연과의 사랑을 죽자살자 말립니다. 그래도 정조는 끝까지 송연을 향한 사랑을 포기하지 않습니다.

그러던 어느 날, 정조는 벚꽃나무 흐드러진 언덕에서 송연을 기다리고 또 기다립니다. 벌써 어둑어둑 해가 지고 찬바람이 불어오는데도 그저 우두커니 평범한 저자거리의 사내처럼 송연을 기다립니다. 밤이 깊어가자 남내관이 정조에게 들어갈 것을 간청합니다.

"전하, 밤바람이 차옵니다. 이제 관아에 걸음을 하시는 것이 좋을 듯합니다."

남내관이 아무리 간청하여도 정조는 꿈쩍도 하지 않고 서서 송연을 기다립니다. 그러면서 이렇게 말합니다.

"남내관, 나는 지금 임금으로서 송연을 기다리고 있는 것이 아니라네. 난 송연이 없으면 단 하루도 살 수가 없어. 물론 난 이 나라의 임금이니 어명으로 그 아이를 차지할 수도 있겠지. 허나 그리하고 싶지 않네. 나는 임금이 아닌 한 남자로서 송연과 진정한 사랑을 이루고 싶은 것이라네……."

마침내 송연이 전하의 이름을 간절하게 부르고 또 외쳐 부르며 달려옵니다. 송연은 정조의 품에 안겨 말을 잇지 못하고 한참 눈물을 흘리더니 이렇게 이야기를 합니다.

"함께 가겠습니다, 전하. 그리해도 된다면 전하를 따르겠습니다. 미천하고 불민한 제가 전하께 드릴 수 있는 것은 오직 마음뿐입니다. 그것만으로도 괜찮다고 하신다면……전하의 곁에 있고 싶습니다. 소인이 감히 그리해도 되는 것이라면…… 죽을 때까지 전하의 곁에서……전하를 모시고 싶습니다."

타오르는 눈빛으로 서로를 바라보다 송연이 정조의 품에 안깁니다. 바로 그때 하얀 벚꽃 잎이 함박눈처럼 흐드러지며 두 사람의 머리와 어깨 위로 휘날리기 시작합니다. 그때 애절하고 가슴 저미는 드라마의 주제가가 휘슬소리로 흘러나옵니다.

♪ 기억하나요 가슴 아픈 사연을
　내 님 오실 날을 저울질 하나요
　내게 올 순 없나요 사랑할 수 없었나요
　그대 헤일 수 없는 맘 나였던가요
　잊지 말아요 가슴 아픈 사랑이
　슬퍼하는 날엔 내가 서 있을게요

실제로 송연이 다모 출신인지는 모르지만 정조가 신분이 낮은 여자를 사랑했던 것은 사실입니다. 그리고 드라마에서 송연이라는 인물은 실제로 정조의 후궁이 되어 첫 번째 왕자 문효세자를 낳는 의빈 성씨를 모델로 하고 있습니다. 미천한 출신이었던 송연은 왕의 사랑을 받은 후에는 사랑의 묘약을 마신 듯 이제는 정조 없이는 못 사는 여인이 되어버립니다.

사랑의 묘약을 마신 술람미

아가서도 마찬가지입니다. 그렇게 왕의 사랑을 받아들일 수가 없어서 도망 다니고 피해 다니고 거역하고 거절하던 술람미는 이제 오직 솔로몬밖에 모릅니다. 이제는 솔로몬이 없으면 하루도 살 수 없는 여인이 되어버렸습니다. 그녀는 하루종일 오직 왕의 사랑만 그리워하고 왕이 자기 처소에 오기만을 사모하고 흠모하고 고대하는 여인이 되어버렸습니다. 이제는 왕의 사랑이 없이는 미칠 것 같고 왕 없이는 자신의 존재조차도 확인할 수 없는 사람이 되어버리고 말았습니다. 단 하루도 사랑의 묘약을 마시지 않고는 살아갈 수가 없고 언제나 솔로몬 왕의 사랑의 노예로 살아가고 싶었습니다.

이는 오늘날 하나님과 우리의 사랑의 관계를 교훈해 주는 말씀입니다. 아가서를 해석하는 여러 가지 신학적 견해가 있습니다. 유대인들은 아가서를 하나님의 말씀으로 받되, 자녀들의 성 교과서로 해석해야 한다고 주장합니다. 또 우리 기독교의 일부 신학자들도 아가서를 하나님의 말씀으로 받되, 부부 사랑의 교과서나 모델로 해석해야 한다고 주장하기도 합니다. 그러나 전통적으로는 아가서가 하나님 말씀이고 1차적으로는 부부 사랑의 교훈으로 받을 수 있지만, 궁극적으로는 하나님과 교회, 예수 그리스도와 우리 성도의 사랑의 관계를 교훈해 주는 책이라고 가르칩니다. 그러므로 우리는 솔로몬과 술람미의 사랑 이야기는 하나님과 우리의 사랑 이야기로 교훈받고 받아들여야 합니다.

따라서 아가서는 제국의 황제인 솔로몬이 술람미 여인을 일방적으로 사랑하고 구애했던 것처럼, 하나님께서 우리를 이렇게 일방적으로 사랑해 주셨다는 것을 이야기하고 있습니다. 우리가 언제 하나님께 사랑해 달라고 한 적이 있습니까? 언제 우리가 하나님 사랑이 없으면 못 산다고 했습니까? 그러나 하나님께서 우리를 일방적으로 사랑해 주셨습니다. 우리는 하나님의 사랑을 거역하며 싫다고 도망갔지만 하나님이 우리를 무조건적으로 사랑해 주셨습니다. 아니, 우리는 하나님의 진노의 자녀요 버림받을 수밖에 없는 멸망의 자녀였지만 하나님은 그래도 우리를 무조건 사랑하셨습니다.

그리고 언젠가 우리도 이 하나님의 사랑을 알게 되었습니다. 정말 하나님의 은혜로 이 사랑을 알게 되었습니다. 그래서 어느 때부턴가 우리도 이 하나님의 사랑이 없이는 살 수 없는 존재가 되고 말았습니다. 행여나 이 하나님의 사랑을 빼앗길까봐, 안절부절못하는 사람이 되었습니다. 이제는 우리도 하나님의 사랑의 묘약을 먹고 그 사랑의 노예로 살려고 한다는 말입니다.

입맞춤으로 시작하는 사랑

바로 아가서가 이러한 사실을 교훈해 주고 있습니다. 아가서는 입맞춤의 사랑으로 시작됩니다. 이제 술람미로서는 왕의 사랑을 받은 이상 그 사랑을 빼앗길 수가 없습니다. 솔로몬에게는 수많은 후궁과 처첩이 있었습니다. 그래서 아차하면 자기를 향한 사랑이 그 여인들에게 옮겨갈 수가 있습니다. 우리나라 사극 드라마를 보더라도 왕이 그렇게 자기를 사랑해 주었지만 어느 날 갑자기 다른 여인에게 옮겨

가는 것을 볼 수 있지 않습니까? 그래서 술람미가 솔로몬을 만나자마자 사랑의 입맞춤을 해 달라고 하지 않습니까?

> **아 1:2** 내게 입 맞추기를 원하니 네 사랑이 포도주보다 나음이로구나

이것을 좀더 쉽게 이해하기 위해 표준새번역 성경을 봅시다.

> **아 1:2** 나에게 입맞춰 주세요, 숨막힐 듯한 임의 입술로. 임의 사랑은 포도주보다 더 달콤합니다.

언뜻 보면 이 여자는 대단히 음란하고 음탕한 여자처럼 보일 수 있습니다. 그러나 아닙니다. 하나님은 아가서에 담겨 있는 문학적 내러티브와 서정적 사랑을 통해서 하나님 자신과 우리와의 황홀하고 신비로운 감성적 사랑을 보여주고 싶어하셨습니다. 이성적 사랑이 아닌 가슴의 사랑, 가슴 절절한 주님과의 사랑을 감동적으로 표현하려 한 것입니다. 아니, 우리가 하나님의 사랑을 더 실감나게 느낄 수 있도록, 하나님과 우리의 사랑의 관계를 더 아름답고 돈독하고 깊고 신비롭게 이끌어 주고 싶었습니다.

"주여, 저는 주님의 은혜가 없이는 못 삽니다. 주님의 사랑이 없이는 저는 존재할 수 없습니다. 저에게는 주님이 전부입니다. 주님이 없으면 제가 없고, 제가 있어도 주님이 없으면 저는 없습니다. 아니, 저는 없어도 주님이 계시면 제가 있는 것입니다. 주님이 저의 전부이

십니다. 주님이 저의 사랑의 전부요, 모든 것 중의 모든 것입니다. 그러니 언제나 저에게 구원의 즐거움을 잃어버리지 않게 하옵소서. 첫사랑의 감격을 끝까지 소유하게 하옵소서. 그러기 위해서 저에게 언제나 다시 첫사랑의 입맞춤, 은혜의 입맞춤을 허락해 주옵소서."

♪ 빛이 없어도 환하게 비춰 주시는
　주 예수 나의 사랑이여
　음성이 없어도 똑똑히 들려 주시는
　주 예수 나의 사랑이여
　주님이 계시므로 나도 있고
　주님의 노래가 머물므로 나는 부를 수 있어요
　주여 꽃처럼 향기 나는 나의 생활이 아니어도
　나는 주님이 좋을 수밖에 없어요
　주 예수 나의 사랑이여

입맞춤을 넘어 침실의 사랑으로

며칠 전 중국의 한 남성이 유명 여배우와 5초 동안 키스하는 비용으로 700만 원이란 거금을 지불한 사건이 전 세계에 화제가 된 적이 있습니다. 그러나 그런 돈 있으면 하나님께 드리고 하나님과의 영적인 입맞춤을 하면 얼마나 황홀한지 아십니까? 아가서의 사랑은 입맞춤으로 끝난 것이 아닙니다. 이제 침실의 사랑으로 발전이 됩니다. 그래서 술람미 여인은 솔로몬에게 이렇게 간청합니다.

아 1:4 왕이 나를 그의 방으로 이끌어 들이시니 너는 나를 인도하라

그러나 표준 새번역 성경은 이 구절을 이렇게 표현하고 있습니다.

아 1:4 나를 데려가 주세요, 어서요. 임금님, 나를 데려가세요, 임의 침실로

아마 지금 술람미 여인은 솔로몬과 함께 궁궐 안에 있는 비원을 함께 걸었든지 벤치에 앉아 있었던 것 같습니다. 그리고 왕의 달콤하고 감미로운 사랑의 입맞춤을 받았습니다. 그러자 그녀는 어서 침실로 데려가 달라고 간청합니다. 왕이 그녀를 침실로 데려갑니다. 거기서 술람미 여인은 지금 죽어도 여한이 없을 정도로 황홀한 솔로몬 왕의 사랑을 받고 또 받았습니다.

그 사랑은 아무리 받고 또 받아도 참으로 사과처럼 달콤하기만 했고 또 잔칫집같이 마냥 즐겁고 황홀하고 좋기만 했습니다. 술람미는 완전히 그 사랑에 뿅 가버렸습니다. 그 사랑에 완전히 미쳐버렸습니다. 지금 술람미 여인은 솔로몬의 품 안에 안겨 있습니다. 너무 행복하고 황홀하기 그지없습니다. 그러나 다른 편으로 생각해 보니 가슴이 멈춰버릴 정도로 너무나 어처구니없는 사랑을 받은 것입니다.

'세상에 내가 뭔데! 나 같은 천박한 여자가 왕의 후궁이 되어 이렇게 왕의 품에 안겨 있으니 얼마나 어처구니없고 기이한 일인가?'

갑자기 술람미 여인은 두려운 마음이 생겼습니다.

'이 사랑이 계속되어야 할 텐데. 나를 향한 왕의 사랑이 절대로 변하지 않아야 할 텐데! 그러나 행여 왕의 마음이 변하면 어떻게 된단 말인가. 언젠가 왕이 나를 버린다면 나는 얼마나 비참한 존재가 될 것인가…….'

술람미 여인은 그런 불안하고 초조한 마음으로 사랑의 묘약을 먹고 싶었습니다. 왜냐면 솔로몬의 품에서 솔로몬을 너무 사랑하고 흠모한 나머지 거룩한 상사병이 났기 때문입니다. 술람미 여인은 이 사실을 이렇게 고백하고 있습니다.

아 2:5 너희는 건포도로 내 힘을 돕고 사과로 나를 시원하게 하라 내가 사랑하므로 병이 생겼음이라

아 2:5 "건포도 과자를 주세요. 힘을 좀 내게요. 사과 좀 주세요. 기운 좀 차리게요. 사랑하다가, 나는 그만 병이 들었다오."(표준새번역)

여기 건포도와 사과는 술람미 여인에게 사랑의 묘약과 같습니다. 그녀는 지금 솔로몬을 향한 거룩한 상사병에 걸렸기 때문입니다. 상사병이 무엇입니까? 누군가를 너무너무 사랑해서 그 사랑으로 인해 몸과 마음이 쇠약해진 병을 말합니다. 술람미 여인은 솔로몬의 품에 있으면서도 솔로몬을 더 그리워하고 있습니다. 분명히 솔로몬의 품에 안겨 있으면서도 솔로몬의 더 깊은 품을 그리워하고 그 깊은 품으로 파고들고 싶었던 것입니다.

"그대가 곁에 있어도 나는 그대가 그립다."

이런 사랑의 그리움을 류시화 시인은 "그대가 곁에 있어도 나는 그대가 그립다"라는 시로 표현했습니다.

내 안에 있는 이여
내 안에서 나를 흔드는 이여
물처럼 하늘처럼 내 깊은 곳 흘러서
은밀한 내 꿈과 만나는 이여
그대가 곁에 있어도 나는 그대가 그립다

얼마나 아름다운 시입니까? 바로 술람미 여인이 왕의 품에 안겨 있으면서도 더 깊은 왕의 품을 그리워하며 갈구하고 있습니다. 바로 그랬을 때 솔로몬이 술람미를 왼팔로 베개를 하고 오른팔로 안아 주었습니다.

아 2:6 그가 왼팔로 내 머리를 고이고 오른팔로 나를 안는구나

술람미 여인은 이 세상 최고의 행복자가 되었습니다. 너무나 솔로몬을 사랑해서 갖게 된 모든 아픔이 한 순간에 나아버렸습니다. 내가 언제 그런 두려움과 불안이 있었느냐 할 정도로 황홀하고 가슴이 벅차고 감격에 젖었습니다. 그런 술람미 여인이 이렇게 말하지 않습니까?

아 2:7 예루살렘 딸들아 내가 노루와 들사슴을 두고 너희에게 부탁한다 내 사랑이 원하기 전에는 흔들지 말고 깨우지 말지니라

얼마나 아름다운 문학적 표현입니까? 노루와 들사슴을 두고 부탁한단 말은, 내가 솔로몬의 품에 안겨서 잠이 드는 동안 조금이라도 부스럭거리지 말라는 말입니다. 그리고 내 사랑이 원하기 전에는 흔들지도 말고 깨지도 말라고 부탁하지 않습니까? 그러니까 술람미는 이런 고백을 합니다.

"왕이시여, 나는 이대로가 좋습니다. 나는 이대로 죽어도 좋습니다. 당신이 원하시기만 한다면 난 내일 아침에 일어나 밥을 안 먹어도 좋습니다. 나는 당신의 품에서 영원히 이렇게 잠들고 싶습니다."

주님 앞에 그런 적이 있습니까? 사슴이 시냇물을 찾기에 갈급함 같이 여러분의 영혼도 주님을 그렇게 목마르게 찾아보았습니까?

시 42:1 하나님이여 사슴이 시냇물을 찾기에 갈급함 같이 내 영혼이 주를 찾기에 갈급하니이다

하나님과 그의 말씀을 얼마나 사모했는지 입을 열고 헐떡거리며 사모해 본 적이 있습니까?

시 119:131 내가 주의 계명들을 사모하므로 내가 입을 열고 헐떡였나이다

아니, 사도 바울처럼 스스로 하나님 사랑에 미치고 예수 그리스도의 사명에 미치는 삶을 살고 있습니까?

예수 매니아, 사도 바울

신약성경에서 무엇인가에 미친 사람을 헬라어로 '마이니안'이라고 합니다. 오늘날도 매니아라는 말이 있지 않습니까? 바로 무엇엔가 미쳤다는 말을 쓸 때 '매니아'라고 합니다. 예컨대 컴퓨터에 미친 사람을 컴퓨터 매니아, 영화에 미친 사람을 영화 매니아, 축구에 미친 사람을 축구 매니아라고 하지 않습니까? 그런 의미에서 사도 바울은 예수님에게 미친 예수 매니아였습니다. 그래서 바울이 예수 매니아가 되어 재판석에서 바울을 은근히 조롱하고 있던 로마 총독 베스도와 유대 왕 아그립바를 향하여 뭐라고 말합니까?

"총독 각하여, 그리고 유대 왕이시여, 정말 당신들은 행복하십니까? 세상을 살면서 나만큼 행복한 삶을 살고 있습니까? 여기 나만큼 행복한 사람 있으면 나와 보라고 하십시오. 그러므로 왕뿐만 아니라 오늘 내 말을 듣는 모든 사람들이 내가 이렇게 쇠사슬에 결박된 것만 **빼놓고는** 다 나와 같이 예수에 미쳐서 행복한 사람이 되기를 원합니다."

> 행 26:29 바울이 이르되……당신뿐만 아니라 오늘 내 말을 듣는 모든 사람도 다 이렇게 결박된 것 외에는 나와 같이 되기를 하나님께 원하나이다

사도 바울은 예수에 평생 미친 사람이 되어 평생을 지저스 매니아로 살아왔습니다. 그러나 예수 매니아의 삶을 살다 보니까 마음이 상하고 육체도 병들 때가 많았습니다. 주님을 사모하는 상사병으로 인하여 그의 영육이 때로는 지치고 곤할 때도 있었습니다. 다윗도 주님의 전을 너무 사모하다 보니 자신의 마음과 육체가 쇠약할 때도 있었다고 하지 않습니까?

> 시 84:2 내 영혼이 여호와의 궁정을 사모하여 쇠약함이여 내 마음과 육체가 살아 계시는 하나님께 부르짖나이다

그러나 그럴수록 그들은 하나님을 더 사모하며, 거룩한 사랑의 묘약을 구했습니다. 그럴수록 지저스 매니아가 되고 사명의 매니아가 되어서 사랑의 묘약을 먹고 마셨습니다. 그랬을 때 주님께서 왼손으로 베개하고 오른손으로 안아 주시는 사랑과 위로로 다시 새 힘을 얻고 세상에서 가장 행복한 행복자가 되었습니다. 특별히 사도 바울은 재판을 받는 법정에서 베스도 총독과 아그립바를 향하여 이렇게 고백했습니다. 자기는 이래봬도 지저스 매니아로 살아가기 때문에 이 세상 누구도 부러워하지 않는 최고의 행복자로 살고 있다고 말입니다.

"주의 품속은 사랑과 평화"

우리도 주님을 무척 사랑하고 사모하며 주님의 사명에 몰두하다

보면 몸과 마음이 상할 때가 있습니다. 솔직히 주님을 무척 사랑해서 죽을 둥 살 둥 모르고 주님의 일을 하다 보면 육신을 가진 사람이기 때문에 몸과 마음이 지칠 때가 있지 않습니까? 그때 보통 사람들은 스스로 지쳐서 자포자기를 하곤 합니다. 그러나 정말 하나님의 사람들은 그럴수록 하나님의 사랑의 묘약을 더 찾습니다.

우리가 먹는 사랑의 묘약은 주님을 더 사모하고 사랑하고자 하는 매니아 약입니다. 그 약을 먹고 더 예수 매니아가 되고, 더 사명의 매니아가 되려고 몸부림을 칩니다. 그때 우리에게 주님이 다시 찾아오십니다. 그렇게 오셔서 사랑의 입맞춤을 해주시고 우리를 왼손으로 베개하고 오른손으로 안아 주신다는 말입니다.

"사랑하는 종아, 내가 너를 사랑한다, 너의 수고와 충성을 내가 다 알고 있다."

그러면서 우리에게 뭐라고 말할 수 없는 새로운 구원의 기쁨과 황홀함의 극치를 느끼게 해주십니다. 구원의 감격, 성령 충만의 기쁨, 주님과 동행하고 그 품에 안겨 있는 황홀함의 절정을 경험하게 하십니다. 그것은 우리가 기도하는 순간에 경험할 수도 있고 예배를 드리며 말씀을 듣는 순간에도 경험할 수가 있습니다. 우리가 찬양을 하면서 경험할 수도 있고 사명의 현장에서도 경험할 수가 있습니다. 그럴 때 마침내 우리가 이렇게 하나님께 고백하며 노래를 부르곤 하지 않습니까?

"주여, 당신의 품이 이렇게 평화로울 수 있습니까? 당신의 품이 이렇게 나를 행복하게 하고 황홀하게 할 수가 있단 말입니까? 저는 이대로가 좋습니다. 당신의 사랑의 묘약을 마시고 이대로 당신의 품에서 영원한 사랑의 노예가 되기를 원합니다."

♪ 주의 품속은 사랑과 평화 주의 품속은 사랑과 평화
　오 생명빛 환히 빛나고 기쁨 영원하오니
　주여 날 품어 주소서
　주님께 엎딘 내 영혼 간절히 비는 말씀은
　자비의 품을 여시사 내 영혼 품어 주소서
　주의 품속은 사랑과 평화 주의 품속은 사랑과 평화
　오 생명빛 환히 빛나고 기쁨 영원하오니
　주여 날 품어 주소서

마틴 리뮬러 목사의 회개

마틴 리뮬러 목사님의 이야기를 아십니까? 그는 나치 정권 치하에서 정치적 투쟁을 하다가 8년 동안 감옥살이를 했습니다. 그는 감옥에서 온갖 증오와 분노로 이를 갈며 '독일이 살려면 히틀러가 죽어야 한다'고 생각했습니다. 그래서 히틀러만 생각하면 자기도 모르게 입에서 육두문자가 나왔습니다.

"이 때려 죽일 놈, 저 쳐죽일 놈!"

옥고를 치른 후에 책을 썼는데, 그 책의 내용은 시종일관 증오와 분노로 가득하였습니다. 그런데 책을 쓰는 중에 이상하게도 같은 꿈을 일곱 번이나 꾸는 경험을 했습니다. 어떤 한 사람이 하나님께 큰 소리로 항의를 하는 것입니다.

"하나님! 저에게 누구도 복음을 전해 주지 않았습니다. 만약 저를 지옥에 보내시려면 예수 믿는 사람들도 같이 보내 주세요!"

그런데 가까이 가서 봤더니, 그 사람이 바로 히틀러였습니다. 그래서 리뮬러 목사님은 생각을 바꾸었습니다.

'히틀러가 저렇게 된 것도 독일 교회가 복음을 전하지 않았기 때문이 아닌가. 나는 온갖 증오와 분노로 살육의 칼만 갈고 있었을 뿐, 정작 그리스도의 사랑을 전하지 못하였구나.'

그때부터 그는 책의 내용을 바꾸고 저항운동이 아니라 사랑으로 영혼 구원을 하는 목사가 되었습니다. 그의 가슴에 영혼 구원을 향한 사랑의 마음을 품었을 때 독일 복음화의 진정한 꿈을 꾸고 사역의 본질을 이루었습니다. 이처럼 우리는 먼저 사랑을 회복해야 합니다. 최고가 되고 싶다면 먼저 주님이 주시는 사랑의 묘약을 마셔야 합니다.

우리는 무엇 때문에 주님을 섬기고 있습니까? 무엇 때문에 주일이면 교회에 가서 예배를 드립니까? 주님을 너무나 사랑해서 예배의 자리를 찾습니까? 주님을 더 사랑하려고 사랑의 묘약을 사기 위하여 갑니까? 그런 사람은 이 땅에서 가장 행복한 사람입니다. 이 세상에서 가장 행복한 사람은 주님의 사랑의 묘약을 마신 사람입니다. 그 묘약으로 주님을 향한 거룩한 상사병에 걸려서 예수 매니아로 살아가는 사람입니다.

당신은 어떤 사람입니까? 당신도 사랑의 묘약을 먹고 사는 예수 매니아가 되십시오. 그럴 때 이 땅에서 가장 행복한 그리스도인이요, 최고의 나를 이룰 수 있습니다.

한 번뿐인 인생,
최고의 행복자로 살라

전도서 11장 9절-12장 2절

"청년이여 네 어린 때를 즐거워하며 네 청년의 날들을 마음에 기뻐하여 마음에 원하는 길들과 네 눈이 보는 대로 행하라 그러나 하나님이 이 모든 일로 말미암아 너를 심판하실 줄 알라 그런즉 근심이 네 마음에서 떠나게 하며 악이 네 몸에서 물러가게 하라 어릴 때와 검은 머리의 시절이 다 헛되니라 너는 청년의 때에 너의 창조주를 기억하라 곧 곤고한 날이 이르기 전에, 나는 아무 낙이 없다고 할 해들이 가깝기 전에 해와 빛과 달과 별들이 어둡기 전에, 비 뒤에 구름이 다시 일어나기 전에 그리하라"

리허설이 없는 인생

미국의 저명한 심리학자인 레이먼드 무디 박사는 의학적으로 완전히 죽었다고 판정을 받았지만 다시 살아난 임사 체험을 한 150명을 인터뷰한 적이 있었습니다. 그런데 대부분의 사람들이 거의 비슷한 체험을 했다고 합니다. 먼저 자신의 죽음의 선고가 들려오고 지금껏 느껴본 적이 없는 편안하고 유쾌한 기분을 느낄 수 있었습니다. 그러더니 알 수 없는 목소리가 들려오고 돌연 어두운 터널 속으로 끌려갔습니다. 아무리 구해 달라고 소리쳐도 그 부르짖음은 아무에게도 들리지 않았습니다. 그리고 시간 감각이 사라지고 강한 고독감이 엄습해 왔습니다. 순간 자신의 인생이 주마등처럼 스쳐가고 캄캄한 터널 앞으로 나가는 것이 두려웠습니다. 그런데 다행히 그때 살아난 것입니다.

모든 인터뷰자들의 공통된 확신은, 인생은 이생으로만 끝나지 않고 반드시 그다음 세상의 삶이 있다는 것이었습니다. 그러니 그들은 자신들의 인생을 좀 더 소중하고 진지하게 살며 죽음 이후에도 계속될 일을 위해서 남은 인생을 투자하겠노라고 다짐하였다고 합니다.

인생은 딱 한 번뿐입니다. 두 번 다시 오지 않습니다. 그래서 딱 한 번뿐인 인생은 연습이 없고 리허설이 없습니다. 딱 한 번으로 끝나는 인생이기에 예제가 없고 예행 연습이 없습니다. 인생을 세 번, 네 번을 살아 볼 수 있다면 얼마나 좋겠습니까? 제가 만약에 인생을 서너 번 더 산다면 젊은 날 한때는 폭주족이 되어 보고 싶습니다. 스포츠형 오토바이를 사서 꽁지머리를 하고 광란의 질주를 하고 싶은 마음이 있습니다.

그러나 죄송한 이야기이지만 우리 인생은 딱 한 번으로 끝납니다. 이 땅 위의 우리의 삶이 영원하지 않습니다. 언젠가 끝이 있습니다. 그런데 끝이 있는 인생이 왜 이렇게 속히 지나갑니까? 인생이 얼마나 빠르게 지나가느냐면, 여자가 결혼을 해서 김장 30~40번 담가 먹으면 끝납니다. 남자로 말하면 장가를 가서 농사 30-40번 지으면 끝나는 게 우리 인생입니다. 우리의 젊음도, 아니 중년의 인생도 영원하지 않습니다. 그리고 그 인생은 딱 한 번뿐입니다.

청년의 때를 즐기세요(?)

그렇다면 우리는 한 번뿐인 우리 인생을 어떻게 살아야 하겠습니까? 먼저 성경은 우리의 인생을 엔조이하며 살아가라고 말하고 있습니다. 특별히 젊은이들일수록 더 즐겁게 보내라는 것입니다.

> 전 11:9(상) 청년이여 네 어린 때를 즐거워하며 네 청년의 날들을 마음에 기뻐하여 마음에 원하는 길들과 네 눈이 보는 대로 행하라

성경은 우리 인생의 젊음의 때를 기뻐하고 즐거워하라고 하지 않습니까? 인생을 너무 우울하게 살지 말고 좀 즐기며 살라고 합니다. 특별히 젊은 청년들은 더 청년답게 살라고 합니다. 그래서 마음에 원하는 길과 눈이 보고 원하는 대로 살라는 것입니다. 한 번밖에 없는

인생이니, 절대로 우울하게 살지 말고 좀 즐기며 살라고 말합니다.

그러므로 우리는 인생을 살면서 너무 바쁘게만 살지 말고 영화도 보고 여행도 한 번씩 하며 살아야 합니다. 젊은 사람들은 사랑하는 사람끼리 낭만도 즐기고 사랑의 감정도 주고받으며 살아야 합니다. 서로 로맨틱한 감정도 느끼며 인생을 만끽할 수 있어야 됩니다. 죽자사자 일만 하지 말고 골프도 치고 가족끼리 휴가와 레저도 즐기며 살아가라는 말입니다. 물론 이렇게 말씀드리는 저부터도 우선 골프 하나 못 치고 살아가고 있습니다만, 그래도 성경은 인생을 즐기며 살라고 말하는 것은 분명합니다. 그것도 늙기 전에 그렇게 하라는 것입니다. 놀아도 조금이라도 젊을 때 놀아야 한다고 말입니다. 그래서 그 옛날 어른들이 이런 노래를 많이 부르지 않았습니까?

♪ 노세 노세 젊어서 노세 늙어지면 못 노나니
　화무는 십일홍이요 달도 차면 기우나니
　얼씨구 절씨구 차차차 지화자 좋구나 차차차
　화란춘성 만화방창 아니 노지는 못하리라 차차차

그러므로 조금이라도 나이 더 먹기 전에 인생을 좀 즐기며 살아야 합니다. 부부간에 영화도 자주 보고 가족끼리 여행도 다니면 좋습니다. 주일만 빼먹지 말고 공휴일과 연휴에는 가족간에 잊지 못할 레저도 즐기면 좋습니다. 그러기 위해서 우리는 2044년까지는 꼭 살아야 합니다. 왜냐하면, 2044년 10월 1일 토요일입니다. 그리고 10월 2일은 주일, 3일은 개천절, 그 후 4일부터는 7일까지 추석 연휴입니다. 그리고 8일은 토요일, 9일은 주일입니다. 이런 연휴는 단군 이래 우리나라 역사상 처음이랍니다. 그러므로 그때까지 꼭 살아서 9일의 연휴를 즐겨야 하지 않겠습니까?

엔조이 이후에 다가올 하나님의 심판

그러나 성경은 우리에게 이렇게만 말하지 않습니다. 얼마든지 인생을 즐기고 행복하게 살아야 하지만 그보다 더 중요한 것이 있습니다. 우리 인생에는 젊음보다 더 귀하고, 낭만과 로맨스와 엔조이보다 정말로 더 중요한 것이 있다는 것입니다. 바로 그것은 우리의 죽음 이후에 있을 하나님의 심판입니다. 그러므로 여기까지만 읽으면 큰일납니다. 잘못하면 망할 수 있습니다.

> 전 11:9(하) 그러나 하나님이 이 모든 일로 말미암아 너를 심판하실 줄 알라

우리 인생은 이생으로 끝나는 것이 아닙니다. 죽음 이후에도 영원한 하나님의 심판이 있기 때문입니다. 이것은 성경이 가르쳐 주지 않아도 인간은 생래적으로 종교적인 존재이기 때문에 본능적으로 잘 알아왔습니다. 그래서 우리나라에서도 예부터 사람이 죽을 때가 되면 저승사자가 그 영혼을 데려간다고 하지 않았습니까? 그리고 염라대왕 앞에 가서 이생의 삶을 심판받는다는 사상이 있었습니다.

그래서 무신론자들도 죽을 때는 다 하나님의 존재와 심판을 인정

하고 죽었습니다. 프랑스의 철학자 볼테르가 무신론자였다는 사실은 누구나 다 잘 알고 있는 사실입니다. 그는 하나님도 없고 천국과 지옥도 없으며 성경이야말로 새빨간 거짓말이라고 주장했던 사람입니다. 그래서 50년 후면 프랑스에서 성경은 다 없어지고 기독교도 완전히 파괴될 것이라고 호언장담하였습니다.

그러던 어느 날 그도 죽을병에 걸렸습니다. 그러자 볼테르가 의사에게 뭐라고 말했는 줄 아십니까?

"선생님, 제발 나를 6개월만 더 살게 해주십시오. 그러면 내 재산의 절반을 드리겠소이다."

의사는 6개월이 아니라 6주도 못 산다고 말했습니다. 그러니까 볼테르가 얼마나 흉악에 떨고 경악을 했던지 의사도 접근하기 힘들었다고 합니다.

그는 죽을 때 마지막으로 이런 말을 외쳤습니다.

"아, 차라리 태어나지나 말았을 것을……아 나는 지금 지옥에 떨어지는구나. 나는 지옥의 저주를 받는구나."

평생 하나님이 없고 천국과 지옥이 없다고 뇌까렸던 무신론자도 죽으면서 그렇게 비명을 지르고 죽었습니다. 그뿐입니까? 그가 죽고 난 지 20년 후에 볼테르가 살았던 집은 프랑스 성서공회 사무실이 되어 참으로 그곳에는 성경이 가득 쌓여 있게 되었습니다.

프란시스 뉴턴이라는 무신론자 역시 죽을 때 이렇게 비명을 질렀습니다.

"아, 난 영원히 정죄를 받았구나! 하나님이 나의 원수가 되었으니 누가 나를 구원해 주리오. 아, 지옥의 고통과 저주가 내게 견딜 수 없이 찾아오는구나."

또한 토머스 스코트라는 무신론자 역시 죽을 때 이런 비명을 외쳤다고 합니다.

"나는 이때까지 하나님도 없고 지옥도 없는 줄 알았다. 그러나 지금은 그 두 개가 다 있는 것을 느끼노라. 나는 하나님의 공의로우신 심판에 의하여 멸망을 받는구나! 아, 나는 지옥에 빠져 들어가는구나."

"여보, 통조림 깡통에서 다시 만나요."

얼마나 무섭고 끔찍한 이야기입니까? 이런 사람들은 바다의 생선만도 못합니다.

어느 꽁치 부부가 바다에서 행복하게 살고 있었습니다. 그런데 불행하게도 어부들의 그물에 걸리고야 말았습니다. 생이별을 하게 된 꽁치 부부는 너무 슬퍼서 눈물을 흘렸습니다. 그때 꽁치 아내가 남편에게 손을 흔들며 이렇게 작별 인사를 하였습니다.

"여보, 부디 통조림 깡통에서 다시 만나요~"

전도서 12장 1절에 무엇이라고 말합니까? 언제나 하나님의 심판을 기억하며 살라고 말합니다. 한 해라도 젊을 때, 더 늦기 전에 창조자를 기억하라고 말합니다.

> 전 12:1 너는 청년의 때에 너의 창조주를 기억하라 곧 곤고한 날이 이르기 전에, 나는 아무 낙이 없다고 할 해들이 가깝기 전에

그러므로 우리는 인생을 즐기며 만끽하는 것도 중요하지만 더 중요한 것은 하나님의 심판을 기억하며 살아가는 것입니다. 한 해라도 더 젊을 때 창조자를 기억하며 하나님을 섬기는 것이 가장 중요합니다. 그러면 하나님의 심판을 기억하며 사는 삶은 어떤 삶입니까? 창조주를 기억하며 하나님을 섬기는 삶이 과연 어떻게 사는 것입니까?

하나님의 심판을 기억하며 사는 삶

첫째, 하나님의 아들 예수 그리스도를 구주로 영접해야 합니다.
이 세상에는 기독교말고도 수많은 종교가 있습니다. 그런 종교도 나름대로 인간 세상에 구도자의 길을 가르쳐 주기 위해서 생겨났습니다. 그러나 수많은 종교의 교주들이 '어떻게 우리 인간이 죄 문제를 해결하고 죽음의 문제를 해결할 것인가' 하고 구도의 길을 열어 주려고 몸부림 쳤지만 그러지 못했습니다. 하나님이 죄 문제와 죽음의 문제를 어떻게 해결할 것인가에 관한 구원 계시를 보여주지 않았기 때문입니다.

공자는 얼마나 훌륭한 학자요, 위대한 스승인지 모릅니다. 그러나 그는 이런 말을 하였습니다.

"조문도 석사가의(朝聞道 夕死可矣)"

"내가 아침에 도를 깨달으면 저녁에 죽어도 좋다."

그래서 그는 인생 끝날까지 사람들이 어떻게 죄 용서를 받고 구원을 받는가에 대해서 한마디도 하지 못했습니다.

석가모니 역시 마찬가지였습니다. "업보중생 제도불능(業報衆生 諸

道不能)이라", 자기가 지은 죄는 반드시 자기가 받아야 한다고 했습니다. 그리고 그는 "하시야소래 오도유무지등야(荷蒔爺蘇來 吾道油無之燈也)라", 언젠가 야소라는 분이 오게 될 텐데 그분이 오면 내가 깨달은 모든 진리는 기름 없는 등불에 불과하다고 했습니다.

다른 종교에는 죄 문제나 죽음의 문제를 해결받는 진리가 없습니다. 그저 다만 서로가 서로를 인정하고 사랑하며 존중하며 살자고 합니다. 한마디로 종교다원주의와 통합사상을 이루자는 것입니다. 그래서 작고하신 조계종의 성철 종정은 1987년 석가모니가 탄생한 날 법어에서 이런 고백을 했습니다.

"사탄이여, 어서 오십시오. 나는 당신을 존경하며 예배합니다. 당신은 본래로 거룩한 부처님입니다."(〈조선일보〉 1987년 4월 23일자, 7면)

이분이 말하려고 했던 것은 부처나 사탄이나 하나라는 것입니다. 그러니까 모든 사람이 서로 부처로 섬기면 이 세상이 극락이 된다는 것입니다. 그러다가 그는 1993년에 다음과 같은 열반송을 하였습니다.

일평생 남녀 무리를 속여 미치게 했으니
그 죄업이 하늘에 미쳐 수미산보다 더 크도다
산 채로 아귀지옥으로 떨어지니 한이 만 갈래나 된다
한 덩이 붉은 해가 푸른 산에 걸렸구나.
(〈조선일보〉 1993년 11월 15일자, 15면)

그러다가 운명 전에 이런 깨달음의 시를 썼다고 합니다.

석가는 원래 큰 도적이요 달마는 작은 도적이다
서천에 속이고 동토에 기만하였네
도적이여 도적이여 저 한없이 어리석은 남녀를 속이고
눈을 뜨고 당당하게 지옥으로 들어가라…….

마지막으로 그는 죽을 때 이런 유언을 남겼다고 합니다.
"내 죄는 산보다 높고 바다보다 깊은데 어찌 감당하랴. 내가 수십 년 동안 포교한 것은 헛것이로다."

특별히 사랑하는 딸 필희와 54년을 단절하고 살았는데 임종 시에 처음으로 찾았다고 합니다. 그리고 그 딸에게 이렇게 말했다고 합니다.

"필희야, 내가 잘못했다. 나는 인생을 잘못 선택했다. 나는 이제 지옥에 간다."

물론 신문에 난 것은 아니고 인터넷에 떠 있는 내용을 인용한 것입니다만, 왜 그렇습니까? 아무리 그들이 고행을 하고 종교적 수양을 한다 하더라도 하나님은 그들에게 죄 사함과 구원의 진리를 제시해 주시지 않았기 때문입니다. 그러니 아무리 착하게 살고 선하게 살며 사랑하자고 외친들 진정한 구도자의 길을 가르쳐 주지 못한 것입니다.

하나님은 오직 그의 아들 예수 그리스도를 통해서 죄 사함의 길을 열어 주셨고 죽음의 문제를 해결하는 길을 가르쳐 주셨습니다. 그래서 예수님은 이 땅에 오셔서 뭐라고 말씀하셨습니까?

"소자야, 안심하라, 네 죄 사함을 받았느니라."

"내가 네 죄를 용서하노라."

"내가 곧 길이요 진리요 생명이니 나로 말미암지 않고는 아버지께로 올 자가 없느니라."

"나는 부활이요 생명이니 나를 믿는 자는 죽어도 살겠고……."

"하늘과 땅의 모든 권세를 아버지께서 내게 주셨으니 내가 너희에게 분부한 모든 것을 가르쳐 지키게 하라. 볼지어다 내가 세상 끝날까지 너희와 항상 함께 있으리라."

예수님만이 죄 사함의 길일 뿐만 아니라 죽음의 문제를 해결받는 길을 가르쳐 주셨습니다. 예수님만이 구원과 영생의 길이고 영원한 인류의 소망이기 때문입니다. 그러므로 하나님의 영원한 심판을 피하고 그 심판을 대비하는 삶은 오직 하나님의 아들 예수 그리스도를 믿는 것입니다.

> 요 5:24 내가 진실로 진실로 너희에게 이르노니 내 말을 듣고 또 나 보내신 이를 믿는 자는 영생을 얻었고 심판에 이르지 아니하나니 사망에서 생명으로 옮겼느니라

아직도 예수 그리스도를 진정한 구주로 영접하지 못한 분들이 있다면, 지금 이 순간 예수님을 구주로 영접하십시오. 바로 우리가 그분을 구주로 영접할 때 우리는 심판에 이르지 아니하고 영원한 사망에 이르지 않습니다. 우리가 예수님을 구주로 영접할 때 거듭난 하나님의 자녀가 되어 영원한 생명으로 옮기게 됩니다. 그리고 이제는 예수 그리스도 안에서 새로운 생명으로 거듭나서 전혀 새로운

세계에서 새로운 삶을 살아가게 됩니다.

세상의 수많은 종교의 구도자들이 평생 고행을 하며 진리의 길을 찾았지만 결국 심판 받아서 지옥에 떨어지게 된다면 얼마나 그 인생이 허무했겠습니까? 성철 종정 같은 사람도 얼마나 허무하게 죽었습니까? 그러나 우리에게는 예수 그리스도의 구원 진리가 있으니 참으로 행복한 사람이 아닙니까? 예수 믿어야 세상에서 최고의 행복자로 살아갈 수 있습니다. 한 번뿐인 인생, 두 번 다시 돌아오지 않을 인생, 예수님을 구주로 영접하고 최고의 행복자로 살아야 합니다.

> ♪ 예수 믿으세요 예수 믿으세요
> 예수 믿으세요 예수 믿으세요
> 주를 믿는 자 그는 행복해요 영원한 생명 얻으니
> 하나님 나라 그의 것이라 어서 예수 믿으세요

영생의 유일한 길, 예수 그리스도

둘째, 주님께 우리 인생의 주권을 드려야 합니다.

우리는 예수 그리스도를 구주로 영접하는 것으로 끝나서는 안 됩니다. 예수 그리스도를 영접하였으면 이제는 그분을 우리 인생의 주인이요, 왕으로 모셔야 합니다. 성경을 보면, 주님을 구주, 곧 'Savior'로 표현한 곳도 있지만 대부분은 주님을 'Lord'로 표현하고 있습니다. 이것은 주님이 우리의 주인이 되시고 참된 왕이 되어야 한다는 말입니다.

주님을 내 인생의 주군이요, 왕으로 모신 사람은 언제나 인생을 내 맘대로 살지 않고 주님의 통치와 다스림 속에 살아가게 됩니다. 내 인생, 내 삶의 모든 주권을 주님께 드리고 삶의 핸들을 그분의 손에 맡긴다는 말입니다. 내 판단, 내 결정으로 인생을 살아가는 것이 아니라 하나님의 힘, 하나님의 판단과 결정에 따라 내 인생을 살게 됩니다. 왜냐면 하나님이 나의 주인이 되지 않고 내 안의 왕이 되지 않으면 예수님을 구주로 믿으면서도 여전히 우리는 세상만을 좋아하고 죄의 유혹을 따라 살아가기 때문입니다. 내가 내 인생을 살아가면 여전히 우리는 우리가 좋아하는 것만 따라서 살게 되어 있습니다.

또 주님이 나의 주인이 되지 않고 왕이 되지 않으면 우리는 그 많은 세상 유혹과 죄악의 시험을 이겨낼 수가 없습니다. 세상 유혹과 죄악의 시험이 얼마나 우리에게 끈적끈적하게 다가옵니까? 그러나 우리가 주님을 왕으로 모시고 그분의 생명과 힘과 결정과 판단으로 살아가면 그 모든 것을 이길 수 있습니다. 세상 유혹을 이기고 죄의 시험을 넉넉히 이길 수 있단 말입니다. 그래서 위대한 승리자요 세상 최고의 행복자로 살아갈 수가 있습니다. 바로 이것이 하나님의 심판에 대비하는 삶이요, 하나님을 참되게 섬기는 삶입니다.

무엇보다 먼저 우리는 하나님을 왕으로 모셔야 합니다. 그리고 하나님을 왕으로 모시기 위해서는 먼저 우리의 주권부터 하나님께 반납해야 합니다. 내 마음대로 판단하고 결정하며, 심지어는 불평하고 원망하며 살고 싶은 주권까지 다 주님께 드려야 합니다. 주님만이 내 인생의 운전대를 핸들링하고 내 삶의 모든 키를 주관하시도록 해야 합니다. 그럴 때 우리는 세상의 모든 유혹과 죄의 시험을 이길 수 있습니다.

　세상이 채워 주지 못한 모든 고독과 허무도 이길 수 있습니다. 노래방과 소주방이 주지 못한 기쁨이 넘치게 됩니다. 심지어는 그 어떠한 마약성 쾌락이 주지 못한 신령한 기쁨과 행복을 주님께서 주십니다.

　저는 부족하기 짝이 없지만, 그래도 젊은 날 저의 주권을 주님께 드리는 삶을 살려고 애를 썼습니다. 고등학교 다닐 때 교회 다닌다고 학교에서 엄청난 핍박을 받았지만, 매우 중요한 결정의 순간에 제 판단대로 결정하지 않고 저의 판단의 주권을 하나님께 드렸습니다. 집에서는 아버지로부터 말할 수 없는 핍박을 받았지만 그때도 나의 인생의 주권을 하나님께 드렸습니다.

　아니, 그때뿐만 아니라 지금도 결정의 순간순간, 시험의 순간순간마다 나의 힘으로 내 인생을 살려고 하지 않습니다. 인생의 문제를 나의 힘으로만 풀려고 하지 않았습니다. 나의 모든 주권을 하나님께 드리려고 하였습니다. 하나님께서 내 인생의 모든 운전대를 잡으시도록 맡겼습니다. 그저 내가 결정하는 것이 있었다면, 하나님을 더 사랑하고 하나님을 더 의지하는 것이었습니다. 그랬을 때 하나님께서 정말 내 인생을 직접 이끌어 주셨습니다. 그랬을 때 나는 최고의 행복자가 되었습니다.

　생각해 보면 그런 때가 가장 행복했습니다. 지금은 얼마나 행복한지 모릅니다. 그뿐인가요? 하나님께서 내 인생을 정말 여한이 없도록 보상해 주셨고 승리하게 해주셨습니다. 그야말로 역전의 면류관과 영광의 면류관을 쓰게 하셨습니다. 그래서 저는 이 세상 최고의 행복자로 살아가고 승리자로 살아가게 되었습니다. 우리 모두 예수님을 구주로만 영접할 뿐만 아니라 나의 주권을 온전히 하나님께 드리고 하나님을 내 삶의 왕으로 모심으로써 최고의 승리자가 되어야 합니다. 최고의 행복자로 살아야 합니다.

하나님께 드린 청춘의 날들

셋째, 주님을 먼저 사랑하고 그분께 전적인 헌신을 하며 살아야 합니다.

이제는 내가 주님께 주권을 드리는 것으로 끝나는 것이 아닙니다. 그분을 왕으로 섬기며 그분의 통치 아래 살아가는 것보다 더 중요한 것이 있습니다. 그것은 이제 내가 하나님을 사랑하고 그분께 전적인 헌신을 하며 살아야 한다는 것입니다. 그분이 내 인생을 운전하며 살아갈 뿐만 아니라 그분을 향한 뜨거운 사랑의 정열로 내 인생을 불살라 그분께 헌신하는 삶을 살아야 합니다.

물론 우리는 부족하고 부끄럽기 짝이 없는 사람입니다. 아무리 주님을 왕으로 모시고 내 주권을 반납하며 산다 하더라도 죄와 실수로 자주 넘어지고 연약함으로 넘어지기를 잘하는 존재이기 때문입니다. 그러나 그럴지라도 주님을 사랑한다는 순수한 마음을 드려 보십시오. 주님을 향한 순수한 사랑의 열정과 헌신을 드려 보십시오. 그럴 때 이 땅에서 최고의 승리자가 되고 행복자가 됩니다. 그리스도 안에서 행복과 영광이 평생 지속됩니다. 아니, 나이는 먹고 육신은 늙어도 영적 젊음이 평생 유지됩니다. 언제나 우리의 사는 하루하루가 신선하고 상큼하고 젊어집니다.

우리가 정말로 하나님을 사랑하면 늙어도 소년이 되고 소녀가 됩니다. 하나님을 사랑하는 자에게는 언제나 소년의 영이 임하고 소녀의 영이 임하기 때문입니다. 이런 사람이 어찌 세상 최고의 행복자가 되지 않겠습니까? 세상 최고의 승리자가 되지 않겠습니까? 이런 사람이 어찌 하나님의 심판대 앞에서 부끄러움을 당하겠습니까?

우리 교회에서 누가 뭐래도 하나님을 가장 사랑해왔던 분은 저의 장모님이자 영적 어머니인 정금성 권사님이라고 생각합니다. 이분의 인생은 하나님을 사랑하는 한 편의 드라마와 같은 삶이었습니다. 그런데 정 권사님이 하나님을 너무나 사랑하여 칠순이 몇 년 넘어서도 소녀의 영이 임해 있는 것입니다. 누가 그러는데, 정 권사님이 칠순이 지난 지도 몇 년이 더 되었는데 소녀의 영이 임해서 생리가 터졌다고 합니다. 그래서 제가 진짜냐고, 어떻게 칠순이 넘은 분이 생리가 터질 수 있냐고 정 권사님에게 직접 물어 봐야겠다고 했습니다. 그랬더니 뭐라고 그런 줄 아세요? "뻥이요~"

부족한 저도 젊은 날부터 이제까지 하나님을 사랑하는 삶을 살고 그분께 전적으로 헌신하는 삶을 살기 위하여 몸부림쳐 왔습니다. 특별히 젊은 20대에 청년 시절을 온전히 주님께 드렸습니다. 예수 믿고 난 이후로 연애 한 번 못 해보고 영화 한 편도 보지 못했습니다. 백암교회를 개척하면서 오직 기도, 오직 주님, 오직 교회뿐이었습니다. 그때 저의 관심은 '어떻게 하면 내 인생의 젊음을 주님께 불태울 것인가, 어떻게 하면 남보다 더 주님을 사랑하며 내 인생을 주님께 헌신할 것인가' 그뿐이었습니다.

이것은 30~40대에도 마찬가지였습니다. 부족하지만 살아도 주를 위해 살고 죽어도 주를 위해 죽는다는 일념으로 주님께 내 삶을 드렸습니다. 그런데 지내놓고 보니 그때가 가장 행복했습니다. 아무리 생각해 봐도 그때보다 행복한 적이 없었던 것 같습니다. 그러므로 우리 모두 하나님을 더 사랑해야 합니다. 더 우리의 삶을 드리고, 헌신해야 합니다. 그럴 때 우리는 이 땅에서 최고의 행복자가 될 것입니다.

♪ 하나님의 사랑이 영원히 함께하리
　십자가의 길을 걷는 자에게
　순교자의 삶을 사는 이에게
　조롱하는 소리와 세상 유혹 속에도
　주의 순결한 신부가 되리라
　내 생명 주님께 드리리

그뿐입니까? 부족하지만 그렇게 살았더니 하나님께서 제 인생을 크게 보상해 주셨고, 자녀들까지 축복해 주셨습니다. 지난 주 수요일 저녁에 철야기도 원고를 다 수정해 놓고 오랜만에 TV를 틀어 보았더니 구성애 소장의 특강이 나왔습니다. 그 내용 중의 한 대목이, 딸이 잘 자라기 위해서는 어릴 때에 아빠가 함께 해주어야 한다는 것입니다. 아빠가 좋은 대화를 하며 격려해 주고 사랑해 주어야 한다고 합니다.

그런데 제 딸이 어릴 때에 저는 30대였습니다. 그때 구미동교회를 건축하고 한창 교회가 부흥할 때였습니다. 저는 집에 들어가지 못하고 계속 교회에서 기도하며, 말씀 연구와 목회에 몰두했습니다. 제가 지방 신학교 출신이 아닙니까? 저는 일류대를 나왔거나 해외 유학파 출신이 아닙니다. 그러나 저는 유학 간 사람 못지않게 밤을 새우며 기도하고 주경야독을 한 사람입니다. 그렇게 해서 부족하지만 오늘의 실력을 갖춘 소 목사가 되었습니다.

요즘 신학교 교수들이 저에게 뭐라고 하는 줄 아십니까? 언뜻 봐서 그냥 소리나 지르는 부흥사 스타일로만 보았다는 겁니다. 그런데 목사님의 책을 읽고 설교를 들어 보면 이분이 지적으로나 영적으로나 내공이 탄탄하다는 것을 알았다는 것입니다. 제가 이런 소리를 들으려고 한 것이 아니라, 정말 한 시대에 하나님께 귀하게 쓰임 받으려고 집에도 못 들어가며 교회에서 기도하며 주경야독을 했습니다.

그때 딸이 어릴 적에 주일 저녁예배가 끝나면 교회 마당에서 제 손을 잡고 이렇게 물어 보았습니다.

"아빠, 오늘 저녁에 우리 집에 오실 거예요?"

"응, 가도록 노력해 볼게."

그러다가 저는 또 책맛에 중독이 되어 그날도 집에 못 들어갑니다. 그러면 또 딸에게 전화가 옵니다.

"아빠, 오늘 저녁에 우리 집에 안 오시는 거예요?"

그때 딸이 정서적으로 아빠를 가까이하길 원했던 것입니다. 그러나 제가 그런 전화를 받고도 못 갈 때가 많았습니다.

구성애 소장의 강의를 듣고 그날 저녁에 너무 딸에게 미안한 마음이 들었습니다. 그래서 다음날 낮에 집으로 가서 딸에게 정식으로 사과하고 용돈을 주며 말했습니다.

"딸아, 그때는 미안했다. 아니 지금도 미안하다. 그러나 아빠가 하나님을 그토록 사랑했기 때문에 하나님 은혜로 너희들이 잘 자라지 않았느냐. 너희들이 이렇게 잘 살고 있지 않느냐?"

그러자 딸도 이렇게 이야기합니다.

"아빠, 아니에요. 아빠가 하나님 사랑해서 하나님 은혜로 우리가 이렇게 잘 자랐잖아요. 그리고 저는 지금 얼마나 행복한 줄 아세요? 오빠도 군 생활 잘하고, 엄마 아빠도 행복하게 살고, 저는 이렇게 미국 가서 공부도 하고, 얼마나 행복한지 몰라요."

가을 단풍처럼 뜨겁게 타올라 본 적이 있는가

저의 삶을 돌이켜보면, 한 번뿐인 인생을 정말 주님을 위해 불태웠던 삶이었습니다. 그래서 조선일보 오피니언에 "무등산 낙엽이 들려 주는 가을 이야기"라는 글을 게재한 적이 있습니다. 이 글 속에는 주님을 위해 바쳤던 제 청춘의 순애보와 단풍처럼 타오른 열정이 담겨 있습니다. 아니, 앞으로 제 인생의 마지막 순간이 찾아와 주님 앞에 설 때까지 오직 주님의 복음과 사명을 위해 한 번뿐인 인생을 불태우며 살리라는 다짐이 담겨 있습니다.

무등산 낙엽이 들려주는 가을 이야기
- 2014년 11월 12일 조선일보 오피니언에 실린 에세이

얼마 전 광주광역시에 있는 모교 60주년 행사를 다녀오던 길에 잠시 무등산기도원을 들렀다. 무등산은 내 생이 마감되는 순간까지 결코 잊을 수 없는 곳이다. 그곳은 내 초심(初心)의 발원이요, 영혼의 노스탤지어가 깃든 곳이다.

예수님을 믿는다고 집에서 쫓겨나 생전 처음으로 광주로 가서 신학교를 다닐 때였다. 누구 하나 도와주는 사람이 없었기에 서럽고 배고픈 고학을 해야 했다. 건축 현장에 가서 노가다 질통을 짊어지고 일했고, 리어카를 끌고 다니며 수박장사, 오이장사도 하였다. 그러다가 울적한 마음이 생기면 무등산 기도원으로 올라갔다. 당시 무등산 기도원은 배는 고프지만 소명감이 충만한 신학생들이 주로 올라가던 곳이었다. 그래서 나도 선배들을 따라 그곳으로 올라갔다.

한 번 올라간 무등산 기도원은 이후로 내 기도의 전당이요, 영혼의 보금자리가 되었다. 그곳에서 허기진 배를 움켜쥐고 밤을 지새우며 눈물의 기도를 쏟고 또 쏟았다. 거기서 하나님께 다짐하고 서원했다. 훗날 아무리 큰 교회 목회자가 되어도 지금의 가난한 신학생 시절을 잊지 않고 끝까지 영혼을 사랑하는 초심을 빼앗기지 않겠노라고.

그러고는 막대기를 손에 잡고 마이크라고 생각하며 빽빽한 나무

들을 나의 교인이라고 상상하면서 설교 연습을 했다. 이처럼 그곳은 내게 위로와 꿈의 스토리를 담아 준 곳이었다. 어느덧 세월이 지나서 서울로 올라왔고, 맨주먹으로 23평 지하실에서 교회를 개척했다. 그리고 몇 년 동안은 광주에 한 번도 못 가 볼 정도로 개척 목회에 전념했다. 교회가 어느 정도 자리를 잡은 후에야 다시 무등산을 찾기 시작했다. 광주를 내려가면 항상 그곳을 들렀다. 올챙이 신학생 시절의 초심을 잃지 않기 위해서.

한번은 오랜만에 무등산을 찾았더니 공원이 새롭게 개발되어 겉모습이 완전히 달라져 있었다. 나도 모르게 서먹서먹하게 느껴졌다. 산길도 계곡도 옛날 같지 않았다. 하지만 눈물을 쏟으며 기도했던 기도원에 이르렀을 때 내 가난한 젊은 시절의 흔적이 지워지지 않았음을 발견했다. 무등산 기도원은 여전히 나를 맞이해서 격려해주고 있는데 오히려 나 자신의 모습이 더 달라진 것을 깨달았다. 이번에 무등산을 찾았을 때도 붉은 단풍잎들이 손을 흔들며 반겨 주는 듯했다. 혼탁했던 머리가 깨끗해지고 무거웠던 어깨도 가볍기만 했다.
"아, 이곳에서 며칠만 지내면 얼마나 좋을까. 저 가을 산의 계곡과 아름다운 단풍잎들, 상쾌한 공기와 물이여."

나는 가을이면 무등산을 찾아 낙엽들과 대화를 한다. 여름의 무등산 숲은 억새들이 제멋대로 자라 그들만의 장엄한 숲을 이룬 곳도 있다. 그러나 그 숲도 가을이 되면 낙엽처럼 흔들리고 땅에 쓰러지고 만다. 사람들은 그 붉게 물든 단풍의 절경과 쓰러져가는 억새들의 장관을 보기 위해 무등산을 찾는 듯하다. 그리고 무심코 낙엽을 즈려밟고 간다. 하지만 무등산 나뭇잎과 낙엽들은 내게 이렇게 말하는 것 같았다.

"떨어지는 낙엽도 함부로 밟지 마세요. 이래봬도 정열적인 삶을 불태우다가 장엄하게 떨어지고 있으니까요."

그렇다. 나뭇잎들은 가을이 되어 떨어지고 있지만 그들 역시 봄의 꿈과 여름의 정열이 있었다. 그리고 새로운 봄의 꿈을 꾸면서 떨어지고 있는 것이다. 지금은 땅에 떨어져 흙으로 사라지지만 뜨거운 심장을 가지고 내년엔 더 푸른 싹으로 피어날 꿈을 꾸면서. 그래서 모든 것을 버리고 아낌없이 썩어 새로운 잎으로 피어나기 위한 희생의 밑거름이 되는 것이다.

낙엽조차 함부로 밟지 않는 심정으로 가을 산길을 걸어 기도원에 다다랐다. 허기진 배를 부여잡고 기도했던 그 바위에서 잠시 눈물을 훔쳤다. 이 무등산기도원이 있었기에 한 번밖에 없는 나의 젊음을 불태웠고 지금껏 후회 없는 삶을 살아오지 않았던가. 오랜 세월이 흘렀지만 이곳이야말로 내겐 에덴과 같다고 해야 하지 않을까.

하지만 요즘 와서는 무등산을 찾을 겨를이 점차 줄어들고 있다. 광주를 와도 매번 들를 수가 없다. 이번에도 무등산 기도원에서 충분히 기도도 하고 옛날의 추억을 더듬으며 오늘의 나를 성찰하고 내일의 나를 바라볼 시간을 가졌으면 얼마나 좋을까. 그러나 바쁜 일정 때문에 어쩔 수 없이 산에서 내려와야 했다. 그러다 보니 어쩐지 무등산에 미안한 마음이 들었다. 예전에는 나무 잎사귀 하나하나를 만지고 싶고 봉우리를 품고 싶었는데 이제는 내가 그 속에서 밀려나는 것 같았다.

내려오는 길에 차창 밖으로 보이는 붉은 단풍과 낙엽들이 바람에 흩날리며 이렇게 속삭였다.
"나를 잊지 마세요. 젊은 시절 꿈을 불태웠던 가난한 신학도의 초상(肖像)을 잊지 마세요. 그대의 외롭고 허기진 밤을 들뜬 사랑으로 붉게 물들였던 예수의 핏빛 첫사랑도요."
순간 너무 부끄러워지면서 깊은 상념에 잠겼다.
'아, 내가 언제부턴가 초심을 잃어버리고 있지는 않은가. 순수했던 청년의 모습이 서서히 사라져가고 있지는 않은가. 저 떨어지는 무등산의 낙엽 앞에 부끄러움 없는 삶을 살아야 할 텐데……'
나는 바스락거리는 낙엽의 밀어(蜜語)를 들으며 깨달았다. 무등산의 가을 낙엽들이 흙길이 아니라 내 가슴에 떨어지고 있다는 것을.

이 세상에서 가장 행복한 사람은 누구일까요? 최고의 삶을 산 사람은 누구일까요? 바로 한 번뿐인 인생을 하나님을 사랑하고 헌신하며 살아가는 사람입니다. 그런 사람은 최후의 심판대에서도 하나님이 칭찬해 주시고 상급을 주실 것입니다. 한 번 사는 인생, 두 번 다시 오지 않는 인생, 어떻게 사시겠습니까?

그리스도의 사랑으로
최고 인생을 창조하라

로마서 8장 31-39절

"그런즉 이 일에 대하여 우리가 무슨 말 하리요 만일 하나님이 우리를 위하시면 누가 우리를 대적하리요 자기 아들을 아끼지 아니하시고 우리 모든 사람을 위하여 내주신 이가 어찌 그 아들과 함께 모든 것을 우리에게 주시지 아니하겠느냐 누가 능히 하나님께서 택하신 자들을 고발하리요 의롭다 하신 이는 하나님이시니 누가 정죄하리요 죽으실 뿐 아니라 다시 살아나신 이는 그리스도 예수시니 그는 하나님 우편에 계신 자요 우리를 위하여 간구하시는 자시니라 누가 우리를 그리스도의 사랑에서 끊으리요 환난이나 곤고나 박해나 기근이나 적신이나 위험이나 칼이랴 기록된 바 우리가 종일 주를 위하여 죽임을 당하게 되며 도살 당할 양 같이 여김을 받았나이다 함과 같으니라 그러나 이 모든 일에 우리를 사랑하시는 이로 말미암아 우리가 넉넉히 이기느니라 내가 확신하노니 사망이나 생명이나 천사들이나 권세자들이나 현재 일이나 장래 일이나 능력이나 높음이나 깊음이나 다른 어떤 피조물이라도 우리를 우리 주 그리스도 예수 안에 있는 하나님의 사랑에서 끊을 수 없으리라"

억울한 모함을 받았을 때

누군가로부터 모함을 당한 적이 있습니까? 그 모함이나 송사 때문에 너무 억울해서 잠 못 이루는 밤을 경험한 적이 있습니까? 목회를 하다 보면 그런 모함과 송사 때문에 억울하다고 하소연을 하며 상담해 온 성도들이 있습니다. 그런데 살다 보니까 그런 상담을 받아왔던 저 자신에게도 그런 일이 있었습니다. 제가 언젠가 국가기관으로부터 내사를 받고 조사까지 받은 적이 있었습니다. 어떤 사람이 저를 말도 안 되는 거짓말로 모함한 것입니다.

저는 처음에 그냥 웃으며 넘겼습니다. 말도 안 되는 소리라고 말입니다. 그러나 나중에 보니까 정말 말이 될 법도 하지 않습니까? 정말 소설 같은 이야기가 사실로 둔갑해가는 과정에 있었습니다. 저는 그때 '야, 살다 보니까 이런 일도 있나……'라는 생각이 들었습니다. 그래서 제가 잠 못 이루는 밤을 많이 경험했습니다. 사람으로부터 당하는 배신, 그리고 법적 모함과 송사로 인하여 잠시 오해를 받는 것이 너무 분하고 억울했습니다. 그때 그 상황을 알고 계신 우리 장로님들, 성도들이 많이 기도해 주셨습니다.

저는 그때 모함당하고 송사를 당하는 사람들의 심정을 알게 되었습니다. '아, 얼마나 억울하고 분할까? 또 얼마나 불안하고 초조할까?' 그런데 그때마다 제가 보았던 말씀이 로마서 8장 말씀이었습니다.

> 롬 8:33-34 누가 능히 하나님께서 택하신 자들을 고발하리요 의롭다 하신 이는 하나님이시니 누가 정죄하리요 죽으실 뿐 아니

라 다시 살아나신 이는 그리스도 예수시니 그는 하나님 우편에
계신 자요 우리를 위하여 간구하시는 자시니라

우리 신앙생활은 더 그렇습니다. 우리는 신앙생활을 하면서 마귀로부터 모함을 당하고 공격을 받는 경우가 많습니다. 구약을 보면 그렇게 하나님을 잘 섬기던 욥을 향해서도 사탄은 얼마나 참소하고 송사를 했습니까?

"하나님! 욥, 별것 아닙니다. 지가 아무리 하나님을 잘 섬긴다고 해도 하나님이 치면 별것 없을 겁니다. 틀림없이 욥도 하나님께 원망하고 불평할 것입니다."

하물며 우리겠습니까? 사탄은 항상 우는 사자처럼 우리를 대적하고 하나님께 고발합니다. 그래도 안 되면 마귀가 정면으로 우리를 정죄하고 심판까지 하려고 합니다.

"네가 예수를 믿어서 의로운 자가 되었다고? 그러면 너의 삶은 어떻게 된 거니? 의로운 자가 되었다면서 네 삶의 꼬라지는 왜 그렇게 이중적이고 이율배반적이니? 그래 가지고 어떻게 네가 하나님의 자녀요, 의로운 자라는 거야? 아니야, 너는 의로운 자가 아니라 여전히 죄인이고 너는 구원을 받을 사람이 아니라 버림을 받을 사람이야."

이런 마귀의 고발과 정죄 때문에 많은 그리스도인들이 흔들리기도 하고 갈등하기도 합니다. 그리스도인의 영적 정체성이 헷갈린단 말입니다.

"맞아, 성경은 분명히 예수 믿는 자를 의로운 자라고 했는데 왜 나는 현실적으로 불의한 삶을 살 수밖에 없단 말인가. 이러고도 내

가 하나님의 자녀이며 의로운 자라고 할 수 있단 말인가."

그러면서 구원의 확신이 흔들리고 영적인 정체성이 흔들릴 때가 있단 말입니다. 그러나 바울은 사탄의 주장과 고발에 한마디로 이렇게 일축해버립니다.

> **롬 8:1-2** 그러므로 이제 그리스도 예수 안에 있는 자에게는 결코 정죄함이 없나니 이는 그리스도 예수 안에 있는 생명의 성령의 법이 죄와 사망의 법에서 너를 해방하였음이라

그리스도 안에 있는 자는 결코 정죄함이 없다고 하지 않습니까? 왜냐면 그리스도 예수 안에 있는 생명의 성령의 법이 우리를 죄와 사망의 법에서 해방하였기 때문입니다.

논리적 가정법을 통한 승리의 확증

사도 바울은 로마서 8장에 와서 더 진정한 승리의 확신과 그리스도인의 필승을 노래하고 있습니다. 그는 여러 가지 질문을 통해서 그 확신을 다시 한 번 확증시켜 주고 있습니다.

"만일 하나님이 우리를 위하시면 누가 우리를 대적하리요, 또 누가 우리를 감히 고발하고 정죄하리요, 아니 누가 우리를 그리스도의 사랑에서 끊으리요."

바로 이러한 질문을 논리적 가정법의 질문이라고 합니다. 바울은 이 논리적 가정법의 질문을 통해서 우리에게 구원의 확신과 영적 전

쟁에서의 필승의 확신을 심어주고 있습니다. 그래서 로마서 8장 31절은 "만일 하나님이 우리를 위하시면……"이라는 말로 시작하고 있습니다. 이 말은 '만일 하나님이 우리 편이시라면, 혹은 하나님이 우리를 끝까지 사랑하시고 변함없이 사랑하신다면'이라는 의미입니다.

당연히 하나님은 우리 편이고 우리를 변함없이 사랑하시는 분인데, 우리에게 더 확실한 승리의 확신을 심어 주기 위하여 바울은 이런 논리적 가정법의 질문을 한 것입니다. 하나님께서는 이미 우리를 위하여 예수 그리스도를 십자가에 죽게 하셨습니다. 그리고 예수 그리스도를 통하여 하나님의 의를 우리에게 주셨습니다. 그리고 항상 하나님은 우리를 위하고 계십니다. 아니, 하나밖에 없는 자기 아들을 아끼지 아니하시고 우리 모두를 위하여 내주신 이가 어찌 그 아들과 함께 우리에게 모든 것을 주시지 않겠습니까? 어찌 하나님이 우리 편이 안 되시겠습니까? 어찌 하나님이 우리를 위하시지 않겠습니까?

그러므로 누구도 우리를 대적하지 못하고 고발하지 못합니다. 어느 누구도 우리를 정죄할 수 없을 뿐만 아니라 절대로 우리를 그리스도의 사랑에서 끊어낼 수가 없단 말입니다. 그런 의미에서 로마서 8장은 구원의 송가요, 그리스도인의 최종 승리와 궁극적 필승을 노래하는 대합창이라고 할 수 있습니다. 아니, 복음의 마지막 악장을 장식하는 우주적 승리의 대합창이라고 할 수 있습니다.

그러면 하나님이 우리를 위하시면, 우리가 어떻게 승리하며 영광의 노래를 부를 수 있단 말입니까?

우리가 승리의 노래를 부를 수 있는 이유

첫째, 하나님이 우리를 위하시면 누가 우리를 대적하겠습니까.

롬 8:31 그런즉 이 일에 대하여 우리가 무슨 말 하리요 만일 하나님이 우리를 위하시면 누가 우리를 대적하리요

하나님의 사랑이 우리를 향해 영원토록 변함이 없는데 누가 우리를 대적하겠습니까? 하나님이 끝까지 우리를 사랑하신다는데 누가 감히 대적할 수 있단 말입니까? 하나님의 사랑이 변함없는 한, 그리고 우리를 향한 하나님의 사랑을 끝까지 포기하지 않는 한, 우리를 감히 대적할 자가 전혀 없다는 말입니다. 그 대적의 정체가 누구입니까? 바로 사탄입니다. 사탄은 직접적으로나 간접적으로나 온갖 대적의 도구들을 동원하여 우리를 넘어뜨리려고 합니다. 바로 그 도구 중의 하나가 의심입니다.

마귀는 우리의 구원의 확신을 흔들고 승리의 확신을 흔들기 위하여 쉬지 않고 하나님의 사랑을 의심하게 합니다. 하나님은 무조건적인 사랑을 쏟아내서 우리를 죄와 죽음에서 구원해 주셨는데 마귀는 자꾸 우리로 하여금 그 하나님의 변함없는 사랑을 의심하게 한단 말입니다.

'과연 하나님께서 나 같은 사람도 사랑하실까? 나의 삶은 이렇게 형편이 없고 하나님 보시기에 한참 멀었는데 그래도 하나님은 나를 사랑하신단 말인가. 또 하나님이 나를 사랑하신다면, 왜 나의 형편

은 이렇게 절벽으로 떨어지는 거지. 왜 이렇게 어려움과 역경이 연속되고 있단 말인가.'

우리 성도들은 가끔 이런 갈등에 빠질 때가 많습니다. 이것이 다 누구 때문입니까? 사탄의 대적에 의해서 그런 것입니다. 그러므로 우리 가운데 이따금씩 하나님의 사랑이 의심되고 공연히 절망하는 마음이 찾아오는 것은 사탄의 대적 때문이라는 사실을 알아야 합니다. 또한 하나님을 원망하고 불평하는 마음이 생기는 것도 마찬가지입니다. 뿐만 아니라 구원의 확신이 흔들리고 언제나 영적인 패배감 속에 사는 것도 사탄의 대적으로 인한 것임을 알아야 합니다.

그러나 바울은 우리가 한마디도 변명할 수 없을 정도로 완벽한 논리를 가지고 하나님의 그 위대한 사랑을 이야기하고 있습니다. 마귀가 아무리 우리를 유혹한다 할지라도 하나님의 사랑을 결코 의심해서는 안 된다는 사실을 가르쳐 주고 있습니다.

> **롬 8:32** 자기 아들을 아끼지 아니하시고 우리 모든 사람을 위하여 내주신 이가 어찌 그 아들과 함께 모든 것을 우리에게 주시지 아니하겠느냐

하나님께서 우리에게 독생자를 주셨다는 것은 하나님이 가장 아끼시던 존재를 내어 놓으셨다는 말이 아닙니까? 하나님이 가장 귀하게 여기시던 것을 우리를 위해 값없이 내어 놓으셨다는 말입니다. 그러므로 이렇게 엄청난 희생을 치르신 하나님의 사랑이 어찌하여 변할 수 있겠느냐는 것입니다. 절대로 변할 수가 없다는 말입니다.

누가 예수님을 십자가에 못 박았는가

우리가 조금만 냉정히 생각한다면, 우리는 어떤 일이 있어도 하나님의 사랑을 의심할 수 없다는 말입니다. 예수님을 십자가에 못 박은 자가 누구였습니까? 바리새인과 서기관과 대제사장이었습니까? 아니면 로마 군병들이었습니까? 그것도 아니면 로마 총독 빌라도였습니까? 현실적으로 볼 때는 그들이라고 할 수 있습니다. 그러나 궁극적으로 예수님을 십자가에 못 박으신 분은 하나님 자신이었습니다.

그렇게 아끼던 독자를 십자가에 내놓으신 분은 바로 하나님이셨습니다. 하나님께서 바로 예수님을 어두움의 권세에 내놓으셨습니다. 하나님께서 친히 예수님을 채찍에 맞게 하셨습니다. 예수님으로 하여금 그 많은 수모와 고초를 당케 하시고 저주를 받게 하신 분이 바로 하나님 자신이었다는 것입니다. 이 사실을 이사야 선지자는 이렇게 말하고 있지 않습니까?

> 사 53:10(상) 여호와께서 그에게 상함을 받게 하시기를 원하사 질고를 당하게 하셨은즉

하나님이 예수님을 십자가에 내어 놓고 죽게 하셨다는 말씀이 아닙니까? 이 사실을 사도 바울은 로마서와 고린도후서에서 이렇게 표현하고 있습니다.

> 롬 4:25 예수는 우리가 범죄한 것 때문에 내줌이 되고 또한 우리

를 의롭다 하시기 위하여 살아나셨느니라

고후 5:21 하나님이 죄를 알지도 못하신 이를 우리를 대신하여 죄로 삼으신 것은 우리로 하여금 그 안에서 하나님의 의가 되게 하려 하심이라

우리를 위하여, 우리를 대신해서, 우리의 범죄함 때문에 하나님은 예수 그리스도를 십자가에 죽게 하셨습니다. 그래서 로마서 8장 32절에서 이렇게 말하고 있지 않습니까? "하나밖에 없는 아들을 아끼지 않고 내어주셨다면 하나님께서 그 아들과 함께 모든 것을 우리에게 선물로 주시지 않겠느냐"고 말입니다. 이것은 하나님께서 그 엄청난 희생을 베풀어 주셨기 때문에 우리를 끝까지 사랑하신다는 말입니다. 그 무궁한 희생과 사랑을 쏟아놓으셨고 그것 때문에 하나님은 끝까지 우리를 포기할 수 없고 사랑해 주신다는 말입니다. 아니, 끝까지 사랑하실 뿐만 아니라 우리에게 그 어떤 것이라도 다 줄 수 있다는 말씀입니다. 그러므로 우리는 사탄의 그 어떤 대적과 유혹 앞에서도 결코 하나님의 사랑을 의심해서는 안 됩니다.

바울은 이것을 강조하고 있습니다. 우리는 이 하나님의 사랑으로 승리할 수 있습니다. 아무리 사탄이 우리를 대적하고 흔들어댄다 할지라도 우리는 하나님의 사랑 때문에 승리할 수 있습니다. 하나님의 사랑 때문에 마귀를 이길 수 있습니다. 그러므로 우리는 신앙생활하면서 항상 이 하나님의 사랑을 붙들어야 합니다. 하나밖에 없는 아들을 아끼지 않고 우리에게 내어주신 그 하나님의 사랑, 그걸 끝까

지 붙잡아야 합니다. 어떠한 사탄의 공격과 대적 앞에서도 하나님의 사랑을 의심하지 말고 끝까지 붙잡아야 합니다.

> ♪ 예수님 날 위해 죽으셨네 왜 날 사랑하나
> 겸손히 십자가 지시었네 왜 날 사랑하나
> 왜 날 사랑하나 왜 날 사랑하나
> 왜 주님 갈보리 가야 했나 왜 날 사랑하나

둘째, 하나님이 우리를 위하시면 누가 능히 우리를 고발하고 정죄하겠습니까.

> **롬 8:33-34** 누가 능히 하나님께서 택하신 자들을 고발하리요 의롭다 하신 이는 하나님이시니 누가 정죄하리요 죽으실 뿐 아니라 다시 살아나신 이는 그리스도 예수시니 그는 하나님 우편에 계신 자요 우리를 위하여 간구하시는 자시니라

하나님이 우리를 택하시고 우리를 의롭다 하셨는데 누가 감히 우리에게 죄가 있느니 없느니 하고 고발하겠느냐는 것입니다. 또 누가 감히 정죄할 수 있느냐는 것입니다. 그러나 사탄은 계속해서 우리를 송사하고 고발합니다. 그리고 자꾸 정죄를 한단 말입니다. 그렇게 해서 우리에게 죄책과 두려움을 주곤 합니다.

세상을 살아가면서 어떤 사람이 고발이나 송사만 생각하면 불안해 합니까? 어딘가 켕기는 데가 있는 사람입니다. 세상말로 발이 저

린 사람입니다. 누구에게 등쳐 먹거나 사기를 쳤다든지, 또 도둑질을 했다든지, 남의 돈을 떼어 먹었다든지, 또는 지하조직에서 나쁜 일 하는 사람이라든지 이런 사람들은 항상 켕기는 데가 있고 다리가 저린 사람입니다.

우리 믿음 생활도 마찬가지입니다. 우리가 믿음으로 받은 의롭다 함과 구원에 대한 확신이 약하면 언제든지 크고 작은 죄책감이 따를 수 있습니다. 더구나 우리의 삶이 하나님 앞에 떳떳하지 못하면 믿음이 자꾸 흔들릴 수밖에 없습니다. 왜냐면 마귀가 자꾸 하나님께 고발하고 정죄하기 때문입니다.

"하나님, 저놈이 이러고도 하나님의 자녀라고 할 수 있습니까? 지난번에요, 제가 다 봤습니다. 저놈이 사기 치고 다녔습니다. 그리고요, 거짓말을 밥 먹듯이 했습니다. 그리고 발이 저리니까 또 술집에 가서 술도 쳐 마시더라구요. 게다가 2차, 3차까지 갔다니까요. 저놈은 완전히 위선자입니다. 그러고도 지금 예배당에 와 앉아 있잖아요?"

"야, 네가 이러고도 구원받았다고 해? 이러고도 하나님의 자녀라고 할 수 있어? 구원받고 하나님의 자녀가 되었으면 하나님의 자녀답게 살아야지 이따위로 살고는 무슨 하나님의 자녀야? 너 같은 놈은 위선자야."

이렇게 사탄이 우리를 하나님께 고발하고 정죄합니다. 그래서 사탄의 고발과 정죄 때문에 우리들 스스로 고뇌하고 주눅이 듭니다. 갈등하고 흔들린다 이 말입니다.

"맞아. 내가 이래서 어떻게 하나님의 자녀라고 할 수 있어. 이런 놈이 어떻게 하나님의 자녀요, 구원을 받았다고 할 수 있겠어. 그래, 나는 위선자야. 나는 이 시대에 버림받은 바리새인이고 서기관이야."

바로 이런 가책과 절망과 스스로의 정죄 의식에 빠질 수가 있습니다.

우리의 변호사 되신 예수님

우리가 신앙생활하면서 하나님의 말씀 앞에 마음이 켕기지 않는 사람이 어디 있겠습니까? 하나님 앞에 발이 저리지 않는 사람이 어디 있겠습니까? 마음이 켕기고 발이 저리는 것은 저도 마찬가지입니다. 우리가 하나님 앞에 의를 행하면 얼마나 행하고, 깨끗하면 얼마나 깨끗하겠습니까? 우리가 정직하면 얼마나 정직하고, 경건하면 얼마나 경건하며, 거룩하면 얼마나 거룩하겠습니까? 우리는 하나님 앞에 다 죄인입니다. 공개적으로 들키지 않고 오십 보, 백 보일 뿐이지, 다 죄인이 아닙니까? 우리는 다 하나님께 켕기는 데가 있고 발이 저리는 데가 있다는 말입니다.

그러나 그렇게 발이 저리고 마음에 켕기는 데가 있어도 그것과 상관없이 하나님은 이미 우리를 의롭다고 해주셨습니다. 그리고 그것과는 상관없이 하나님이 우리를 끝까지 사랑해 주십니다. 그것과는 상관없이 우리를 끝까지 하나님의 자녀라고 여겨 주십니다. 비록 우리 마음이 켕기고 우리 발이 저린다고 할지라도 우리는 하나님의 자녀요, 하나님의 사랑 받는 아들과 딸이라는 말입니다.

더구나 우리의 재판장이 누구입니까? 하나님입니다. 그러므로 우리를 정죄할 분은 오직 하나님밖에 없습니다. 사탄은 우리를 정죄할 수가 없습니다. 그런데 그 재판장 되시는 하나님께서 우리를 의롭다고 하시지 않았습니까? 이미 우리를 의롭다고 선언해 주셨습니다. 그리고 켕기는 데가 있고 저리는 데가 있으면 주님 앞에 나와서 회개하면 됩니다.

그래도 사탄이 우리를 재판장 되신 하나님께 고발하고 정죄한다고요? 염려할 것 없습니다. 로마서를 보면 우리를 위해서 죽으신 예수님께서 하나님 우편에 앉으셔서 우리를 위하여 간구하고 중보 기도를 하신다고 하였습니다. 다시 말하면 예수님께서 우리를 위하여 변호해 주고 계신다는 것입니다. 주님께서 우리를 위해서 변호해 주신다는 말이 마음속에 얼마나 다가옵니까?

저는 어떤 사람에게 모함을 당해서 검찰 조사를 받은 적이 있었습니다. 제가 그때 깨달은 것은 '사람 하나 바보 만드는 게 참 쉽겠다'는 것이었습니다. 그러나 제겐 아무런 혐의가 없습니다. 혐의 없는 사람이 오해를 받으면 얼마나 기분 나쁘겠습니까? 그렇다고 대한민국 국민의 한 사람이자 모범적인 목사가 되어서 수사에 협조를 안 할 수도 없지 않습니까? 그런데 그때 제 뒤에 저의 깨끗함과 혐의 없음을 제 편에서 잘 변호해 준 정직하고 능력 있는 변호사가 있다는 게 얼마나 위안이 되고 힘이 되었는지 모릅니다. 그분이 바로 우리 교회 집사님이신 박영관 변호사입니다.

물론 결과적으로 보면, 제가 50 평생을 살아오면서 다시 한 번 저의 삶을 검증받았습니다. 부족하지만 저의 삶이 정말 깨끗하고, 통장에 돈 없고, 모아놓은 재산 없고, 파고 파도 털고 털어도 소 목사는 청빈한 목회자요, 나라와 민족을 섬기는 애국자라는 사실만 드러났습니다. 털면 털수록 먼지가 나는 것이 아니라 감동만 나오는 사람이라는 것이 드러났습니다. 그래서 제가 어떤 소리를 들었는 줄 아십니까?

"목사님, 죄송합니다 그리고 진심으로 존경합니다."

저는 그때 우리 박영관 집사님이 너무 고맙게 느껴졌습니다.

날 위하여 간구하시는 예수님

예수님이 우리를 위하여 이렇게 변호하고 계십니다. 예컨대 우리가 지은 죄를 또 짓습니다. 실패하고 넘어진 죄를 계속해서 반복해서 저지릅니다. 아무리 끊으려고 해도 연약하고 부족해서 또 넘어지고 실수를 합니다. 그러면 사탄이 재판장 되시는 하나님께 고발하고 송사를 한다 이 말입니다. 검사가 판사에게 피고의 죄를 구형하는 것처럼 마귀가 고발을 한다는 말입니다.

"하나님, 해도 너무하지요. 저런 놈이 어떻게 하나님의 자녀라고 할 수 있습니까? 예수 믿은 지가 지금 몇 년째인데요. 저렇게 세상 사람들과 똑같이 사는데, 어떻게 저런 놈을 하나님의 자녀라고 할 수 있고 의롭다고 할 수 있단 말입니까? 저놈은 완전히 위선자입니다. 당장 버려야 합니다."

이렇게 사탄이 하나님께 고발을 하고 정죄를 한다 이 말입니다. 그런데 이때 우리 예수님이 이런 것을 대비해서 무엇을 하십니까?

하늘 보좌 우편에서 우리를 위하여 간구하여 주십니다. 중보기도를 하시고 열심히 변호를 하시고 탄원을 하여 주십니다.

"하나님, 저 김 집사가 하나님 말씀대로 못 사는 것은 분명하지만 그래도 하나님의 자녀인 것만은 더 분명한 사실입니다. 저 김 집사를 위해서 내가 십자가에 못 박혀 죽지 않았습니까? 그리고 하나님께서 이미 그를 의롭다고 선언하시지 않았습니까? 그러므로 저 김 집사를 어떤 일이 있어도 정죄하면 안 됩니다. 버려서도 안 됩니다. 끝까지 하나님이 은혜를 베푸시고 붙잡아 주셔야 합니다. 그러면 언젠가 하나님 뜻대로 살고 하나님 자녀답게 살아가게 될 것입니다."

> **롬 8:34(하)** 그는 하나님 우편에 계신 자요 우리를 위하여 간구하시는 자시니라

아, 얼마나 힘이 되는 말씀입니까? 얼마나 위로가 되는 말씀입니까? 얼마나 눈물나게 하는 말씀입니까?

> ♪ 날 위하여 날 위하여 예수 간구하시네
> 형님같이 대신하여 중한 고통 당했네
> 거룩하신 보좌 앞에 항상 주 여호와께
> 나의 죄 사하시기를 쉬지 않고 비시네

그런데 이것은 하나님 보좌에서만 이루어지고 있는 것이 아닙니다. 우리의 마음속에서도 이루어지고 있습니다. 하나님께서 성령을

우리 안에 보내 주셔서 우리를 대신해서 탄식하게 하고 변호하게 하십니다. 우리는 너무 무지몽매해서 기도할 줄도 모르고 어떻게 구해야 하는지도 모릅니다. 죄책감에 시달리고 불안 속에 떨며 기도할 줄도 모릅니다. 그런데 성령님이 이렇게 우리를 위해 변호하며 탄식합니다.

"하나님, 이 김 집사가 누구입니까? 예수님이 김 집사를 위해서 십자가에 죽지 않았습니까? 그리고 하나님이 이미 의롭다고 선언한 사람이 아닙니까? 그래서 하나님이 의롭다고 해서 제가 김 집사의 마음속에 와서 하나님의 거소를 이루고 있지 않습니까? 그러므로 하나님, 제가 김 집사를 보증합니다. 김 집사가 하나님 앞에 말로 할 수 없이 부족한 것은 사실이지만 하나님의 자녀이고 하나님의 사랑을 끝까지 받아야 할 자인 것만은 제가 보증합니다. 그러니 이 사람을 끝까지 사랑해 주셔야 합니다. 이 사람에게 끝까지 은혜를 베풀어 주셔야 됩니다."

롬 8:26-27 이와 같이 성령도 우리의 연약함을 도우시나니 우리는 마땅히 기도할 바를 알지 못하나 오직 성령이 말할 수 없는 탄식으로 우리를 위하여 친히 간구하시느니라 마음을 살피시는 이가 성령의 생각을 아시나니 이는 성령이 하나님의 뜻대로 성도를 위하여 간구하심이니라

이 얼마나 귀한 말씀입니까? 우리도 가끔 그런 것을 경험하지 않습니까? 그래서 스스로 의기소침할 때도 있지 않습니까?

'아, 내가 계속 이렇게 살아야 하는가! 이렇게 계속 실패하고 패배하고 넘어져야 한단 말인가?'

그럴 때 누군가 우리를 위해 기도하고 있다는 것을 느끼지 않습니까? 누군가 우리 속에서 우리를 변호하고 탄원하고 탄식하며 눈물로 기도해 주고 있다는 사실을 느낀 적은 없습니까? 너무 힘들고 괴로워서 기도할 수조차도 없을 그때에, 바로 날 위해 기도하시는 그분은 하늘 보좌 우편에서 우리를 탄원하시는 예수님입니다. 그리고 우리 안에서 하나님을 향해 변호하고 중보기도를 하시는 성령님이라는 말입니다. 이 사실을 얼마나 느껴 보셨습니까? 얼마나 포근하고 부드럽게 느껴 보셨습니까?

> ♪ 당신이 지쳐서 기도할 수 없고
> 눈물이 빗물처럼 흘러내릴 때
> 주님은 아시네 당신의 약함을
> 사랑으로 돌봐 주시네
> 누군가 널 위하여 누군가 기도하네
> 네가 홀로 외로워서 마음이 무너질 때
> 누군가 널 위해 기도하네

이렇게 성령께서 우리 안에서 우리를 변호해 주시는데 사탄이 어떻게 고발할 수 있겠습니까? 어떻게 정죄할 수 있겠습니까? 그러니 우리가 승리할 수밖에 없습니다. 그리스도 안에서 최고의 승리자가 되어 필승의 노래를 부를 수밖에 없습니다.

셋째, 하나님이 우리를 위하시면 누가 우리를 그리스도의 사랑에서 끊을 수 있겠습니까.

롬 8:35 누가 우리를 그리스도의 사랑에서 끊으리요 환난이나 곤고나 박해나 기근이나 적신이나 위험이나 칼이랴

절대로 끊을 수 없다는 것입니다. 환난도 끊을 수 없고 곤고도 끊을 수 없고 박해와 기근과 적신과 그 어떠한 위험과 칼도 끊을 수 없다는 것입니다. 오히려 우리가 넉넉하게 이깁니다. 아니, 사망이나 생명이나 천사들이나 권세자들이나 현재 일이나 장래 일이나 능력이나 높음이나 깊음이나 그 어떤 것도 우리를 그리스도 안에 있는 사랑에서 끊을 수 없다고 말합니다.

롬 8:37-39 그러나 이 모든 일에 우리를 사랑하시는 이로 말미암아 우리가 넉넉히 이기느니라 내가 확신하노니 사망이나 생명이나 천사들이나 권세자들이나 현재 일이나 장래 일이나 능력이나 높음이나 깊음이나 다른 어떤 피조물이라도 우리를 우리 주 그리스도 예수 안에 있는 하나님의 사랑에서 끊을 수 없으리라

그러므로 우리는 절대로 연약해질 수 없습니다. 무슨 일이 있어도 실망할 수 없습니다. 하나님이 우리를 위하시는데, 어찌 우리가 궁극적으로 패배할 수 있겠습니까? 어떻게 우리가 버림받을 수 있겠습니까? 우리는 넉넉히 이깁니다. 그 차고 넘치는 사랑으로 우리는 틀림없

이 승리자가 될 수 있습니다. 그 끊을 수 없는 그리스도의 사랑 때문에 우리는 넉넉히 이기는 영적 승리자가 될 수 있습니다. 아니, 이 땅에서 가장 행복한 사람이요, 최고 인생을 창조할 수 있습니다.

'최고의 나'가 되기를 원하십니까? 최고 인생을 창조하고 싶습니까? 그리스도의 사랑을 가슴에 품고 인생을 불태워야 합니다. 봄과 여름을 강렬한 태양빛 아래서 뜨겁게 불태우다 가을이 되면 미련 없이 후회 없이 떨어지는 낙엽처럼, 꿈과 열정을 안고 살아야 합니다. 아무리 힘들고 어려운 고난과 시련의 상황에 있다 할지라도 오히려 역설적 감사와 헌신을 하며 사명의 길을 걸어야 합니다. 그럴 때 하나님이 우리를 최고의 나로 빚어 주실 것입니다. 세상의 그 어떤 순금보다 더 순결하고 눈부신 최고 인생으로 재창조해 주실 것입니다.

이제, 다시 신발 끈을 동여매고 시린 가슴으로 첫 새벽을 향하여 떠납시다. 붉은 태양보다도 더 찬란한 미래를 향하여, 최고의 나, 최고 인생을 위하여!

판권
소유

그대, 최고의 인생을 살아라

2015년 3월 10일 1판 1쇄 발행
2015년 3월 20일 1판 2쇄 발행

지은이 | 소강석
발행인 | 이형규
발행처 | 쿰란출판사

주소 | 서울시 종로구 이화장길 6
TEL | 745-1007, 745-1301~2, 747-1212, 743-1300
영업부 | 747-1004, FAX/745-8490
본사평생전화번호 | 0502-756-1004
홈페이지 | http://www.qumran.co.kr
E-mail | qrbooks@gmail.com
　　　　　qrbooks@daum.net
한글인터넷주소 | 쿰란, 쿰란출판사

등록 | 제1-670호(1988.2.27)

책임교열 | 송은주

값 13,000원

ISBN 978-89-6562-723-4 03230

＊ 이 출판물은 저작권법에 의해 보호를 받는 저작물이므로 무단 복제할 수 없습니다.
＊ 잘못된 책은 교환해 드립니다.